ŒUVRES

DE M. TURGOT.

A PARIS,

Chez

FIRMIN DIDOT, Libraire, rue de Thionville, n°. 10;

COCHERIS, Libraire, quai Voltaire, n°. 17;

LÉOPOLD COLLIN, Libraire, rue Gît-le-Cœur;

DELANCE, Imprimeur-Libraire, rue des Mathurins St.-Jacques, hôtel Cluny.

ŒUVRES

DE

M^R. TURGOT,

MINISTRE D'ÉTAT,

Précédées et accompagnées de MÉMOIRES et de NOTES sur sa Vie, son Administration et ses Ouvrages.

Bonum virum facilè crederes, magnum libenter.

TACITE.

TOME TROISIÈME.

PARIS,

DE L'IMPRIMERIE DE DELANCE.

1808.

TABLE DES ARTICLES

Contenus dans ce Volume.

Fin de la Table.

Ce volume et le précédent renferment ce que nous avons pu recouvrer des Œuvres de M. TURGOT, qui ne sont pas de simple littérature, et qui, plus spécialement philosophiques, sont antérieures à son administration.

FAUTES D'IMPRESSION que l'on prie le Lecteur de vouloir bien corriger.

Page 3 , *ligne* 21 , dans ; *mettez* en.

Page 11 , ligne 20 , *au lieu de la* virgule , *mettez* point et virgule.

Même page , *ligne antépénultième* , et ; *mettez* ou.

Page 39 , *ligne* 9 , a ; *mettez* est.

Page 72 , *ligne* 5 , diminue ; *mettez* diminuent.

Page 111 , *ligne* 12 ; *rayez* voir.

Page 127 , *ligne dernière* , assurer ; *mettez* asseoir.

Page 133 , *ligne* 7 , même ; *mettez* mêmes.

Page 166 , *ligne* 17 , le plus ; *rayez* le .

Page 184 , *ligne* 22 , branchues ; *lisez* branchus.

Page 212 , *ligne* 7 , dessus ; *mettez* dessous.

Page 217 , *ligne antépénultième* , éruption ; *mettez* émission.

Page 232 , *ligne dernière* , solen ; *mettez* solem.

Page 243 , *ligne* 22 , tirée ; *mettez* retirés.

Page 272 , *ligne* 11 , ces ; *mettez* ses.

Page 280 , *ligne* 14 , pour acquérir ; *mettez* afin d'acquérir.

Page 318 , *ligne* 7 ; *après* M. de Cicé , *ajoutez* à M. Tavanti.

Page 372 , *ligne* 5 , l'être ; *mettez* être instruite.

Page 379 , *lignes* 16 et 17 , minerai , du fer ; *mettez* minerai de fer.

Page 394 , *ligne* 14 , tous ; *mettez* tout.

Page 419 , *ligne* 22 , *après* autre ; *ajoutez* chose.

Page 430 , *ligne antépénultième* , paroissent ; *mettez* semblent.

Au revers de la page 431 , *la pagination est* 452 ; *rétablissez* 432.

ŒUVRES
DE M. TURGOT.

ARTICLES DE M. TURGOT
DANS L'ENCYCLOPÉDIE.

ÉTYMOLOGIE (s. f.). C'est l'origine d'un mot.

Le mot dont vient un autre mot s'appelle *primitif*, et celui qui vient du primitif s'appelle *dérivé*. On donne quelquefois au primitif même le nom d'*étymologie ;* ainsi l'on dit que *pater* est l'*étymologie* de *père*.

Les mots n'ont point avec ce qu'ils expriment un rapport nécessaire ; ce n'est pas même en vertu d'une convention formelle et fixée invariablement entre les hommes, que certains sons réveillent dans notre esprit certaines idées. Cette liaison est l'effet d'une habitude formée durant l'enfance à force d'entendre répéter les mêmes sons dans des circonstances à peu près semblables ; elle s'établit dans l'esprit des peuples sans qu'ils y pensent ; elle peut s'effacer par l'effet d'une autre habitude qui se formera aussi sour-

Tome III.   I

dement et par les mêmes moyens. Les circonstances dont la répétition a déterminé dans l'esprit de chaque individu le sens d'un mot, ne
sont jamais exactement les mêmes pour deux
hommes; elles sont encore plus différentes pour
deux générations. Ainsi, à considérer une langue
indépendamment de ses rapports avec les autres
langues, elle a dans elle-même un principe de
variation. La prononciation s'altère en passant
des pères aux enfans; les acceptions des termes
se multiplient, se remplacent les unes les autres;
de nouvelles idées viennent accroître les richesses
de l'esprit humain; on détourne la signification primitive des mots par des métaphores; on
la fixe à certains points de vue particuliers,
par des inflexions grammaticales; on réunit plusieurs mots anciens pour exprimer les nouvelles
combinaisons d'idées. Ces sortes de mots n'entrent
par toujours dans l'usage ordinaire: pour les comprendre, il est nécessaire de les analyser, de
remonter des *composés* ou *dérivés* aux mots
simples ou *radicaux*, et des acceptions méta-
phoriques au sens primitif. Les Grecs qui ne
connoissoient guères que leur langue, et dont
la langue par l'abondance de ses inflexions grammaticales et par sa facilité à composer des mots,
se prêtoit à tous les besoins de leur génie, se

livrèrent de bonne heure à ce genre de recherches, et lui donnèrent le nom d'*étymologie*, c'est-à-dire, connoissance du vrai sens des mots; car ἔτυμον τῆς λεξέως signifie *le vrai sens d'un mot*, d'ἔτυμος, vrai.

Lorsque les Latins étudièrent leur langue, à l'exemple des Grecs, ils s'apperçurent bientôt qu'ils la devoient presque toute entière à ceuxci. Le travail ne se borna plus à analyser les mots d'une seule langue, à remonter du dérivé à sa racine, on apprit à chercher les origines de sa langue dans des langues plus anciennes, à décomposer non plus les mots, mais les langues : on les vit se succéder et se mêler, comme les peuples qui les parlent. Les recherches s'étendirent dans un champ immense; mais quoiqu'elles devinssent indifférentes pour la connoissance du vrai sens des mots, on garda l'ancien nom d'*étymologie*. Aujourd'hui les savans donnent ce nom à toutes les recherches sur l'origine des mots; c'est dans ce sens que nous l'emploierons dans cet article.

L'histoire nous a transmis quelques *étymologies*, comme celles des noms des villes ou des lieux auxquels les fondateurs ou les navigateurs ont donné, soit leur propre nom, soit quelque autre relatif aux circonstances de la fondation

ou de la découverte. — A la réserve du petit
nombre d'*étymologies* de ce genre qu'on peut
regarder comme certaines, et dont la certitude
purement testimoniale, ne dépend pas des règles
de l'art étymologique, l'origine d'un mot est en
général un fait à deviner, un fait ignoré, auquel
on ne peut arriver que par des conjectures, en
partant de quelques faits connus. Le mot est
donné ; il faut chercher dans l'immense variété
des langues les différens mots dont il peut tirer
son origine. La ressemblance du son, l'analogie
du sens ; l'histoire des peuples qui ont successivement occupé la même contrée, ou qui y ont
entretenu un grand commerce, sont les premières
lueurs qu'on suit : on trouve enfin un mot assez
semblable à celui dont on cherche l'*étymologie*.
Ce n'est encore qu'une supposition qui peut être
vraie ou fausse : pour s'assurer de la vérité, on
examine plus attentivement cette ressemblance ;
on suit les altérations graduelles qui ont conduit
successivement du primitif au dérivé ; on pèse
le plus ou le moins de facilité du changement de
certaines lettres en d'autres ; on discute les rapports entre les concepts de l'esprit et les analogies délicates qui ont pu guider les hommes
dans l'application d'un même son à des idées
très-différentes ; on compare le mot à toutes les

circonstances de l'énigme : souvent il ne soutient pas cette épreuve, et on en cherche une autre ; quelquefois (et c'est la pierre de touche des *étymologies,* comme de toutes les vérités de fait) toutes les circonstances s'accordent parfaitement avec la supposition qu'on a faite ; l'accord de chacune en particulier forme *une probabilité ;* cette probabilité augmente dans une progression rapide, à mesure qu'il s'y joint de nouvelles vraisemblances ; et bientôt, par l'appui mutuel que celles-ci se prêtent, la supposition n'en est plus une, et acquiert la certitude d'un fait. — La force de chaque ressemblance en particulier, et leur réunion, sont donc l'unique principe de la certitude des *étymologies ,* comme de tout autre fait, et le fondement de la distinction entre les *étymologies* possibles , probables et certaines.

Il suit de là que l'art étymologique est, comme tout art conjectural, composé de deux parties, l'art de former les conjectures ou les suppositions, et l'art de les vérifier ; ou en d'autres termes l'invention et la critique : les sources de la première, les règles de la seconde, sont les divisions naturelles de cet article ; car nous n'y comprendrons point les recherches qu'on peut faire sur les causes primitives de l'institution des mots, sur l'origine et les progrès du langage, sur les rapports des mots avec l'organe qui les prononce et les idées qu'ils expriment. — La connoissance philosophique des langues est une science très-vaste, une mine riche de vérités nouvelles et intéressantes. Les *étymologies* ne sont que des faits particuliers sur lesquels elle appuie quelquefois des principes généraux ; ceux-ci, à la vérité, rendent à leur tour la recherche des *étymologies* plus facile et plus sûre ; mais s'il s'agissoit de présenter ici tout ce qui peut fournir aux étymologistes des conjectures ou des moyens de les vérifier, il faudroit y traiter de toutes les sciences. Nous renvoyons donc sur ces matières aux articles *Grammaire, Interjection, Langue, Analogie, Mélange, Origine et analyse des langues, Métaphore, Onomatopée, Signe*, etc. Nous ajouterons seulement, sur l'utilité des recherches étymologiques, quelques réflexions propres à désabuser du mépris que quelques personnes affectent pour ce genre d'études.

Sources des conjectures étymologiques.

En matière d'*étymologie*, comme en toute autre matière, l'invention n'a point de règles bien déterminées.

Dans les recherches où les objets se présentent

à nous, où il ne faut que regarder et voir, dans celles aussi qu'on peut soumettre à la rigueur des démonstrations, il est possible de prescrire à l'esprit une marche invariable qui le mène sûrement à la vérité : mais toutes les fois qu'on ne s'en tient pas à observer simplement ou à déduire des conséquences de principes connus, il faut *deviner*, c'est-à-dire, qu'il faut, dans le champ immense des suppositions possibles, en saisir une au hasard, puis une seconde, et plusieurs successivement, jusqu'à ce qu'on ait rencontré l'unique vraie. C'est ce qui seroit impossible, si la gradation qui se trouve dans la liaison de tous les êtres, et la loi de continuité généralement observée dans la nature, n'établissoient entre certains faits et un certain ordre d'autres faits propres à leur servir de causes, une espèce de voisinage qui diminue beaucoup l'embarras du choix. En présentant à l'esprit une étendue moins vague, et en le ramenant d'abord du possible au vraisemblable, l'analogie lui trace des routes où il marche d'un pas plus sûr ; des causes déjà connues indiquent des causes semblables pour des effets semblables. Ainsi une mémoire vaste, et remplie, autant qu'il est possible, de toutes les connoissances relatives à l'objet dont on s'occupe ; un esprit exercé à observer dans tous

les changemens qui le frappent l'enchaînement
des effets et des causes, et à en tirer des analogies ; l'habitude surtout de se livrer à la méditation, ou, pour mieux dire peut-être, à cette
rêverie nonchalante dans laquelle l'âme semble
renoncer au droit d'appeller ses pensées, pour
les voir en quelque sorte passer toutes devant
elle, et pour contempler, dans cette confusion
apparente, une foule de tableaux et d'assemblages inattendus, produits par la fluctuation rapide des idées, que des liens aussi impercep-
tibles que multipliés amènent à la suite les unes
des autres ; voilà, non les règles de l'invention,
mais les dispositions nécessaires à quiconque veut
inventer, dans quelque genre que ce soit ; et
nous n'avons plus ici qu'à en faire l'application
aux recherches étymologiques, en indiquant les
rapports les plus frappans, et les principales analogies qui peuvent servir de fondement à des
conjectures vraisemblables.

1º. Il est naturel de ne pas chercher d'abord
loin de soi ce qu'on peut trouver sous sa main.
L'examen attentif du mot même dont on cherche
l'*étymologie*, et de tout ce qu'il emprunte, si
j'ose ainsi parler, de l'analogie propre de sa
langue, est donc le premier pas à faire. Si c'est
un *dérivé*, il faut le rappeller à sa *racine*, en

le dépouillant de cet appareil de terminaisons et d'inflexions grammaticales qui le déguisent; si c'est un *composé*, il faut en séparer les différentes parties : ainsi la connoissance profonde de la langue dont on veut éclaircir les origines, de sa grammaire, de son analogie, est le préliminaire le plus indispensable pour cette étude.

2°. Souvent le résultat de cette décomposition se termine à des mots absolument hors d'usage; il ne faut pas perdre pour cela l'espérance de les éclaircir, sans recourir à une langue étrangère : la langue même dont on s'occupe s'est altérée avec le temps; l'étude des révolutions qu'elle a essuyées fera voir dans les monumens des siècles passés ces mêmes mots dont l'usage s'est perdu, et dont on a conservé les dérivés; la lecture des anciennes chartes et des vieux glossaires en découvrira beaucoup ; les dialectes ou patois usités dans les différentes provinces qui n'ont pas subi autant de variations que la langue polie, ou du moins qui n'ont pas subi les mêmes, en contiennent aussi un grand nombre: c'est là qu'il faut chercher.

3°. Quelquefois les changemens arrivés dans la prononciation effacent dans le dérivé presque tous les vestiges de sa racine. L'étude de l'ancien langage et des dialectes fournira aussi des

exemples des variations les plus communes de
la prononciation ; et ces exemples autoriseront
à supposer des variations pareilles dans d'autres
cas. L'orthographe, qui se conserve lorsque la
prononciation change, devient un témoin assez
sûr de l'ancien état de la langue, et indique aux
étymologistes la filiation des mots, lorsque la
prononciation la leur déguise.

4°. Le problême devient plus compliqué, lorsque les variations dans le sens concourent avec
les changemens de la prononciation. Toutes sortes
de tropes et de métaphores détournent la signification des mots ; le sens figuré fait oublier peu
à peu le sens propre, et devient quelquefois à
son tour le fondement d'une nouvelle figure ;
en sorte qu'à la longue le mot ne conserve plus
aucun rapport avec sa première signification.
Pour retrouver la trace de ces changemens
entés les uns sur les autres, il faut connoître
les fondemens les plus ordinaires des tropes
et des métaphores ; il faut étudier les différens points de vue sous lesquels les hommes
ont envisagé les différens objets, les rapports,
les analogies entre les idées, qui rendent les figures plus naturelles ou plus justes ; en général,
l'exemple du présent est ce qui peut le mieux
diriger nos conjectures sur le passé ; les méta-

phores que produisent à chaque instant sous nos yeux les enfans, les gens grossiers, et même les gens d'esprit, ont dû se présenter à nos pères; car le besoin donne de l'esprit à tout le monde : or, une grande partie de ces métaphores devenues habituelles dans nos langues, sont l'ouvrage du besoin où les hommes se sont trouvés de faire connoître les idées intellectuelles et morales, en se servant des noms des objets sensibles : c'est par cette raison et parce que la nécessité n'est pas délicate, que le peu de justesse des métaphores n'autorise pas toujours à les rejetter des conjectures étymologiques. Il y a des exemples de ces sens détournés, très-bizarres en apparence, et qui sont indubitables.

5°. Il n'y a aucune langue dans l'état actuel des choses, qui ne soit formée du mélange ou de l'altération de langues plus anciennes, dans lesquelles on doit retrouver une grande partie des racines de la langue nouvelle, quand on a poussé aussi loin qu'il est possible, sans sortir de celle-ci, la décomposition et la filiation des mots, c'est à ces langues étrangères qu'il faut recourir. Lorsqu'on sait les principales langues des peuples voisins, et qui ont occupé autrefois le même pays, on n'a pas de peine à découvrir quelles sont celles d'où dérive immédiatement

une langue donnée, parce qu'il est impossible
qu'il ne s'y trouve une très-grande quantité de
mots communs à celle-ci, et si peu déguisés,
que la dérivation n'en peut être contestée. C'est
ainsi qu'il n'est pas nécessaire d'être versé dans
l'art étymologique pour savoir que le françois
et les autres langues modernes du midi de l'Europe se sont formés par la corruption du latin
mêlé avec le langage des nations qui ont détruit
l'Empire Romain. Cette connoissance grossière,
où mène la notion purement historique des
invasions successives du pays , par différens
peuples , indique suffisamment aux étymologistes, dans quelles langues ils doivent chercher
les origines de celle qu'ils étudient.

6°. Lorsqu'on veut tirer d'une langue ancienne
les mots d'une langue moderne, par exemple,
les mots françois du latin, il est très-bon d'étudier cette langue , non-seulement dans sa pureté
et dans les ouvrages des bons auteurs, mais
encore dans les tours les plus corrompus, dans le
langage du plus bas peuple et dans celui des
provinces.

Les personnes élevées avec soin et instruites
de la pureté du langage , s'attachent ordinairement à parler chaque langue sans la mêler avec
d'autres : c'est le peuple grossier qui a le plus

contribué à la formation des nouveaux langages ;
c'est lui qui ne parlant que pour le besoin de
se faire entendre, néglige toutes les loix de
l'analogie, ne se refuse à l'usage d'aucun mot,
sous prétexte qu'il est étranger, dès que l'habitude le lui a rendu familier ; c'est de lui que
le nouvel habitant est forcé par les nécessités
de la vie et du commerce d'adopter un plus
grand nombre de mots ; enfin c'est toujours par
le bas peuple que commence ce langage mitoyen
qui s'établit nécessairement entre deux nations
rapprochées par un commerce quelconque ; parce
que de part et d'autre, personne ne voulant se
donner la peine d'apprendre une langue étrangère, chacun de son côté en adopte un peu,
et cède un peu de la sienne.

7°. Lorsque de cette langue primitive plusieurs se sont formées à la fois dans différens
pays, l'étude de ces différentes langues, de leurs
dialectes, des variations qu'elles ont éprouvées,
la comparaison de la manière différente dont
elles ont altéré les mêmes inflexions, ou les
mêmes sons de la langue-mère, en se les rendant propres ; celle des directions opposées, si
j'ose ainsi parler, suivant lesquelles elles ont
détourné le sens des mêmes expressions ; la suite
de cette comparaison, dans tout le cours de

leurs progrès, et dans leurs différentes époques, serviront beaucoup à donner des vues pour les origines de chacune d'entre elles. Ainsi l'italien et le gascon qui viennent du latin, comme le françois, présentent souvent le mot intermédiaire entre un mot françois et un mot latin, dont le passage eut paru trop brusque et trop peu vraisemblable, si on eut voulu tirer immédiatement l'un de l'autre, soit que le mot ne soit effectivement devenu françois que parce qu'il a été emprunté de l'italien ou du gascon, ce qui est très-fréquent ; soit qu'autrefois ces trois langues aient été moins différentes qu'elles ne le sont aujourd'hui.

8°. Quand plusieurs langues ont été parlées dans le même pays et dans le même tems, les traductions réciproques de l'une à l'autre fournissent aux étymologistes une foule de conjectures précieuses. Ainsi pendant que notre langue et les autres langues modernes se formoient, tous les actes s'écrivoient en latin ; et dans ceux qui ont été conservés, le mot latin nous indique très-souvent l'origine du mot françois, que les altérations successives de la prononciation nous auroit dérobée ; c'est cette voie qui nous a appris que MÉTIER vient de *ministerium ;* MARGUILLIER de *matricularius,* etc. Le Dictionnaire de *Ménage* est rempli de ces sortes d'*éty-mologies*, et le Glossaire de *Du Cange* en est une source inépuisable. Ces mêmes traductions ont l'avantage de nous procurer des exemples constatés d'altérations très-considérables dans la prononciation des mots, et de différences très-singulières entre le dérivé et le primitif, qui sont surtout fréquentes dans les noms des Saints ; et ces exemples peuvent autoriser à former des conjectures auxquelles, sans eux, on n'auroit ôsé se livrer. M. *Freret* a fait usage de ces tra-ductions d'une langue à une autre, dans sa dis-sertation sur le mot *dunum*, où, pour prouver que cette terminaison celtique signifie une ville, et non pas une montagne, il allègue que les Bretons du pays de Galles ont traduit ce mot dans le nom de plusieurs villes par le mot de *caër*, et les Saxons par le mot de *burgh*, qui signifie incontestablement *ville :* il cite en par-ticulier la ville de *Dumbarton*, en gallois *Caër-Briton ;* et celle d'*Edimbourg*, appellée par les anciens Bretons *Dun-Eden*, et par les Gallois d'aujourd'hui *Caër-Eden*.

9°. Indépendamment de ce que chaque langue tient de celles qui ont concouru à sa première formation, il n'en est aucune qui n'acquière jour-nellement des mots nouveaux, qu'elle emprunte

de ses voisins et de tous les peuples avec lesquels elle a quelque commerce. C'est surtout
lorsqu'une nation reçoit d'une autre quelque
connoissance ou quelque art nouveau, qu'elle
en adopte en même tems les termes. Le nom
de *boussole* nous est venu des Italiens avec
l'usage de cet instrument. Un grand nombre
de termes de l'art de la verrerie sont italiens,
parce que cet art nous est venu de Venise. La
minéralogie est pleine de mots allemands. Les
Grecs ayant été les premiers inventeurs des arts
et des sciences, et le reste de l'Europe les ayant
reçus d'eux, c'est à cette cause qu'on doit rapporter l'usage général parmi toutes les nations
européennes de donner des noms grecs à presque tous les objets scientifiques. Un étymolo-
giste doit donc encore connoître cette source,
et diriger ses conjectures d'après toutes ces observations, et d'après l'histoire de chaque art
en particulier.

10°. Tous les peuples de la terre se sont mêlés
en tant de manières différentes, et le mélange
des langues est une suite si nécessaire du mélange
des peuples, qu'il est impossible de limiter le
champ ouvert aux conjectures des étymologistes.
Par exemple, on voudra, du petit nombre de langues dont une langue s'est formée immédiatement,

ment, remonter à des langues plus anciennes;
et souvent quelques-unes de ces langues se
sont totalement perdues : le celtique, dont notre
langue françoise a pris plusieurs racines, est
dans ce cas; on en rassemblera les vestiges épars
dans l'irlandois, le gallois, le bas-breton, dans
les anciens noms des lieux de la Gaule, etc. Le
saxon, le gothique, et les différens dialectes
anciens et modernes de la langue germanique,
nous rendront en partie la langue des Francs.
On examinera soigneusement ce qui s'est conservé de la langue des premiers maîtres du
pays, dans quelques cantons particuliers, comme
la Basse-Bretagne, la Biscaye, l'Épire, dont
l'apreté du sol et la bravoure des habitans ont
écarté les conquérans postérieurs. L'histoire in-
diquera les invasions faites dans les tems les
plus reculés, les colonies établies sur les côtes
par les étrangers, les différentes nations que
le commerce ou la nécessité de chercher un
asyle, ont conduites successivement dans une
contrée. On sait que le commerce des Phéniciens s'est étendu sur toutes les côtes de la Méditerranée, dans un tems où les autres peuples
étoient encore barbares; qu'ils y ont établi un
très-grand nombre de colonies; que Carthage,
une de ces colonies, a dominé sur une partie

de l'Afrique, et s'est soumis presque toute l'Espagne méridionale. On peut donc chercher dans
le phénicien ou l'hébreu un grand nombre de
mots grecs, latins, espagnols, etc. On pourra
par la même raison supposer que les Phocéens
établis à Marseille, ont porté dans la Gaule
méridionale plusieurs mots grecs. Au défaut
même de l'histoire, on peut quelquefois fonder
ses suppositions sur les mélanges des peuples
plus anciens que les histoires mêmes. Les courses
connues des Goths et des autres nations septentrionales d'un bout de l'Europe à l'autre; celles
des Gaulois et des Cimmériens dans des siècles
plus éloignés : celles des Scythes en Asie, donnent droit de soupçonner des migrations semblables, dont les dates trop reculées seront
restées inconnues, parce qu'il n'y avoit point
alors de nations policées pour en conserver la
mémoire, et par conséquent le mélange de toutes
les nations de l'Europe et de leurs langues, qui
a dû en résulter. Ce soupçon, tout vague qu'il
est, peut être confirmé par des *étymologies*
qui en supposeront la réalité, si d'ailleurs elles
portent avec elle un caractère marqué de vraisemblance ; et dès-lors on sera autorisé à recourir encore à des suppositions semblables, pour
trouver d'autres étymologies. Ἀμελγειν, *traire*

le lait, composé de l'α privatif et de la racine
μελγ, *lait; mulgeo* et *mulceo* en latin se rapportent manifestement à la racine *milk* ou *mulk,*
qui signifie *lait* dans toutes les langues du Nord;
cependant cette racine n'existe seule ni en grec
ni en latin. Les mots *styern,* suédois; *star,*
anglois; ἀσλὴρ, grec ; *stella,* latin, ne sont-ils
pas évidemment la même racine, ainsi que le
mot μήνη, la lune, d'où *mensis* en latin; et les
mots *moon,* anglois; *maan,* danois; *mond,*
allemand? Des *étymologies* si bien vérifiées,
m'indiquent des rapports étonnans entre les
langues polies des Grecs et des Romains, et les
langues grossières des peuples du Nord. Je me
prêterai donc, quoique avec réserve, aux étymologies d'ailleurs probables qu'on fondera sur
ces mélanges anciens des nations et de leurs
langages.

11°. La connoissance générale des langues
dont on peut tirer des secours pour éclaircir les
origines d'une langue donnée, montre plustôt
aux étymologistes l'espace où ils peuvent étendre
leurs conjectures, qu'elle ne peut servir à les
diriger; il faut que ceux-ci tirent de l'examen
du mot même dont ils cherchent l'origine, des
circonstances ou des analogies sur lesquelles ils
puissent s'appuyer. Le sens est le premier guide

qui se présente : la connoissance détaillée de la
chose exprimée par le mot, et de ses circonstances principales, peut ouvrir des vues. Par
exemple, si c'est un lieu, sa situation sur une
montagne ou dans une vallée ; si c'est une rivière, sa rapidité, sa profondeur ; si c'est un
instrument, son usage ou sa forme ; si c'est une
couleur, le nom des objets les plus communs,
les plus visibles auxquels elle appartient ; si c'est
une qualité, une notion abstraite, un être en un
mot qui ne tombe pas sous les sens, il faudra
étudier la manière dont les hommes sont parvenus à s'en former l'idée, et quels sont les objets sensibles dont ils ont pu se servir pour faire
naître la même idée dans l'esprit des autres
hommes, par voie de comparaison ou autrement. La théorie philosophique de l'origine du
langage et de ses progrès, des causes de l'imposition primitive des noms, est la lumière la
plus sûre qu'on puisse consulter. Elle montre
autant de sources aux étymologistes, qu'elle
établit de résultats généraux, et qu'elle décrit
de pas de l'esprit humain dans l'invention des
langues. Si l'on vouloit entrer ici dans les détails,
chaque objet fourniroit des indications particulières qui dépendent de la nature de celui de
nos sens par lequel il a été connu, de la ma-

nière dont il a frappé les hommes et de ses rapports avec les autres objets, soit réels, soit imaginaires. Il est donc inutile de s'appesantir sur une matière qu'on pourroit à peine effleurer; l'*article* ORIGINE DES LANGUES auquel nous renvoyons, ne pourra même renfermer que les principes les plus généraux : les détails et l'application ne peuvent être le fruit que d'un examen attentif de chaque objet en particulier. L'exemple des *étymologies* déjà connues, et l'analogie qui en résulte, sont le secours le plus général dont on puisse s'aider dans cette sorte de conjectures, comme dans toutes les autres, et nous en avons déjà parlé. Ce sera encore une chose très-utile de se supposer à la place de ceux qui ont eu des noms à donner aux objets; pourvû qu'on se mette bien à leur place, et qu'on oublie de bonne foi tout ce qu'ils ne devoient pas savoir, on connoîtra par soi-même, avec la difficulté, toutes les ressources et les adresses du besoin : pour la vaincre, on formera des conjectures vraisemblables sur les idées qu'ont voulu exprimer les premiers nomenclateurs, et l'on cherchera dans les langues anciennes les mots qui répondent à ces idées.

12°. Je ne sais si en matière de conjectures étymologiques, les analogies fondées sur la si-

gnification des mots, sont préférables à celles
qui ne sont tirées que du son. Le son paroît appartenir directement à la substance même du mot;
mais la vérité est que l'un sans l'autre n'est rien,
et qu'ainsi l'un et l'autre rapports doivent être
perpétuellement combinés dans toutes nos recherches. Quoi qu'il en soit, non-seulement la
ressemblance des sons, mais encore des rapports
plus ou moins éloignés, servent à guider les
étymologistes du dérivé à son primitif. Dans ce
genre rien peut-être ne peut borner les inductions, et tout peut leur servir de fondement,
depuis la ressemblance totale, qui, lorsqu'elle
concourt avec le sens, établit l'identité des racines, jusqu'aux ressemblances les plus légères;
on peut ajouter, jusqu'au caractère particulier
de certaines différences. Les sons se distinguent
en voyelles et en consonnes, et les voyelles sont
brèves ou longues. La ressemblance dans les
sons suffit pour supposer des *étymologies,* sans
aucun égard à la quantité, qui varie souvent
dans la même langue d'une génération à l'autre,
ou d'une ville à une ville voisine : il seroit superflu d'en citer des exemples. Lors même que
les sons ne sont pas entièrement les mêmes, si
les consonnes se ressemblent, on n'aura pas
beaucoup d'égard à la différence des voyelles;

effectivement, l'expérience nous prouve qu'elles sont beaucoup plus sujettes à varier que les consonnes : ainsi les Anglois, en écrivant *grace* comme nous, prononcent *gréce*. Les Grecs modernes prononcent *ita* et *ipsilon*, ce que les anciens prononçoient *éta* et *upsilon :* et ce que les Latins prononçoient *ou*, nous le prononçons *u*. On ne s'arrête pas même lorsqu'il y a quelque différence entre les consonnes, pourvû qu'il reste entre elles quelque analogie, et que les consonnes correspondantes dans le dérivé et dans le primitif, se forment par des mouvemens semblables des organes ; en sorte que la prononciation, en devenant plus forte ou plus foible, puisse changer aisément l'une en l'autre. D'après les observations faites sur les changemens habituels de certaines consonnes en d'autres, les grammairiens les ont rangées par classes relatives aux différens organes qui servent à les former : ainsi le *p*, le *b* et l'*m* sont rangés dans la classe des lettres labiales, parce qu'on les prononce avec les lèvres (*voyez au mot* LETTRES quelques considérations sur le rapport des lettres avec les organes). Toutes les fois donc que le changement ne se fait que d'une consonne à une autre consonne du même organe, l'altération du dérivé n'est point encore assez grande pour

faire méconnoître le primitif. On étend même
ce principe plus loin ; car il suffit que le changement d'une consonne en une autre soit prouvé
par un grand nombre d'exemples, pour qu'on
se permette de le supposer ; et véritablement on
a toujours droit d'établir une supposition dont
les faits prouvent la possibilité.

13°. En même tems que la facilité qu'ont les
lettres à se transformer les unes dans les autres,
donnent aux étymologistes une liberté illimitée
de conjecturer, sans égard à la quantité proso-
dique des syllabes, au son des voyelles, et presque sans égard aux consonnes mêmes, il est
cependant vrai que toutes ces choses, sans en
excepter la quantité, servent quelquefois à indiquer des conjectures heureuses. Une syllabe
longue (je prends exprès pour exemple la quantité, parce que qui prouve le plus prouve le
moins) ; une syllabe longue autorise souvent à
supposer la contraction de deux voyelles, et
même le retranchement d'une consonne intermédiaire. Je cherche l'étymologie de *pinus* ; et
comme la première syllabe de *pinus* est longue,
je suis porté à penser qu'elle est formée des
deux premières du mot *picinus*, dérivé de
pix, et qui seroit effectivement le nom du pin,
si on avoit voulu le définir par la principale de

ses productions. Je sais que l'*x*, le *c*, le *g*, toutes les lettres gutturales, se retranchent souvent en latin, lorsqu'elles sont placées entre deux voyelles; et qu'alors les deux syllabes se confondent en une seule qui reste longue : MAXILLA, AXILLA, VEXILLUM, TEXELA; *mala, ala, velum, tela.*

14°. Ce n'est pas que ces syllabes contractées et réduites à une seule syllabe longue, ne puissent en passant dans une autre langue, ou même par le seul laps de tems, devenir brèves; aussi ces sortes d'inductions sur la quantité des syllabes, sur l'identité des voyelles, sur l'analogie des consonnes, ne peuvent guère être d'usage que lorsqu'il s'agit d'une dérivation immédiate. Lorsque les degrés de filiation se multiplient, les degrés d'altération se multiplient aussi à un tel point, que le mot n'est souvent plus reconnoissable. En vain prétendroit-on exclure les transformations de lettres en d'autres lettres très-éloignées. Il n'y a qu'à supposer un plus grand nombre d'altérations intermédiaires, et deux lettres qui ne pouvoient se substituer immédiatement l'une à l'autre, se rapprocheront par le moyen d'une troisième. Qu'y a-t-il de plus éloigné qu'une *h* et une *s* ? cependant le *b* a souvent pris la place de l'*s* consonne ou du digamma

éolique. Le digamma éolique, dans un très-grand
nombre de mots adoptés par les Latins, a été
substitué à l'esprit rude des Grecs, qui n'est
autre chose que notre *h*, et quelquefois même
à l'esprit doux ; témoin ἕσπερος, *vesper*, ἦρ,
ver, etc. De son côté l'*s* a été substituée, dans
beaucoup d'autres mots latins, à l'esprit rude des
Grecs : ὑπὲρ, *super* : ἐξ, *sex*, ὗς, *sus*, etc. La
même aspiration a donc pu se changer indifféremment en *b* et en *s*. Qu'on jette les yeux sur
le *Vocabulaire hagiologique* de l'Abbé Cha-
telain, imprimé à la tête du *Dictionnaire* de
Ménage, et l'on se convaincra par les prodigieux
changemens qu'ont subi les noms des Saints depuis un petit nombre de siècles, qu'il n'y a aucune étymologie, quelque bizarre qu'elle paroisse, qu'on ne puisse justifier par des exemples
avérés ; et par cette voie on peut, au moyen des
variations intermédiaires, multipliées à volonté,
démontrer la possibilité d'un changement d'un
son quelconque, en tout autre son donné. En
effet, il y a peu de dérivation aussi étonnante
au premier coup-d'œil, que celle de *jour*, tirée
de *dies* ; et il y en a peu d'aussi certaine. Qu'on
réfléchisse de plus, que la variété des métaphores entées les unes sur les autres, a produit
des bizarreries peut-être plus grandes, et propres

à justifier par conséquent des *étymologies* aussi éloignées par rapport au sens, que les autres le sont par rapport au son. Il faut donc avouer que tout a pu se changer en tout, et qu'on n'a droit de regarder aucune supposition étymologique comme absolument impossible.

Mais faut-il conclure de là qu'on peut se livrer avec tant de savans hommes à l'arbitraire des conjectures, et bâtir sur des fondemens aussi ruineux de vastes systêmes d'érudition? ou bien qu'on doit regarder l'étude des *étymologies* comme un jeu puérile, bon seulement pour amuser des enfans?

Il faut prendre un juste milieu. Il est bien vrai qu'à mesure qu'on suit l'origine des mots, en remontant de degré en degré, les altérations se multiplient, soit dans la prononciation, soit dans les sons, parce que, excepté les seules inflexions grammaticales, chaque passage est une altération dans l'un et dans l'autre; par conséquent la liberté de conjecturer s'étend en même raison. Mais cette liberté, qu'est-elle? sinon l'effet d'une incertitude qui augmente toujours. Cela peut-il empêcher qu'on ne puisse discuter de plus près les dérivations les plus immédiates, et même quelques autres étymologies qui compensent par l'accumulation d'un plus grand nombre de pro-

babilités, la distance plus grande entre le primitif et le dérivé, et le peu de ressemblance
entre l'un et l'autre, soit dans le sens, soit dans
la prononciation. Il faut donc, non pas renoncer
à rien savoir dans ce genre, mais seulement se
résoudre à beaucoup ignorer. Il faut, puisqu'il
y a des *étymologies* certaines, d'autres simplement probables, et quelques-unes évidemment fausses, étudier les caractères qui distinguent les unes des autres, pour apprendre sinon
à ne se tromper jamais, du moins à se tromper
rarement. Dans cette vue nous allons proposer
quelques règles de critique, d'après lesquelles
on pourra vérifier ses propres conjectures et
celles des autres. Cette vérification est la seconde
partie et le complément de l'art étymologique.

PRINCIPES de CRITIQUE pour apprécier la certitude des Étymologies.

La marche de la critique est l'inverse, à
quelques égards, de celle de l'invention : toute
occupée de créer, de multiplier les systêmes et
les hypothèses, celle-ci abandonne l'esprit à tout
son essor, et lui ouvre la sphère immense des
possibles ; celle-là, au contraire, ne paroît s'étudier qu'à détruire, à écarter successivement la

plus grande partie des suppositions et des possibilités; à rétrécir la carrière, à fermer presque toutes les routes, et à les réduire, autant
qu'il se peut, au point unique de la certitude et
de la vérité. Ce n'est pas à dire pour cela qu'il
faille séparer dans le cours de nos recherches
ces deux opérations, comme nous les avons
séparées ici, pour ranger nos idées sous un ordre
'plus facile : malgré leur opposition apparente,
elles doivent toujours marcher ensemble dans
l'exercice de la méditation; et bien loin que la
critique, en modérant sans cesse l'essor de l'esprit, diminue sa fécondité, elle l'empêche au
contraire d'user ses forces, et de perdre un
tems utile à poursuivre des chimères : elle rapproche continuellement les suppositions des
faits; elle analyse les exemples, pour réduire
les possibilités et les analogies trop générales
qu'on en tire, à des inductions particulières,
et bornées à certaines circonstances : elle balance les probabilités et les rapports éloignés
par des probabilités plus grandes et des rapports plus prochains. Quand elle ne peut les
opposer les uns aux autres, elle les apprécie;
où la raison de nier lui manque, elle établit la
raison de douter. Enfin elle se rend très-difficile
sur les caractères du vrai, au risque de le re-

jetter quelquefois, pour ne pas risquer d'admettre le faux avec lui.

Le fondement de toute la critique est un principe bien simple, que toute vérité s'accorde avec tout ce qui est vrai; et que réciproquement ce qui s'accorde avec toutes les vérités est vrai : de là suit qu'une hypothèse, imaginée pour expliquer un effet, peut être regardée comme en étant la véritable cause lorsqu'elle explique toutes les circonstances de l'effet, dans quelque détail qu'on analyse ces circonstances et qu'on développe les corollaires de l'hypothèse.

On sent aisément que l'esprit humain ne pouvant connoître qu'une très-petite partie de là chaîne qui lie tous les êtres, ne voyant de chaque effet qu'un petit nombre de circonstances frappantes, et ne pouvant suivre une hypothèse que dans ses conséquences les moins éloignées, le principe ne peut jamais recevoir cette application complette et universelle, qui nous donneroit une certitude du même genre que celle des mathématiques. Le hazard a pu tellement combiner un certain nombre de circonstances d'un effet, qu'elles correspondent parfaitement avec la supposition d'une cause qui ne sera pourtant pas la vraie. Ainsi l'accord

d'un certain nombre de circonstances produit
une probabilité, toujours contrebalancée par la
possibilité du contraire dans un certain rapport,
et l'objet de la critique est de fixer ce rapport.
Il est vrai que l'augmentation du nombre des
circonstances augmente la probabilité de la cause
supposée, et diminue la probabilité du hazard
contraire, dans une progression tellement rapide, qu'il ne faut pas beaucoup de termes pour
mettre l'esprit dans un repos aussi parfait que
le pourroit faire la certitude mathématique elle-
même.

Cela posé, voyons ce que fait le critique sur
une conjecture ou sur une hypothèse donnée.
D'abord il la compare avec le fait considéré,
autant qu'il est possible, dans toutes ses circonstances et dans ses rapports avec d'autres faits.
S'il se trouve une seule circonstance incompa-
tible avec l'hypothèse, comme il arrive le plus
souvent, l'examen est fini. Si au contraire la
supposition répond à toutes les circonstances,
il faut peser celles-ci en particulier, discuter le
plus ou le moins de facilité avec laquelle chacune se prêteroit à la supposition d'autres causes;
estimer chacune des vraisemblances qui en résultent, et les compter, pour en former la probabilité totale. — La recherche des *étymologies*

a, comme toutes les autres, ses règles de critique
particulières, relatives à l'objet dont elle s'occupe, et fondées sur la nature. Plus on étudie
chaque matière, plus on voit que certaines classes
d'effets se prêtent plus ou moins à certaines
classes de causes ; il s'établit des observations
générales, d'après lesquelles on exclut tout d'un
coup certaines suppositions, et l'on donne plus
ou moins de valeur à certaines probabilités. Ces
observations et ces règles peuvent sans doute
se multiplier à l'infini; il y en auroit même de
particulières à chaque langue et à chaque ordre
de mots; il seroit impossible de les renfermer
toutes dans cet article, et nous nous contente-
rons de quelques principes d'une application
générale, qui pourront mettre sur la voie : le
bon sens, la connoissance de l'histoire et des
langues, indiqueront assez les différentes règles
relatives à chaque langue en particulier.

1°. Il faut rejetter toute *étymologie* qu'on ne
rend vraisemblable qu'à force de suppositions
multipliées. Toute supposition enferme un degré
d'incertitude, un risque quelconque; et la multiplicité de ces risques détruit toute assurance
raisonnable. Si donc on propose une *étymologie* dans laquelle le primitif soit tellement éloigné du dérivé, soit pour le sens, soit pour le
                                                    son,

son, qu'il faille supposer entre l'un et l'autre plusieurs changemens intermédiaires, la vérification la plus sûre qu'on en puisse faire sera l'examen de chacun de ces changemens. L'*étymologie* est bonne si la chaîne de ces altérations est une suite de faits connus directement, ou prouvés par des inductions vraisemblables; elle est mauvaise, si l'intervalle n'est rempli que par un tissu de suppositions gratuites. Ainsi quoique *jour* soit aussi éloigné de *dies* dans la prononciation, qu'*alfana* l'est d'*equus;* l'une de ces *étymologies* est ridicule, et l'autre est certaine. Quelle en est la différence? Il n'y a entre *jour* et *dies* que l'italien *giorno,* qui se prononce *dgiorno,* et le latin *diurnus,* tous mots connus et usités; au lieu que *fanacus, anacus, aquus* pour dire *cheval,* n'ont jamais existé que dans l'imagination de Ménage. Cet auteur est un exemple frappant des absurdités dans lesquelles on tombe en adoptant sans choix ce que suggère la malheureuse facilité de supposer tout ce qui est possible : car il est très-vrai qu'il ne fait aucune supposition dont la possibilité ne soit justifiée par des exemples. Mais nous avons prouvé qu'en multipliant à volonté les altérations intermédiaires, soit dans le son, soit dans la signification, il est aisé de dériver un mot

Tome III. 3

quelconque de tout autre mot donné : c'est le
moyen d'expliquer tout, et dès-lors de ne rien
expliquer ; c'est le moyen aussi de justifier tous
les mépris de l'ignorance.

2°. Il y a des suppositions qu'il faut rejetter,
parce qu'elles n'expliquent rien ; il y en a d'autres
qu'on doit rejetter, parce qu'elles expliquent
trop. Une *étymologie* tirée d'une langue étrangère, n'est pas admissible, si elle rend raison d'une
terminaison propre à la langue du mot qu'on
veut éclaircir ; toutes les vraisemblances dont
on voudroit l'appuyer, ne prouveroient rien,
parce qu'elles prouveroient trop : ainsi avant de
chercher l'origine d'un mot dans une langue
étrangère, il faut l'avoir décomposé, l'avoir dépouillé de toutes ses inflexions grammaticales,
et réduit à ses élémens les plus simples. Rien
n'est plus ingénieux que la conjecture de Bochard sur le nom d'*insula Britannica*, qu'il
dérive de l'hébreu *Baratanac*, pays de l'étain,
et qu'il suppose avoir été donné à cette isle
par les marchands Phéniciens ou Carthaginois,
qui alloient y chercher ce métal. Notre règle
détruit cette *étymologie : Britannicus* est un
adjectif dérivé, où la grammaire latine ne connoît de radical que le mot *Britan*. Il en est
de même de la terminaison celtique *magum*,

que Bochard fait encore venir de l'hébreu *mohun*, sans considérer que la terminaison *um* ou *us* (car *magus* est aussi commun que *magum*) est évidemment une addition faite par les Latins, pour décliner la racine celtique *mug*. La pluspart des étymologistes hébraïsans ont été plus sujets que les autres à cette faute; et il faut avouer qu'elle est souvent difficile à éviter, surtout lorsqu'il s'agit de ces langues dont l'analogie est fort compliquée et riche en inflexions grammaticales. Tel est le grec, où les augmens et les terminaisons déguisent quelquefois entièrement la racine. Qui reconnoîtroit, par exemple, dans le mot ἤμμενος le verbe ἅπτω, dont il est cependant le participe très-régulier? S'il y avoit un mot hébreu *hemmen*, qui signifiât comme ἤμμενος, *arrangé* ou *joint*, il faudroit rejetter cette origine pour s'en tenir à la dérivation grammaticale. J'ai appuyé sur cet espèce d'écueil, pour faire sentir ce qu'on doit penser de ceux qui écrivent des volumes d'*étymologies*, et qui ne connoissent les langues que par un coup-d'œil rapide jetté sur quelques dictionnaires.

3°. Une *étymologie* probable exclut celles qui ne sont que possibles. Par cette raison, c'est une règle de critique presque sans exception, que

toute *étymologie* étrangère doit être écartée,
lorsque la décomposition du mot dans sa propre
langue répond exactement à l'idée qu'il exprime:
ainsi celui qui, guidé par l'analogie de *para-
bole,* paralogisme, etc., chercheroit dans la pré-
position grecque παρά l'origine de *parasol* et
parapluie se rendroit ridicule.

4°. Cette *étymologie* devroit être encore re-
butée par une autre règle presque toujours
sûre, quoiqu'elle ne soit pas entièrement générale: c'est qu'un mot n'est jamais composé de
deux langues différentes, à moins que le mot
étranger ne soit naturalisé par un long usage
avant la composition; en sorte que ce mot n'ait
besoin que d'être prononcé pour être entendu.
Ceux même qui composent arbitrairement des
mots scientifiques, s'assujettissent à cette règle,
guidés par la seule analogie, si ce n'est lorsqu'ils
joignent à beaucoup de pédanterie, beaucoup
d'ignorance: ce qui arrive quelquefois; c'est pour
cela que notre règle a quelques exceptions.

5°. Ce sera une très-bonne loi à s'imposer, si
l'on veut s'épargner bien des conjectures fri-
voles, de ne s'arrêter qu'à des suppositions bien
appuyées sur un certain nombre d'inductions,
qui leur donnent déjà un commencement de
probabilité, et les tirent de la classe trop éten-

due des simples possibles : ainsi, quoiqu'il soit
vrai en général que tous les peuples et toutes
les langues se sont mêlés en mille manières, et
dans des tems inconnus, on ne doit pas se prêter volontiers à faire venir de l'hébreu ou de
l'arabe le nom d'un village des environs de
Paris. La distance des tems et des lieux est
toujours une raison de douter ; et il est sage de
ne franchir cet intervalle qu'en s'aidant de quelques connoissances positives et historiques des
anciennes migrations des peuples, de leurs conquêtes, du commerce qu'ils ont entretenu les
uns chez les autres ; et au défaut de ces connoissances, il faut au moins s'appuyer sur des
étymologies déjà connues, assez certaines, et
en assez grand nombre pour établir un mélange
des deux langues. D'après ces principes, il n'y
a aucune difficulté à remonter du français au
latin, du tudesque au celtique, du latin au
grec. J'admettrai plus aisément une *étymologie*
orientale d'un mot espagnol, qu'une d'un mot
françois, parce que je sais que les Phéniciens,
et surtout les Carthaginois, ont eu beaucoup
d'établissemens en Espagne ; qu'après la prise
de Jérusalem sous Vespasien, un grand nombre
de Juifs furent transportés en Lusitanie, et que

depuis toute cette contrée a été possédée par des
Arabes.

6°. On puisera dans cette connoissance détaillée des migrations des peuples d'excellentes
règles de critique, pour juger des *étymologies*
tirées de leurs langues, et apprécier leur vraisemblance : les unes seront fondées sur le local
des etablissemens du peuple ancien ; par exemples, les *étymologies* phéniciennes des noms
de lieu seront plus recevables, s'il s'agit d'une
côte ou d'une ville maritime, que si cette ville
étoit située dans l'intérieur des terres. Une *étymologie* arabe conviendra dans les plaines et
dans les parties méridionales de l'Espagne ; on
préférera pour des lieux voisins des Pyrénées,
des *étymologies* latines ou basques.

7°. La date du mélange des deux peuples,
et du tems où les langues anciennes ont été remplacées par de nouvelles, ne sera pas moins
utile ; on ne tirera point d'une racine celtique
le nom d'une ville bâtie, ou d'un art inventé
sous les Rois Francs.

8°. On pourra encore comparer cette date à
la quantité d'altérations que le primitif aura dû
souffrir pour produire le dérivé ; car les mots,
toutes choses d'ailleurs égales, ont reçu d'autant

plus d'altération qu'ils ont été transmis par un
plus grand nombre de générations, et surtout
que les langues ont essuyé plus de révolutions
dans cet intervalle. Un mot oriental qui aura
passé dans l'espagnol par l'arabe, sera bien
moins éloigné de sa racine que celui qui sera
venu des anciens Carthaginois.

9°. La nature de la migration, la forme, la
proportion et la durée du mélange qui en a
résulté, peuvent aussi rendre probables ou im-
probables plusieurs conjectures; une conquête
aura apporté bien plus de mots dans un pays,
lorsqu'elle aura été accompagnée de transplan-
tation d'habitans; une possession durable, plus
qu'une conquête passagère; plus lorsque le conquérant a donné ses loix aux vaincus, que lorsqu'il les a laissé vivre selon leurs usages : une
conquête en général, plus qu'un simple commerce. C'est en partie à ces causes combinées
avec les révolutions postérieures qu'il faut attribuer les différentes proportions dans le mélange
du latin avec les langues qu'on parle dans les
différentes contrées soumises autrefois aux Romains; proportions d'après lesquelles les *étymologies* tirées de cette langue auront, tout le
reste égal, plus ou moins de probabilité; dans
le mélange, certaines classes d'objets garderont

les noms que leur donna le conquérant; d'autres, celui de la langue des vaincus : et tout cela
dépendra de la forme du gouvernement; de la
distribution de l'autorité et de la dépendance
entre les deux peuples ; des idées qui doivent
être plus ou moins familières aux uns ou aux
autres, suivant leur état, et les mœurs que leur
donne cet état.

10°. Lorsqu'il n'y a eu entre deux peuples
qu'une simple liaison sans qu'ils se soient mê-
langés, les mots qui passent d'une langue dans
l'autre sont le plus ordinairement relatifs à l'objet de cette liaison. La religion chrétienne a
étendu la connoissance du latin dans toutes les
parties de l'Europe, où les armes des Romains
n'avoient pu pénétrer. Un peuple adopte plus
volontiers un mot nouveau avec une idée nouvelle, qu'il n'abandonne les noms des objets
anciens, auxquels il est accoutumé. Une *étymologie* latine d'un mot polonois ou irlandois,
recevra donc un nouveau degré de probabilité,
si ce mot est relatif au culte, aux mystères et
aux autres objets de la religion. Par la même
raison , s'il y a quelques mots auxquels on
doive se permettre d'assigner une origine phé-
nicienne ou hébraïque, ce sont les noms de
certains objets relatifs aux premiers arts et au

commerce; il n'est pas étonnant que ces peuples,
qui les premiers ont commercé sur toutes les
côtes de la Méditerranée, et qui ont fondé un
grand nombre de colonies dans toutes les isles
de la Grèce, y aient porté les noms des choses
ignorées des peuples sauvages chez lesquels ils
trafiquoient, et surtout les termes de commerce.
Il y aura même quelques-uns de ces mots que
le commerce aura fait passer des Grecs à tous
les Européens, et de ceux-ci à toutes les autres
nations. Tel est le mot de *sac,* qui signifie
proprement en hébreu *une étoffe grossière,*
propre à emballer les marchandises. De tous
les mots qui ne dérivent pas immédiatement
de la nature, c'est peut-être le plus universellement répandu dans toutes les langues. Notre
mot d'*arrhes, arrhabon,* est encore purement
hébreu, et nous est venu par la même voie.
Les termes de commerce parmi nous sont portugais, hollandois, anglois, etc., suivant la date
de chaque branche de commerce et le lieu de
son origine.

11°. On peut en généralisant cette dernière
observation, établir un nouveau moyen d'estimer la vraisemblance des suppositions étymologiques, fondée sur le mélange des nations et
de leurs langages; c'est d'examiner quelle étoit

au tems du mélange la proportion des idées
des deux peuples; les objets qui leur étoient fami-
liers, leur manière de vivre, leurs arts et le
degré de connoissances auquel ils étoient parvenus. Dans les progrès généraux de l'esprit
humain, toutes les nations partent du même
point, marchent au même but, suivent à peu
près la même route, mais d'un pas très-inégal.
Nous prouverons à l'article *Langues,* que les
langues dans tous les tems sont à peu près la
mesure des idées actuelles du peuple qui les
parle; et sans entrer dans un grand détail, il
est aisé de sentir qu'on n'invente des noms qu'à
mesure qu'on a des idées à exprimer. Lorsque
des peuples inégalement avancés dans leurs progrès se mêlent, cette inégalité influe à plusieurs
titres sur la langue nouvelle qui se forme du
mélange. La langue du peuple policé, plus
riche, fournit au mélange dans une plus grande
proportion, et le teint, pour ainsi dire, plus
fortement de sa couleur: elle peut seule donner
les noms de toutes les idées qui manquoient au
peuple sauvage. Enfin l'avantage que les lumières de l'esprit donnent au peuple policé, le
dédain qu'elles lui inspirent pour tout ce qu'il
pourroit emprunter des barbares, le goût de
l'imitation que l'admiration fait naître dans

ceux-ci, changent encore la proportion du mélange en faveur de la langue policée, et contre-
balancent souvent toutes les autres circonstances
favorables à la langue barbare, celle même de la
disproportion du nombre entre les anciens et
les nouveaux habitans. S'il n'y a qu'un des deux
peuples qui sache écrire, cela seul donne à sa
langue le plus précieux avantage ; parce que rien
ne fixe plus les impressions dans la mémoire que
l'écriture. Pour appliquer cette considération
générale, il faut la détailler ; il faut comparer
les nations aux nations sous les différens points
de vue que nous offre leur histoire, apprécier
les nuances de la politesse et de la barbarie.
La barbarie des Gaulois n'étoit pas la même
que celle des Germains, et celle-ci n'étoit pas
la barbarie des sauvages d'Amérique ; la politesse des anciens Tyriens, des Grecs, des Européens modernes, forment une gradation aussi
sensible ; les Mexicains barbares, en comparaison des Espagnols (je ne parle que par rapport
aux lumières de l'esprit), étoient policés par
rapport aux Caraïbes. Or, l'inégalité d'influence
des deux peuples dans le mélange des langues,
n'est pas toujours relative à l'inégalité réelle
des progrès, au nombre des pas de l'esprit
humain, et à la durée des siècles interposés

entre un progrès et un autre progrès; parce
que l'utilité des découvertes, et surtout leur
effet imprévu sur les mœurs, les idées, la
manière de vivre, la constitution des nations
et la balance de leurs forces, n'est en rien proportionnée à la difficulté de ces découvertes,
à la profondeur qu'il faut percer pour arriver
à la mine, et au tems nécessaire pour y parvenir : qu'on en juge par la poudre et l'imprimerie.
Il faut donc suivre la comparaison des nations
dans un détail plus grand encore, y faire entrer la
connoissance de leurs arts respectifs : des progrès
de leur éloquence, de leur philosophie, etc.; voir
quelles sortes d'idées elles ont pu se prêter les
unes aux autres, diriger et apprécier ses conjectures d'après toutes ces connoissances, et en former autant de règles de critique particulières.

12°. On veut quelquefois donner à un mot
d'une langue moderne, comme le françois, une
origine tirée d'une langue ancienne comme le
latin, qui, pendant que la nouvelle se formoit,
étoit parlée et écrite dans le même pays en
qualité de langue savante. Or il faut bien prendre
garde de prendre pour des mots latins les mots
nouveaux auxquels on ajoutoit des terminaisons de cette langue; soit qu'il n'y eût véritablement aucun mot latin correspondant, soit plus-

tôt que ce mot fût ignoré des écrivains du tems.
Faute d'avoir fait cette légère attention, Ménage a dérivé *marcassin* de *marcassinus*, et
il a perpétuellement assigné pour origine à des
mots françois de prétendus mots latins, inconnus lorsque la langue latine étoit vivante,
et qui ne sont que ces mêmes mots françois
latinisés par des ignorans : ce qui est en fait
d'*étymologie* un cercle vicieux.

13°. Comme l'examen attentif de la chose
dont on veut expliquer le nom, de ses qualités, soit absolues, soit relatives, est une des
plus riches sources de l'invention, il est aussi
un des moyens les plus sûrs pour juger certaines *étymologies :* comment fera-t-on venir le
nom d'une ville d'un mot qui signifie *pont,* s'il
n'y a point de rivière ? M. Freret a employé ce
moyen avec le plus grand succès dans sa dis-
sertation sur l'*étymologie* de la terminaison
celtique *dunum,* où il réfute l'opinion commune qui fait venir cette terminaison d'un prétendu mot celtique et tudesque, qu'on veut qui
signifie *montagne.* Il produit une longue énumération des lieux dont le nom ancien se ter-
minoit ainsi : *Tours* s'appelloit autrefois *Cœsa-
rodunum ;* Leyde, *Lugdunum Batavorum ;*
Tours et Leyde sont situés dans des plaines.

Plusieurs lieux se sont appellés *Uxellodunum,*
et *uxel* signifioit aussi *montagne;* ce seroit un
pléonasme. Le mot de *Noviodunum,* aussi très-
commun, se trouve donné à des lieux situés
dans des vallées; ce seroit une contradiction.

14°. C'est cet examen attentif de la chose qui
peut seul éclairer sur les rapports et les analogies que les hommes ont dû saisir entre les
différentes idées, sur la justesse des métaphores
et des tropes par lesquels on a fait servir les
noms anciens à désigner des objets nouveaux.
Il faut l'avouer, c'est peut-être par cet endroit
que l'art étymologique est le plus susceptible
d'incertitude. Très-souvent le défaut de justesse
et d'analogie ne donne pas droit de rejetter les
étymologies fondées sur des métaphores; je
crois l'avoir dit plus haut, en traitant de l'invention; il y en a surtout deux raisons : l'une
est le versement d'un mot, si j'ôse ainsi parler,
d'une idée principale sur l'accessoire; la nouvelle extension de ce mot à d'autres idées,
uniquement fondées sur le sens accessoire sans
égard au primitif, comme quand on dit un
cheval *ferré d'argent;* et les nouvelles métaphores entées sur ce nouveau sens, puis les
uns sur les autres, au point de présenter un
sens entièrement contradictoire avec le sens

propre. L'autre raison qui a introduit dans les langues des métaphores peu justes est l'embarras où les hommes se sont trouvés pour nommer certains objets qui ne frappoient en rien le sens de l'ouïe, et qui n'avoient, avec les autres objets de la nature, que des rapports très-éloignés. La nécessité est leur excuse. Quant à la première de ces deux espèces de métaphores si éloignées du sens primitif, j'ai déjà donné la seule règle de critique sur laquelle on puisse compter; c'est de ne les admettre que dans le seul cas où tous les changemens intermédiaires sont connus; elle resserre nos jugemens dans des limites bien étroites, mais il faut bien les resserrer dans les limites de la certitude.

Quant aux métaphores produites par la nécessité, cette nécessité même nous procurera un secours pour les vérifier: en effet, plus elle a été réelle et pressante, et plus elle s'est fait sentir à tous les hommes, plus elle a marqué toutes les langues de la même empreinte. Le rapprochement des tours semblables dans plusieurs langues très-différentes, devient alors une preuve que cette façon détournée d'envisager l'objet, étoit aussi nécessaire pour pouvoir lui donner un nom, qu'elle semble bizarre au premier coup-d'œil. Voici un exemple assez in-

gulier, qui justifiera notre règle. Rien ne paroît
d'abord plus étonnant que de voir le nom de
pupilla, petite fille, diminutif de *pupa*, donné
à la prunelle de l'œil. Cette *étymologie* devient
indubitable par le rapprochement du grec κόρη,
qui a aussi ces deux sens, et de l'hébreu *bath-
ghnaïn*, la prunelle, mot pour mot *la fille de
l'œil :* à plus forte raison ce rapprochement
est-il utile pour donner un plus grand degré
de probabilité aux *étymologies*, fondées sur
des métaphores moins éloignées. La tendresse
maternelle est peut-être le premier sentiment
que les hommes aient eu à exprimer ; et l'expression en semble indiquée par le mot de *mama*
ou *ama*, le plus ancien mot de toutes les langues. Il ne seroit pas extraordinaire que le mot
latin *amare* en tirât son origine. Ce sentiment
devient plus vraisemblable, quand on voit en
hébreu le même mot AMMA, mère, former le
verbe AMAM, *amavit ;* et il est presque porté
jusqu'à l'évidence, quand on voit dans la même
langue REKHEM *uterus*, former le verbe RA-
KHAM, *vehementer amavit.*

15°. L'altération supposée dans les sons,
forme seule une grande partie de l'art étymologique, et mérite aussi quelques considérations
particulières. Nous avons déjà dit (8°.) que
l'altération

l'altération du dérivé augmentoit à mesure que le tems l'éloignoit du primitif, et nous avons ajouté, *toutes choses d'ailleurs égales,* parce que la quantité de cette altération dépend aussi du cours que ce mot a dans le public. Il s'use, pour ainsi dire, en passant dans un plus grand nombre de bouches, surtout dans la bouche du peuple, et la rapidité de cette circulation équivaut à une plus longue durée; les noms des saints et les noms de baptême les plus communs en sont un exemple. Les mots qui reviennent le plus souvent dans les langues, tels que les verbes *être, faire, vouloir, aller,* et tous ceux qui servent à lier les autres mots dans le discours, sont sujets à de plus grandes altérations; ce sont ceux qui ont le plus besoin d'être fixés par la langue écrite. Le mot *inclinaison* dans notre langue, et le mot *inclination,* viennent tous deux du latin *inclinatio.* Mais le premier, qui a gardé le sens physique, est plus ancien dans la langue; il a passé par la bouche des arpenteurs, des marins, etc. Le mot *inclination* nous est venu par les Philosophes scolastiques, et a souffert moins d'altérations. On doit donc se prêter plus ou moins à l'altération supposée d'un mot, suivant qu'il est plus ancien dans la langue, que la langue étoit plus ou moins

Tome III. 4

formée, étoit surtout ou n'étoit pas fixée par l'écriture lorsqu'il a été introduit; enfin suivant qu'il exprime des idées d'un usage plus ou moins familier, plus ou moins populaire.

16°. C'est par le même principe que le tems et la fréquence de l'usage d'un mot se compensent mutuellement pour l'altérer dans le même degré. C'est principalement la pente générale que tous les mots ont à s'adoucir ou à s'abréger qui les altère; et la cause de cette pente est la commodité de l'organe qui les prononce. Cette cause agit sur tous les hommes : elle agit d'une manière insensible, et d'autant plus que le mot est plus répété. Son action continue, et la marche des altérations qu'elle a produites, a dû être et a été observée. Une fois connue, elle devient une pierre de touche sûre pour juger d'une foule de conjectures étymologiques; les mots adoucis ou abrégés par l'euphonie ne retournent pas plus à leur première prononciation que les eaux ne remontent vers leur source. Au lieu d'*obtinere*, l'euphonie a fait prononcer *optinere;* mais jamais à la prononciation du mot *optare*, on ne substituera celle d'*obtare*. Ainsi dans notre langue, ce qui se prononçoit comme *exploits*, tend de jour en jour à se prononcer comme *succès;*

mais une étymologie où l'on feroit passer un mot de cette dernière prononciation à la première ne seroit pas recevable.

17°. Si de ce point de vue général on veut descendre dans les détails, et considérer les différentes suites d'altérations, dans tous les langages, que l'euphonie produisoit en même tems, et en quelque sorte parallèlement les unes aux autres dans toutes les contrées de la terre; si l'on veut fixer aussi les yeux sur les différentes époques de ces changemens, on sera surpris de leur irrégularité apparente. On verra que chaque langue, et dans chaque langue chaque dialecte, chaque peuple, chaque siècle, changent constamment certaines lettres en d'autres lettres, et se refusent à d'autres changemens aussi constamment usités chez leurs voisins. On conclura qu'il n'y a à cet égard aucune règle générale. — Plusieurs savans, et ceux en particulier qui ont fait leur étude des langues orientales, ont, il est vrai, posé pour principe que les lettres distinguées dans la grammaire hébraïque et rangées par classes sous le titre de lettres des mêmes organes, se changent réciproquement entre elles, et peuvent se substituer indifféremment les unes aux autres dans la même classe: ils ont affirmé la même chose des voyelles, et en ont disposé arbitrairement, sans doute, parce que le changement des voyelles est plus fréquent dans toutes les langues que celui des consonnes, mais peut-être aussi parce qu'en hébreu les voyelles ne sont point écrites.

Toutes ces observations ne sont qu'un systême, une conclusion générale de quelques faits particuliers, qui peut être démentie par d'autres faits en plus grand nombre. — Quelque variable que soit le son des voyelles, leurs changemens sont aussi constans dans le même tems et dans le même lieu que ceux des consonnes ; les Grecs ont changé le son ancien de l'*éta* et de l'*upsilon* en *i* ; les Anglois donnent, suivant des règles constantes, à notre *a* l'ancien son de l'*éta* des Grecs : les voyelles font, comme les consonnes, partie de la prononciation dans toutes les langues, et dans aucune langue la prononciation n'est arbitraire, parce que en tous lieux on parle pour être entendu. Les Italiens, sans égard aux divisions de l'alphabet hébreu, qui met l'*iod* au rang des lettres du palais, et l'*l* au rang des lettres de la langue, changent l'*l* précédé d'une consonne en *i tréma* ou mouillé foible, qui se prononce comme l'*iod* des Hébreux : PLATEA, *piazza*, BLANC, *bianco*. Les

Portugais , dans les mêmes circonstances ,
changent constamment cet *l* en *r* , *branco*. Les
François ont changé ce mouillé foible ou *i*
consonne des Latins, en notre *j* consonne , et
les Espagnols en une aspiration gutturale. Ne
cherchons donc point à ramener à une loi fixe
des variations multipliées à l'infini dont les
causes nous échappent : étudions-en seulement
la succession comme on étudie les faits historiques. Leur variété connue , fixée à certaines
langues , ramenée à certaines dates , suivant
l'ordre des lieux et des tems , deviendra une
suite de piéges tendus à des suppositions trop
vagues, et fondées sur la simple possibilité d'un
changement quelconque. On comparera ces
suppositions au lieu et au tems , et l'on n'écou-
tera point celui qui, pour justifier dans une
étymologie italienne, un changement de l'*l* des
latins précédé d'une consonne , en *r*, allégueroit
l'exemple des Portugais et l'affinité de ces deux
sons.—La multitude des règles de critique qu'on
peut former sur ce plan, et d'après les détails
que fournira l'étude des grammaires, des dialectes et des révolutions de chaque langue, est
le plus sûr moyen pour donner à l'art étymologique toute la solidité dont il est susceptible ;
parce qu'en général, la meilleure méthode pour

assurer les résultats de tout art conjectural,
c'est d'éprouver toutes ses suppositions en les
rapprochant sans cesse d'un ordre certain de
faits très-nombreux et très-variés.

18°. Tous les changemens que souffre la prononciation ne viennent pas de l'euphonie. Lorsqu'un mot, pour être transmis de génération
en génération, passe d'un homme à l'autre, il
faut qu'il soit entendu avant d'être répété; et
s'il est mal entendu il sera mal répété : voilà
deux organes et deux sources d'altération (1).
Je ne voudrois pas décider que la différence
entre ces deux sortes d'altérations puisse être
facilement apperçue; cela dépend de savoir à
quel point la sensibilité de notre oreille est ai-

-----

(1) Les enfans prononcent fort mal les premiers mots
qu'ils entendent et qu'ils veulent exprimer. Et il est
très-commun que les parens, par bonté, par tendresse,
par gaieté, imitent en parlant à ces enfans, ou en rap-
portant à d'autres personnes ce que ces enfans ont dit,
leur prononciation défectueuse; mais que l'amour ma-
ternel et même souvent paternel trouvent agréable. —
Si l'habitation de la famille est isolée ou située dans un
hameau, dans un village, qui ne contiennent que peu de
familles, cette prononciation enfantine s'accrédite et
devient usuelle : la langue recule; c'est une des causes
des *patois* et de leur variété dans les différentes provinces ou les différens cantons. (*Note de l'Éditeur.*)

dée par l'habitude où nous sommes de former
certains sons, et de nous fixer à ceux que la
disposition de nos organes rend plus faciles
(*voyez* OREILLE). Quoi qu'il en soit, j'insé-
rerai ici une réflexion qui, dans le cas où cette
différence pourroit être apperçue, serviroit à
distinguer un mot venu d'une langue ancienne
ou étrangère d'avec un mot qui n'auroit subi
que ces changemens insensibles que souffre une
langue d'une génération à l'autre, et par le seul
progrès des tems. Dans ce dernier cas, c'est
l'euphonie seule qui cause toutes les altérations.
Un enfant naît au milieu de sa famille et de
gens qui savent leur langue. Il est forcé de s'étudier à parler comme eux. S'il entend, s'il répète
mal, il ne sera point compris, ou bien on lui
fera connoître son erreur, et à la longue il se
corrigera. C'est au contraire l'erreur de l'oreille
qui domine et qui altère le plus la prononciation.
Lorsqu'une nation adopte un mot qui lui est
étranger, et lorsque deux peuples différens confondent leurs langages en se mêlant, celui qui
ayant entendu un mot étranger le répète mal,
ne trouve point dans ceux qui l'écoutent de
contradicteur légitime, et il n'a aucune raison
pour se corriger.

19°. Il résulte de tout ce que nous avons dit

dans le cours de cet article, qu'une *étymologie* est une supposition ; qu'elle ne reçoit un caractère de vérité et de certitude que de sa comparaison avec les faits connus ; du nombre des circonstances de ces faits qu'elle explique ; des probabilités qui en naissent, et que la critique apprécie. Toute circonstance expliquée, tout rapport entre le dérivé et le primitif supposé, produit une probabilité, aucun n'est exclus ; la probabilité augmente avec le nombre des rapports, et parvient rapidement à la certitude. Le sens, le son, les consonnes, les voyelles, la quantité, se prêtent un force réciproque. — Tous les rapports ne donnent pas une égale probabilité. Une *étymologie* qui donneroit d'un mot une définition exacte, l'emporteroit sur celle qui n'auroit avec lui qu'un rapport métaphorique. Des rapports supposés d'après des exemples, cèdent à des rapports fondés sur des faits connus ; les exemples indéterminés, aux exemples pris des mêmes langues et des mêmes siècles. Plus on remonte de degrés dans la filiation des *étymologies,* plus le primitif est loin du dérivé ; plus toutes les ressemblances s'altèrent, plus les rapports deviennent vagues et se réduisent à de simples possibilités, plus les suppositions sont multipliées. Chacune est une source d'incertitude ; il faut donc se faire une loi de ne s'en permettre qu'une à la fois, et par conséquent de ne remonter de chaque mot qu'à son *étymologie* immédiate ; ou bien il faut qu'une suite de faits incontestables remplisse l'intervalle entre l'un et l'autre et dispense de toute supposition. Il est bon en général de ne se permettre que des suppositions déjà rendues vraisemblables par quelques inductions. On doit vérifier par l'histoire des conquêtes et des migrations des peuples, du commerce, des arts, de l'esprit humain en général, et du progrès de chaque nation en particulier, les *étymologies* qu'on établit sur les mélanges des peuples et des langues ; par des exemples connus, celles qu'on tire des changemens du sens, au moyen des métaphores ; par la connoissance historique et grammaticale de la prononciation de chaque langue et de ses révolutions, celles qu'on fonde sur les altérarations de la prononciation : comparer toutes les *étymologies* supposées, soit avec la chose nommée, sa nature, ses rapports et son analogie avec les différens êtres ; soit avec la chronologie des altérations successives, et l'ordre invariable des progrès de l'euphonie. Rejeter enfin toute *étymologie* contredite par un seul fait, et n'admettre comme certaines que celles qui seront appuyées sur un très-grand nombre de probabilités réunies.

20°. Je finis ce tableau raccourci de tout l'art étymologique par la plus générale des règles, qui les renferme toutes : celle de douter beaucoup. On n'a point à craindre que ce doute produise une incertitude universelle ; il y a, même dans le genre étymologique, des choses évidentes à leur manière ; des dérivations si naturelles, qui portent un air de vérité si frappant, que peu de gens s'y refusent. A l'égard de celles qui n'ont pas ces caractères, ne vaut-il pas beaucoup mieux s'arrêter en deçà des bornes de la certitude, que d'aller au delà ? Le grand objet de l'art étymologique n'est pas de rendre raison de l'origine de tous les mots sans exception, et j'ose dire que ce seroit un but assez frivole. Cet art est principalement recommandable en ce qu'il fournit à la philosophie des matériaux et des observations pour élever le grand édifice de la théorie générale des langues : or pour cela, il importe bien plus d'employer des observations certaines, que d'en accumuler un grand nombre. J'ajoute qu'il seroit aussi impossible qu'inutile de connoître l'*étymologie* de tous les mots : nous avons vu combien l'incertitude augmente

dès qu'on est parvenu à la troisième ou qua-
trième *étymologie*, combien on est obligé d'en-
tasser de suppositions, combien les possibilités
deviennent vagues; que seroit-ce si l'on vouloit
remonter au delà? et combien cependant ne se-
rions-nous pas loin encore de la première imposition des noms? Qu'on réfléchisse à la multitude des hazards qui ont souvent présidé à
cette imposition; combien de noms tirés de
circonstances étrangères à la chose, qui n'ont
duré qu'un instant, et dont il n'est resté aucun
vestige. En voici un exemple: Un Prince s'éton-
noit, en traversant les salles du Palais, de la
quantité de marchands qu'il voyoit. « Ce qu'il
» y a de plus singulier, » lui dit quelqu'un de
sa suite, « est qu'on ne peut rien demander à
» ces gens-là qu'ils ne vous le fournissent sur-
» le-champ, la chose n'eût-elle jamais existé. »
Le Prince rit; on le pria d'en faire l'essai. Il
s'approcha d'une boutique, et dit: *Madame,
vendez-vous des. . . des* FALBALAS? La mar-
chande, sans demander l'explication d'un mot
qu'elle entendoit pour la première fois, lui dit:
Oui, Monseigneur; et lui montrant des pre-
tintailles et des garnitures de robes de femmes:
*voilà ce que vous demandez; c'est cela même
qu'on appelle des* FALBALAS. — Ce mot fut

répété et fit fortune. Combien de mots doivent
leur origine à des circonstances aussi légères,
et aussi propres à mettre en défaut toute la sa-
gacité des étymologistes ? Concluons de tout ce
que nous avons dit, qu'il y a des étymologies
certaines, qu'il y en a de probables, et qu'on
peut toujours éviter l'erreur, pourvû qu'on se
résolve à beaucoup ignorer.

Nous n'avons plus pour finir cet article qu'à y
joindre quelques réflexions sur l'utilité des recherches étymologiques, pour les disculper du
reproche de frivolité qu'on leur fait souvent.

Depuis qu'on connoît l'enchaînement général
qui unit toutes les vérités ; depuis que la philosophie ou plustôt la raison, par ses progrès,
a fait dans les sciences ce qu'avoient fait autrefois les conquêtes des Romains parmi les nations ; qu'elle a réuni toutes les parties du monde
littéraire, et renversé les barrières qui divisoient
les gens de lettres en autant de petites républi-
ques étrangères les unes aux autres que leurs
études avoient d'objets différens, je ne saurois
croire qu'aucune sorte de recherches ait grand
besoin d'apologie ; quoi qu'il en soit, le développement des principaux usages de l'étude étymologique ne peut être inutile ni déplacé à la
suite de cet article.

L'application la plus immédiate de l'art étymologique , est la recherche des origines d'une
langue en particulier. Le résultat de ce travail , poussé aussi loin qu'il peut l'être sans
tomber dans des conjectures trop arbitraires ,
est une partie essentielle de l'analyse d'une
langue, c'est-à-dire , de la connoissance complette du système de cette langue, de ses élémens radicaux , de la combinaison dont ils
sont susceptibles , etc. Le fruit de cette analyse
est la facilité de comparer les langues entre
elles sous toutes sortes de rapports, grammma-
tical , philosophique, historique, etc. (Voyez
au mot LANGUE , les deux articles *Analyse* et
Comparaison des Langues). On sent aisément
combien ces préliminaires sont indispensables
pour saisir en grand et sous son vrai point de
vue la théorie générale de la parole, et la marche
de l'esprit humain dans la formation et les progrès du langage; théorie qui, comme toute autre,
a besoin pour n'être pas un roman, d'être continuellement rapprochée des faits. Cette théorie
est la source d'où découlent les règles de cette
grammaire générale qui gouverne toutes les
langues, à laquelle toute les nations s'assujettissent en croyant ne suivre que les caprices
de l'usage , et dont enfin les grammaires de

toutes nos langues ne sont que des applications
partielles et incomplettes (voyez *Grammaire
générale*). L'histoire philosophique de l'esprit
humain en général et des idées des hommes,
dont les langues sont tout à la fois l'expression
et la mesure, est encore un fruit précieux de
cette théorie. Tout l'article *Langues*, auquel je
renvoie, sera un développement de cette vérité,
et je n'anticiperai point ici sur cet article. Je ne
donnerai qu'un exemple des services que l'étude
des langues et des mots, considérée sous ce point
de vue, peut rendre à la saine philosophie en
détruisant des erreurs invétérées.

On sait combien de systêmes ont été fabri-
qués sur la nature et l'origine de nos connoissances; l'entêtement avec lequel on a soutenu
que toutes nos idées étoient innées, et la multitude innombrable de ces êtres imaginaires
dont nos scolastiques avoient rempli l'univers,
en prêtant une *réalité* à toutes les abstractions
de leur esprit; *virtualités, formalités, degrés
métaphysiques, entités, quiddités*, etc., etc.
Rien, je parle d'après LOCKE, n'est plus propre
à en détromper, qu'un examen suivi de la manière dont les hommes sont parvenus à donner
des noms à ces sortes d'idées abstraites ou spi-
rituelles, et même à se donner de nouvelles

idées par le moyen de ces noms. On les voit
partir des premières images des objets qui frappent les sens, et s'élever par degrés jusqu'aux
idées des êtres invisibles et aux abstractions les
plus générales. On voit les échelons sur lesquels
ils se sont appuyés ; les métaphores et les analogies qui les ont aidés ; surtout les combinaisons
qu'ils ont faites de signes déjà inventés, et l'artifice de ce calcul des mots par lequel ils ont
formé, composé, analysé toutes sortes d'abstractions inaccessibles aux sens et à l'imagination, précisément comme les nombres exprimés
par plusieurs chiffres, sur lesquels cependant
le calculateur s'exerce avec facilité. Or de quel
usage n'est pas dans ces recherches délicates
l'art étymologique, l'art de suivre les expressions dans tous leurs passages d'une signification à l'autre, et de découvrir la liaison secrette
des idées qui a facilité ce passage ? On me dira
que la saine métaphysique et l'observation assi-
due des opérations de notre esprit doivent suffire
seules pour convaincre tout homme sans préjugé,
que les idées, même des êtres spirituels, viennent toutes des sens : on aura raison ; mais cette
vérité n'est-elle pas mise en quelque sorte sous
les yeux d'une manière bien plus frappante, et
n'acquiert-elle pas toute l'évidence d'un point

de fait par l'étymologie si connue des mots *spi-ritus*, *animus*, πνεῦμα, *rouakh*, etc., *pensée*, *délibération*, *intelligence*, etc. Il seroit super-flu de s'étendre ici sur les *étymologies* de ce genre, qu'on pourroit accumuler; mais je crois qu'il est très-désirable qu'on s'en occupe un peu d'après ce point de vue. En effet, l'esprit hu-main en se repliant ainsi sur lui-même pour étudier sa marche, ne peut-il pas retrouver dans les tours singuliers que les premiers hommes ont imaginés pour expliquer des idées nouvelles en parlant des objets connus, bien des analogies très-fines et très-justes entre plusieurs idées, bien des rapports de toute espèce que la né-cessité toujours ingénieuse avoit saisis, et que la paresse avoit depuis oubliés? N'y peut-il pas voir souvent la gradation qu'on a suivie dans le passage d'une idée à une autre, et dans l'invention de quelques arts? et par là cette étude ne devient-elle pas une branche intéres-sante de la métaphysique expérimentale? Si ces détails sur les langues et les mots dont l'art étymologique s'occupe, sont des grains de sable, il est précieux de les ramasser, puisque ce sont des grains de sable que l'esprit hu-main a jettés dans sa route, et qui peuvent seuls nous indiquer la trace de ses pas. (*Voyez* ORIGINE

ORIGINE DES LANGUES). Indépendamment de ces vues curieuses et philosophiques, l'étude dont nous parlons peut devenir d'une application usuelle, et prêter à la logique des secours pour appuyer nos raisonnemens sur des fondemens solides. LOCKE, et depuis M. *l'Abbé de* CONDILLAC, ont montré que le langage est véritablement une espèce de calcul, dont la grammaire, et même la logique en grande partie, ne sont que les règles; mais ce calcul est bien plus compliqué que celui des nombres, sujet à bien plus d'erreurs et de difficultés. Une des principales est l'espèce d'impossibilité où les hommes se trouvent de fixer exactement le sens des signes auxquels ils n'ont appris à lier des idées que par une habitude formée dans l'enfance, à force d'entendre répéter les mêmes sons dans des circonstances semblables, mais qui ne le sont jamais entièrement; en sorte que ni deux hommes, ni peut-être le même homme dans des tems différens, n'attachent précisément au même mot la même idée. Les métaphores multipliées par le besoin et par une espèce de luxe d'imagination, qui s'est aussi dans ce genre créé de faux besoins, ont compliqué de plus en plus les détours de ce labyrinthe immense, où l'homme introduit, si j'ose ainsi parler, avant que ses yeux fussent ouverts, méconnoît sa route à chaque pas. Cependant tout l'artifice de ce calcul ingénieux, dont ARISTOTE nous a donné les règles, tout l'art du syllogisme est fondé sur l'usage des mots dans le même sens; l'emploi d'un même mot dans deux sens différens, fait de tout raisonnement un sophisme; et ce genre de sophisme, peut-être le plus commun de tous, est une des sources les plus ordinaires de nos erreurs. Le moyen le plus sûr, ou plustôt le seul de nous détromper, et peut-être de parvenir un jour à ne rien affirmer de faux, seroit de n'employer dans nos inductions aucun terme dont le sens ne fût exactement connu et défini. Je ne prétends assurément pas qu'on ne puisse donner une bonne définition d'un mot sans connoître son *étymologie*; mais du moins est-il certain qu'il faut connoître avec précision la marche et l'embranchement de ses différentes acceptions. Qu'on me permette quelques réflexions à ce sujet.

J'ai cru voir deux défauts régnans dans la pluspart des *définitions* que présentent les meilleurs ouvrages philosophiques. J'en pourrois citer des exemples tirés des auteurs les plus estimés et les plus estimables, sans sortir même de l'Encyclopédie. L'un consiste à donner pour la définition d'un mot, l'énonciation d'une seule de ses acceptions particulières : l'autre défaut est celui de ces définitions dans lesquelles, pour vouloir y comprendre toutes les acceptions du mot, il arrive qu'on n'y comprend dans le fait aucun des caractères qui distinguent la chose de toute autre, et que par conséquent on ne définit rien.

Le premier défaut est très-commun, surtout quand il s'agit de ces mots qui expriment les idées abstraites les plus familières, et dont les acceptions se multiplient d'autant plus par l'usage fréquent de la conversation, qu'ils ne répondent à aucun objet physique et déterminé qui puisse ramener constamment l'esprit à un sens précis. Il n'est pas étonnant qu'on s'arrête à celle de ces acceptions dont on est le plus frappé dans l'instant où l'on écrit, ou bien qui est la plus favorable au système qu'on a entrepris de prouver. Accoutumé, par exemple, à entendre louer l'imagination, comme la qualité la plus brillante du génie ; saisi d'admiration pour la nouveauté, la grandeur, la multitude, et la correspondance des ressorts dont sera composée la machine d'un beau poëme ; un homme dira : « j'appelle » *imagination* cet esprit inventeur qui sait créer, » disposer , faire mouvoir les parties et l'en-

» semble d'un grand tout. » Il n'est pas douteux
que si dans toute la suite de ses raisonnemens,
l'auteur n'emploie jamais dans un autre sens le
mot *imagination* (ce qui est rare), l'on n'aura
rien à lui reprocher contre l'exactitude de ses
conclusions : mais qu'on y prenne garde, un
Philosophe n'est point autorisé à définir arbitrairement les mots. Il parle à des hommes pour
les instruire ; il doit leur parler dans leur propre
langue, et s'assujettir à des conventions déjà
faites, dont il n'est que le témoin, non pas le
juge. Une *définition* doit donc fixer le sens que
les hommes ont attaché à une expression, et
non lui en donner un nouveau. En effet, un
autre jouira aussi du droit de borner la définition du même mot (*imagination*) à des acceptions toutes différentes de celles auxquelles le
premier s'étoit fixé. Dans la vue de ramener
davantage ce mot à son origine, il croira y
réussir, en l'appliquant au talent de présenter
toutes ses idées sous des images sensibles, d'en-
tasser les métaphores et les comparaisons. Un
troisième appellera *imagination* cette mémoire
vive des sensations, cette représentation fidèle
des objets absens, qui nous les rend avec force,
qui nous tient lieu de leur réalité, quelquefois
même avec avantage, parce qu'elle rassemble

sous un seul point de vue tous les charmes
que la nature ne nous présente que successivement. — Ces derniers pourront encore raisonner
très-bien, en s'attachant constamment au sens
qu'ils auront choisi; mais il est évident qu'ils
parleront tous trois une langue différente, et
qu'aucun des trois n'aura fixé toutes les idées
qu'excite le mot *imagination* dans l'esprit des
François qui l'entendent, mais seulement l'idée
momentanée qu'il aura plu à chacun d'eux d'y
attacher.

Le second défaut est né du désir d'éviter le
premier. Quelques auteurs ont bien senti qu'une
définition arbitraire ne répondoit pas au problême proposé, et qu'il falloit chercher le sens
que les hommes attachent à un mot dans les
différentes occasions où ils l'emploient. Or, pour
y parvenir, voici le procédé qu'on a suivi le
plus communément. On a rassemblé toutes les
phrases où l'on s'est rappellé d'avoir vu le mot
qu'on vouloit définir; on en a tiré les différens
sens dont il étoit susceptible, et on a tâché
d'en faire une énumération exacte. On a cherché ensuite à exprimer, avec le plus de précision qu'on a pu, ce qu'il y a de commun
dans toutes ces acceptions différentes que l'usage
donne au même mot : c'est ce qu'on a appellé

le sens le plus général du mot; et sans penser
que le mot n'a jamais eu ni pu avoir dans aucune occasion ce prétendu sens, on a cru en
avoir donné la définition exacte. Je ne citerai
point ici plusieurs définitions où j'ai trouvé ce
défaut; je serois obligé de justifier ma critique,
et cela seroit peut-être long. Un homme d'esprit, même en suivant une méthode propre à
l'égarer, ne s'égare que jusqu'à un certain point;
l'habitude de la justesse le ramène toujours à
certaines vérités capitales de la matière; l'erreur n'est pas complette, et devient plus difficile à développer. Les auteurs que j'aurois à
citer sont dans ce cas; et j'aime mieux, pour
rendre le défaut de leur méthode plus sensible,
le porter à l'extrême; c'est ce que je vais faire
dans l'exemple suivant.

Qu'on se représente la foule des acceptions du
mot *esprit*, depuis son sens primitif *spiritus*,
haleine, jusqu'à ceux qu'on lui donne dans la
chimie, dans la littérature, dans la jurisprudence, *esprit acide*, *esprit de Montaigne*,
esprit des loix, etc., qu'on essaie d'extraire de
toutes ces acceptions une idée qui soit commune à toutes, on verra s'évanouir tous les
caractères qui distinguent l'*esprit* de toute autre
chose, dans quelque sens qu'on le prenne. Il

ne restera pas même l'idée vague de *subtilité*;
car ce mot n'a qu'un sens, lorsqu'il s'agit d'une
substance immatérielle; et il n'a jamais été appliqué à l'esprit dans le sens de talent, que d'une
manière métaphorique. Mais quand on pourroit
dire que l'esprit, dans le sens le plus général,
est une chose subtile, avec combien d'êtres cette
qualification ne lui seroit-elle pas commune?
et seroit-ce là une DÉFINITION qui doit *convenir
au défini, et ne convenir qu'à lui?* Je sais
bien que les disparates de cette multitude d'acceptions différentes sont un peu plus grandes,
à prendre le mot dans toute l'étendue que lui
donnent les deux langues latine et françoise;
mais on m'avouera que si le latin fût resté langue
vivante, rien n'auroit empêché que le mot *spi-
ritus* n'eût reçu tous les sens que nous donnons
aujourd'hui au mot *esprit*.

J'ai voulu rapprocher les deux extrêmités de
la chaîne, pour rendre le contraste plus frappant: il le seroit moins, si nous n'en considé-
rions qu'une partie; mais il seroit toujours réel.
— A se renfermer même dans la langue françoise
seule, la multitude et l'incompatibilité des acceptions du mot *esprit*, sont telles, que personne, je crois, n'a été tenté de les comprendre
ainsi toutes dans une seule *définition*, et de

définir l'esprit en général. Mais le vice de cette
méthode n'est pas moins réel lorsqu'il n'est pas
assez sensible pour empêcher qu'on ne la suive :
à mesure que le nombre et la diversité des acceptions diminue, l'*absurdité* s'affoiblit ; et quand
elle disparoît, il reste encore l'*erreur*. J'ôse dire
que presque toutes les *définitions* où l'on annonce qu'on va définir les choses *dans le sens
le plus général*, ont ce défaut, et ne définis-
sent véritablement rien, parce que leurs auteurs,
en voulant renfermer toutes les acceptions d'un
mot, ont entrepris une chose impossible : je veux
dire, de rassembler sous une seule idée générale, des idées très - différentes entre elles, et
qu'un même mot n'a jamais pu désigner que
successivement, en cessant en quelque sorte
d'être le même mot.

Ce n'est point ici le lieu de fixer les cas où
cette méthode est nécessaire, et ceux où l'on
pourroit s'en passer, ni de développer l'usage
dont elle pourroit être pour comparer les mots
entre eux. (*Voyez* MOTS *et* SYNONYMES.)

On trouveroit des moyens d'éviter ces deux
défauts ordinaires aux définitions, dans l'étude
historique de la génération des termes et de leurs
révolutions. Il faudroit observer la manière dont

les hommes ont successivement augmenté, resserré, modifié, changé totalement le sens propre
de la racine primitive, autant qu'il est possible
d'y remonter. Il faudroit ensuite en faire autant
pour les nouvelles métaphores entées souvent
sur ces premières, sans aucun rapport au sens
primitif. On diroit : « Tel mot, dans un tems,
» a reçu cette signification ; la génération sui-
» vante y a ajouté cet autre sens ; les hommes
» l'ont ensuite employé à désigner telle idée ;
» ils y ont été conduits par analogie ; cette si-
» gnification est le sens propre ; cette autre est
» un sens détourné, mais néanmoins en usage. »
On distingueroit dans cette généalogie d'idées
un certain nombre d'époques : *spiritus, souffle;*
esprit, principe de la vie ; esprit, substance;
esprit, talent de penser, etc. Chacune de ces
époques donneroit lieu à une définition particulière ; on auroit du moins toujours une idée
précise de ce qu'on doit définir ; on n'embras-
seroit point à la fois tous les sens d'un mot ; et
en même tems on n'en n'exclueroit arbitrairement aucun ; on exposeroit tous ceux qui sont
reçus ; et sans se faire le législateur du langage,
on lui donneroit toute la netteté dont il est
susceptible, et dont nous avons besoin pour raisonner juste.

Sans doute, la méthode que je viens de tracer est souvent mise en usage, surtout lorsque l'incompatibilité des sens d'un même mot est trop frappante ; mais pour l'appliquer dans tous les cas, et avec toute la finesse dont il est susceptible, on ne pourra guères se dispenser de consulter les mêmes analogies, qui servent de guides dans les recherches étymologiques. Quoi qu'il en soit, je crois qu'elle doit être générale, et que le secours des *étymologies* y est utile dans tous les cas.

Au reste, ce secours devient d'une nécessité absolue, lorsqu'il faut connoître exactement, non pas le sens qu'un mot a dû ou doit avoir, mais celui qu'il a eu dans l'esprit de tel auteur, dans tel tems, dans tel siècle. Ceux qui observent la marche de l'esprit humain dans l'histoire des anciennes opinions, et plus encore ceux qui, comme les théologiens, sont obligés d'appuyer des dogmes respectables sur les expressions des livres révélés, ou sur les textes des auteurs témoins de la doctrine de leur siècle, doivent marcher sans cesse le flambeau de l'*étymologie* à la main, s'ils ne veulent tomber dans mille erreurs. — Si l'on part de nos idées actuelles sur la matière et ses trois dimensions; si l'on oublie que le mot qui répond à celui de *matière, materia,* ὕλη signifioit proprement

du bois, et par métaphore, dans le sens philosophique, *les matériaux* dont une chose est
faite, ce fonds d'*être* qui subsiste parmi les
changemens continuels des formes, en un mot
ce que nous appellons aujourd'hui *substance,*
on sera souvent porté mal à propos à charger
les anciens Philosophes d'avoir nié la *spiritua-
lité* de l'âme, c'est-à-dire, d'avoir mal répondu
à une question que beaucoup d'entre eux ne
se sont jamais faite. Presque toutes les expressions philosophiques ont changé de signification; et toutes les fois qu'il faut établir une
vérité sur le témoignage d'un auteur, il est
indispensable de commencer par examiner la
force de ses expressions, non dans l'esprit de
nos contemporains et dans le nôtre, mais dans
le sien et dans celui des hommes de son siècle.
Cet examen fondé si souvent sur la connoissance des *étymologies,* fait une des parties les
plus essentielles de la critique : nous exhortons
à lire, à ce sujet, l'*Art critique* du célèbre
LE CLERC ; ce savant homme a recueilli dans cet
ouvrage plusieurs exemples d'erreurs très-im-
portantes, et donne en même tems des règles
pour les éviter.

Je n'ai point encore parlé de l'usage le plus
ordinaire que les savans aient fait jusqu'ici de

l'art étymologique, et des grandes lumières qu'ils ont cru en tirer, pour l'éclaircissement de l'histoire ancienne. Je ne me laisserai point emporter à leur enthousiasme : j'inviterai même ceux qui pourroient y être plus portés que moi, à lire *la Démonstration évangélique* de M. Huet ; *l'Explication de la Mythologie*, par Lavaur ; les longs *Commentaires* que l'Évêque Cumberland et le célèbre Fourmont ont donnés sur le fragment de Sanchoniaton ; *l'Histoire du Ciel*, de M. Pluche ; les ouvrages du P. Pezron sur les Celtes ; *l'Atlantique* de Rudbeck, etc. Il sera très-curieux de comparer les différentes explications que tous ces auteurs ont données de la mythologie et de l'histoire des anciens Héros. L'un voit tous les Patriarches de l'Ancien Testament, et leur histoire suivie, où l'autre ne voit que des Héros Suédois ou Celtes ; un troisième, des leçons d'astronomie et de labourage, etc. Tous présentent des systêmes assez bien liés, à peu près également vraisemblables, et tous ont la même chose à expliquer. On sentira probablement, avant d'avoir fini cette lecture, combien il est frivole de prétendre établir des faits sur des *étymologies* purement arbitraires, et dont la certitude seroit évaluée très-favorablement en la réduisant à de simples possibilités. Ajou-

tons qu'on y verra en même tems que si ces
auteurs s'êtoient astreints à la sévérité des règles
que nous avons données, ils se seroient épar-
gné bien des volumes.

Après cet acte d'impartialité, j'ai droit d'appuyer sur l'utilité dont peuvent être les *étymologies*, pour l'éclaircissement de l'ancienne histoire et de la fable. Avant l'invention de l'écriture, et depuis, dans les pays qui sont restés
barbares, les traces des révolutions s'effacent
en peu de tems ; et il n'en reste d'autres vestiges
que les noms imposés aux montagnes, aux rivières, etc. par les anciens habitans du pays,
et qui se sont conservés dans les langues des
conquérans. Les mélanges des langues servent à
indiquer les mélanges des peuples, leurs courses,
leurs transplantations, leurs navigations, les colonies qu'ils ont portées dans les climats éloignés.
En matière de conjectures, il n'y a point de
cercle vicieux, parce que la force des probabilités consiste dans leur concert ; toutes donnent et reçoivent mutuellement : ainsi les *étymologies* confirment les conjectures historiques,
comme nous avons vu que les conjectures historiques confirment les *étymologies ;* par la
même raison celles-ci empruntent et répandent
une lumière réciproque sur l'origine et la mi-

gration des arts, dont les nations ont souvent
adopté les termes avec les manœuvres qu'ils expriment. La décomposition des langues modernes
peut encore nous faire retrouver, jusqu'à un certain point, des langues perdues; et nous guider
dans l'interprétation d'anciens monumens, que
leur obscurité, sans cela, nous rendroit entièrement inutiles. Ces foibles lueurs sont précieuses,
surtout lorsqu'elles sont seules; mais il faut l'a-
vouer: si elles peuvent servir à indiquer certains
événemens à grande masse, comme les migrations et les mélanges de quelques peuples, elles
sont trop vagues pour servir à établir aucun
fait circonstancié. En général, des conjectures
sur des noms me paroissent un fondement bien
foible pour asseoir quelque assertion positive;
et si je voulois faire usage de l'*étymologie*, pour
éclaircir les anciennes fables et le commencement
de l'histoire des nations, ce seroit bien moins
pour élever que pour détruire. Loin de chercher
à identifier, à force de suppositions, les dieux
des différens peuples, pour les ramener à l'histoire corrompue, ou à des systèmes raison-
nés d'idolâtrie, soit astronomique, soit allégo-
rique, la diversité des noms des dieux de Vir-
gile et d'Homère, quoique les personnages soient
calqués les uns sur les autres, me feroit penser

que la plus grande partie de ces dieux latins n'avoient dans l'origine rien de commun avec les dieux grecs; que tous les peuples assignoient aux différens effets qui frappoient le plus leurs sens, des êtres pour les produire et y présider; qu'on partageoit entre ces êtres fantastiques l'empire de la nature arbitrairement, comme on partageoit l'année entre plusieurs mois, qu'on leur donnoit des noms relatifs à leurs fonctions, et tirés de la langue du pays, parce qu'on n'en savoit pas d'autre; que par cette raison le dieu qui présidoit à la navigation s'appelloit *Neptunus*, comme la déesse qui présidoit aux fruits s'appelloit *Pomona*; que chaque peuple faisoit ses dieux à part et pour son usage, comme son calendrier; que si dans la suite on a cru pouvoir traduire les noms de ces dieux les uns par les autres, comme ceux des mois, et identifier le *Neptune* des latins avec le *Poséidon* des grecs, cela vient de la persuasion où chacun étoit de la réalité des siens et de la facilité avec laquelle on se prêtoit à cette croyance réciproque, par l'espèce de courtoisie que la superstition d'un peuple avoit, en ce tems-là, pour celle d'un autre : enfin j'attribuerois en partie à ces traductions et à ces confusions de dieux, l'accumulation d'une foule d'aventures contra-

dictoires sur la tête d'une seule divinité; ce qui
a dû compliquer de plus en plus la mythologie,
jusqu'à ce que les poëtes l'aient fixée dans des
tems postérieurs.

A l'égard de l'histoire ancienne, j'examine-
rois les connoissances que les différentes nations
prétendent avoir sur l'origine du Monde; j'étu-
dierois le sens des noms qu'elles donnent dans
leurs récits aux premiers hommes, et à ceux
dont elles remplissent les premières générations.
Je verrois dans la tradition des Germains, que
Theut fut père de *Mannus*; ce qui ne veut dire
autre chose sinon que *Dieu créa l'homme.* Dans
le fragment de *Sanchoniaton,* je verrois, après
l'air ténébreux et le cahos, l'Esprit produire
l'Amour; puis naître successivement les êtres intelligens, les astres, les hommes immortels; et
enfin d'un certain vent *Colpias* et de la nuit,
Aeon et Protogonos , c'est-à-dire mot pour
mot *le Tems* (représenté pourtant comme un
homme) et le premier homme; ensuite plusieurs
générations, qui désignent autant d'époques des
inventions successives des premiers arts. Les
noms donnés aux chefs de ces générations sont
ordinairement relatifs à ces arts, le *Chasseur,* le
Pécheur, le *Bâtisseur,* et tous ont inventé
les arts dont ils portent le nom. A travers toute
la

la confusion ds ce fragment, j'entrevois bien
que le prétendu *Sanchoniaton* n'a fait que com-
piler d'anciennes traditions qu'il n'a pas toujours
entendues ; mais à quelque source qu'il ait
puisé, peut-on jamais reconnoître dans son fragment un récit historique? Ces noms dont le sens
est toujours assujetti à l'ordre systématique de
l'invention des arts, ou identique avec la chose
même qu'on raconte, comme celui de *Protogonos,* présentent sensiblement le caractère
d'un homme qui dit ce que lui ou d'autres ont
imaginé et cru vraisemblable, et répugnent à
celui d'un témoin qui rend compte de ce qu'il
a vu ou de ce qu'il a entendu dire à d'autres
témoins. Les noms répondent aux caractères
dans les comédies, et non dans la société : la
tradition des Germains est dans le même sens;
on peut juger par là ce qu'on doit penser des
auteurs qui ont ôsé préférer ces traditions in-
formes, à la narration simple et circonstanciée
de la Genèse.

Les Anciens expliquoient presque toujours
les noms des villes par le nom de leurs fondateurs; mais cette façon de nommer les villes est-
elle réellement bien commune? et beaucoup de
villes ont-elles eu un fondateur? N'est-il pas
arrivé quelquefois qu'on ait imaginé le fonda-

teur et son nom d'après le nom de la ville, pour
remplir le vuide que l'histoire laisse toujours
dans les premiers tems d'un peuple. L'*étymologie* peut, dans certaines occasions, éclaircir ce
doute. Les historiens Grecs attribuent la fondation de *Ninive* à *Ninus*; et l'histoire de ce Prince,
ainsi que celle de sa femme *Sémiramis*, est
assez bien circonstanciée, quoiqu'un peu roma-
nesque. Cependant *Ninive*, en hébreu, langue
presque absolument la même que le chaldéen,
Nineveh, est le participe passif du verbe *navah*,
H A B I T E R ; suivant cette étymologie, ce nom
signifieroit *habitation*, et il auroit été assez naturel pour une ville, surtout dans les premiers
tems où les peuples, bornés à leur territoire,
ne donnoient guères un nom à la ville que pour
la distinguer de la campagne. Si cette étymologie est vraie, tant que ce mot a été entendu,
c'est - à - dire jusqu'au tems de la domination
persanne, on n'a pas dû lui chercher d'autre
origine, et l'histoire de *Ninus* n'aura été imaginée que postérieurement à cette époque. Les
historiens Grecs qui nous l'ont racontée, n'ont
écrit effectivement que long-tems après ; et le
soupçon que nous avons formé s'accorde d'ailleurs très-bien avec les Livres Sacrés, qui donnent *Assur* pour fondateur à la ville de *Ninive*.

Quoi qu'il en soit de la vérité absolue de cette idée, il sera toujours vrai qu'en général lorsque le nom d'un ville a, dans la langue qu'on y parle, un sens naturel et vraisemblable, on est en droit de suspecter l'existence du Prince qu'on prétend lui avoir donné son nom, surtout si cette existence n'est connue que par des auteurs qui n'ont jamais su la langue du pays.

On voit assez jusqu'où et comment on peut faire usage des *étymologies*, pour éclaircir les obscurités de l'histoire.

Si après ce que nous avons dit pour montrer l'utilité de cette étude, quelqu'un la méprisoit encore, nous lui citerions l'exemple des *Le Clerc*, des *Léïbnitz*, et de l'illustre *Fréret*, un des savans qui ont su le mieux appliquer la philosophie à l'érudition. Nous exhortons aussi à lire les Mémoires de M. *Falconet*, sur les *étymologies* de la langue françoise (Mémoires de l'Académie des Belles-Lettres, tome XX), et surtout les deux Mémoires que M. le Président *de Brosses* a lus à la même Académie, sur les *Étymologies;* titre trop modeste, puisqu'il s'y agit principalement des grands objets de la théorie générale des langues, et des raisons suffisantes de l'art de la parole. Comme l'auteur a bien voulu nous les communiquer, nous en eussions profité plus souvent, s'il ne fût pas entré dans notre plan de renvoyer la plus grande partie des vues profondes et philosophiques dont ils sont remplis, aux articles *Langues*, *Lettres*, *Onomatopée*, *Métaphore*, etc. (Voyez ces mots.)

Nous conclurons donc cet article, en disant avec Quintilien : *Ne quis igitur tam parva fastidiat elementa.... quia interiora velut sacri hujus adeuntibus apparebit multa rerum subtilitas, quæ non modo acuere ingenia, sed exercere altissimam quoque eruditionem possit.*

———

L'étude des langues et la recherche des *étymologies* avaient pour M. *Turgot* un grand attrait.

Il avait projetté et commencé un ouvrage *sur la Formation des langues* et la *Grammaire générale* dont nous n'avons retrouvé que la préface et quelques observations détachées.

Il nous a paru d'autant plus convenable de les placer ici que plusieurs de ces observations portent sur des *étymologies* dont quelques-unes ont déjà été indiquées dans l'article de l'Encyclopédie que nous venons de transcrire, et qu'on peut les regarder comme des fragmens utiles du même ouvrage.

RÉFLEXIONS SUR LES LANGUES.

On sait aujourd'hui que l'utilité de l'étude
des langues ne se borne pas à rendre communes
à toutes les nations les richesses de l'esprit.
Dans notre siècle, la philosophie, ou plustôt la
raison, en étendant son empire sur toutes les
sciences, a fait ce que firent autrefois les conquêtes des Romains parmi les nations ; elle a
réuni toutes les parties du monde littéraire,
elle a renversé les barrières qui faisoient de
chaque science comme un état séparé, indépendant, étranger aux autres. On s'est apperçu
que la formation et la dérivation des mots, les
changemens insensibles, les mêlanges, les progrès et la corruption des langues étoient des
effets déterminés de causes déterminées, et dès-
lors un objet de recherche pour les philosophes.
La vraie métaphysique dont Locke nous a ouvert
le premier le chemin, a encore mieux prouvé
combien l'étude des langues pourroit devenir
curieuse et importante, en nous apprenant quel
usage nous faisons des signes pour nous élever
par dégrés des idées sensibles aux idées métaphysiques, et pour lier le tissu de nos raisonnemens ; elle a fait sentir combien cet instrument de l'esprit que l'esprit a formé, et dont

il fait tant d'usage dans ses opérations, offroit de considérations importantes sur la mécanique de sa construction et de son action. On a vu que les signes de nos idées inventés pour les communiquer aux autres, servoient encore à nous en assurer la possession, et à en augmenter le nombre; que les signes et les idées formoient comme deux ordres relatifs de choses qui se suivoient dans leurs progrès avec une dépendance mutuelle, qui marchoient en quelque sorte sur deux lignes parallèles, ayant les mêmes inflexions, les mêmes détours, et s'appuyant perpétuellement l'un sur l'autre; enfin, qu'il étoit impossible de connoître bien l'un sans les connoître tous deux. — Nos idées abstraites n'ayant point un modèle existant hors de nous, et n'étant que des signes de nos idées collectives, tous les raisonnemens des philosophes ne seront que de perpétuelles équivoques, si par une juste analyse on ne marque avec précision quelles sont les idées qui entrent dans la composition de ces idées abstraites, et surtout à quel point elles sont déterminées. On ne sauroit lire aucun ancien philosophe sans reconnoître combien le défaut de cette précaution a produit d'erreurs.

L'étude des langues bien faite seroit peut-être

la meilleure des logiques ; en analysant, en comparant les mots dont elles sont composées, en les suivant depuis leur formation jusqu'aux différentes significations qu'on leur a depuis attribuées, on reconnoîtroit le fil des idées, on verroit par quels degrés, par quelles nuances les hommes ont passé de l'une à l'autre, on saisiroit la liaison et l'analogie qui sont entre elles ; on pourroit parvenir à découvrir quelles ont été celles qui se sont présentées les premières aux hommes, et quel ordre ils ont gardé dans la combinaison de ces premières idées. Cette espèce de métaphysique expérimentale seroit en même temps l'histoire de l'esprit humain et du progrès de ses pensées toujours proportionné au besoin qui les a fait naître. Les langues en sont à la fois l'expression et la mesure.

L'histoire des peuples ne reçoit pas moins de jour de la connoissance des langues. Les tems historiques, qui ne peuvent remonter beaucoup plus haut que l'invention de l'art d'écrire, sont renfermés dans un espace assez borné pour notre curiosité ; plus loin est un vuide indéterminé, obscur, que l'imagination s'est plu à remplir de mille fables. C'est dans ces ténèbres que les premières origines des nations vont se perdre loin de la portée de

notre vue. D'anciens voyageurs ont autrefois
élevé des colonnes chargées d'inscriptions pour
servir de monumens de leur passage ; les peuples
anciens, dans leurs courses, ont laissé pour
monumens des noms de leurs langues, imposés
aux bois, aux fleuves et aux montagnes ; une
partie de ces langues s'est conservée, mélangée
avec celle des habitans plus anciens et avec
celle des nouveaux conquérans qui sont encore venus grossir ce mélange : monumens
obscurs, mais précieux, parce qu'ils sont les
seuls qui nous restent de ces tems reculés, les
seuls qui puissent jetter une lumière foible sur
l'origine de plusieurs coutumes répandues aujourd'hui chez des peuples fort éloignés entre
lesquels nous ne soupçonnons pas qu'il y ait
jamais eu de liaison. — On peut s'en servir
pour éclaircir d'anciennes traditions, pour dé-
brouiller le cahos de la mythologie, et pour
y démêler les traces de plusieurs faits historiques confondus aujourd'hui avec les fables qui
les obscurcissent.

J'ai envisagé sous ces deux points de vue,
et surtout sous le premier, le peu de langues
que j'ai eu occasion d'étudier. J'ai cru qu'il seroit utile d'en choisir quelqu'une pour en faire
une analyse exacte, et j'ai destiné ce discours

à servir d'introduction à cet ouvrage. Je
commencerai par rechercher l'origine et les
commencemens des langues. J'essayerai de suivre la marche des idées qui a présidé à leur
formation et à leurs progrès, et je m'efforcerai
de découvrir les principes de la grammaire générale qui les règle toutes. J'entrerai dans le
détail des effets qui suivent leurs différens mêlanges, et de ce qu'on appelle l'analogie et le
génie des langues. J'exposerai ensuite la manière dont j'ai conçu qu'on devoit les analyser,
et le plan que je me suis fait de ce travail.

Étymologies ; et Fragmens sur les Langues.

1°. *Amo* vient d'AMMA, *mater*, *ama-o*.

La même analogie se trouve dans la langue
hébraïque, AMAN, *amavit, nutrivit,* d'AMMA,
mère. On dit aussi de REKHEM, *uterus,* RAKHAM,
dilexit, vivido affectu prosecutus est (1).

2°. *Cadaver* vient de CADO, comme de NA-
BAL, *cecidit,* vient en hébreu NEBELAH, *cadaver.* NABAL signifie aussi *stultus*, et vient de
la même racine *quasi mente caducus.*

3°. *Pupilla,* diminutif de *pupa,* signifie *petite*

_____

(1) Étymologie déjà indiquée avec peu de différence.

fille, aussi bien que *la prunelle de l'œil* (2).
Le grec κόρη a aussi les deux significations. La
prunelle en hébreu s'appelle *bath-ghnaïn : la
fille de l'œil.* Comment trois nations différentes
se sont-elles rencontrées dans une expression
qui nous paroît si bizarre? Les anciens faisoient-
ils allusion à cette image réfléchie qu'on voit
dans la prunelle en s'y regardant? ou bien cette
expression usitée parmi nous, *conserver comme
la prunelle de l'œil*, est-elle une espèce de ren-
versement de l'ancienne expression, par laquelle
on appelloit la prunelle *ce que l'on conserve
comme sa fille*, et dans laquelle la prunelle
n'est plus le terme qu'on compare, mais le
terme qui est comparé.

4°. WATHASCHERESCH-SCHARASCHEÏHA *et
fecisti radicari radices ejus.* Ps. 80. v. 10. Cette
sorte d'expression superflue est extrêmement
commune en hébreu; nous l'avons même en françois, *filer du fil.* Il n'y a là aucune emphâse affec-
tée comme on l'a imaginé; nous dirions *vous
avez fait pousser ses racines.* Mais le génie de
la langue hébraïque demande ici une attention
particulière. Les verbes hébreux dans l'origine

---

(2) Il a été aussi question de cette étymologie; mais
elle est jointe ici avec un autre point de vue.

n'ont point été composés, comme les latins et les grecs, par la conjugaison de la racine avec le verbe substantif. Quand on a commencé à les former, les abstractions du verbe substantif n'étoient pas vraisemblablement assez familières pour avoir des noms particuliers ; c'est pour cela qu'on s'est servi des pronoms pour désiguer les personnes, et que les verbes hébreux ont une terminaison masculine et une féminine, parce que les pronoms sont différens pour les deux sexes. A l'égard des tems, un léger changement dans le mot radical en marquoit la différence. On suivit cette route une fois tracée, et l'on forma ainsi les différentes acceptions des verbes ; celles qui expriment une action réciproque s'expriment suivant le paradigme *hithpahel*. Le sens qui répond au latin *justificare* est celui de la conjugaison *hiphil*. On voit bien que le génie du latin formé après les expressions des idées abstraites, exprime tout par leur combinaison, *facere justum, justificare....* L'hébreu, plus ancien, a été forcé de modifier la racine même des actions relatives, et pour les exprimer on modifia le nom de la chose avec laquelle elles avoient rapport. Avant qu'on fût familiarisé avec l'idée abstraite *faire*, il étoit plus court de dire *filer* que *faire du fil*. Il se

forma ainsi une analogie ; l'imagination accou-
tumée à la suivre, dira plustôt *raciner ses ra-*
cines, parce qu'il n'y a qu'une idée, qu'elle n'ira
chercher ces deux idées de *pousser* ou de *jetter*
des racines. — Communément on ne joindra
point le verbe avec le nom pour éviter le pléonasme, on dira tout simplement *filer.* Mais si
on vouloit exprimer que le *fil* est *blanc ,* il faudroit dire, *filer du fil blanc.* Ici dans *radicari*
radices ejus, c'est le *ejus* qui rend le pléonasme nécessaire, sans cela on n'auroit mis que
wathascheresch. — *Osculetur me osculo oris*
sui , c'est encore là *oris sui* qui rend le pléonasme nécessaire.

5°. SCHAMAÏM THAKIN EMOUNATHEKA BAHEM.
Cœli, posuisti veritatem tuam in eis, et non pas
in cœlis posuisti veritatem tuam. Ps. 89, v. 3.
Ce tour d'expression si commun en hébreu,
qu'on le trouve encore trois fois dans ce même
psaume, exprime bien la marche naturelle de
l'imagination. L'objet qui la frappe le premier
est d'abord désigné en nominatif, parce qu'on
ne sait pas encore quelle modification il faudra
lui donner pour l'accorder avec le reste de la
phrase. C'est le mot *posuisti* qui détermine le
cas *in eis ,* pour dire *in cœlis.* Pour éviter
cette construction , il faut en quelque sorte

voir d'un coup-d'œil toutes les idées qui entrent dans la phrase, il faut être familiarisé
avec les adverbes, les régimes, et toutes les
expressions des idées abstraites. C'est ce que les
hommes encore grossiers qui, en formant les
premières langues, en ont déterminé le génie,
ne pouvoient faire. Ils ne prévenoient point
les idées que la suite du discours peut amener.
Dans les langues modernes, nous sommes si fa-
miliarisés avec les expressions des idées abstraites, comme les articles, les pronoms, les
relatifs, les adverbes, les verbes auxiliaires,
que notre construction où le nominatif précède
toujours le verbe, nous paroît plus naturelle,
quoiqu'elle nous oblige de rejetter l'idée qui
nous frappe la première pour en aller chercher
une purement abstraite. — C'est ce qui fait que
ceux qui pensent en se représentant les objets à
l'imagination, s'expriment souvent avec moins
de facilité que ceux qui pensent par la liaison des
signes des idées, et il est vrai que plus les langues
ont fait de progrès, plus elles donnent d'exercice à cette dernière faculté. Celui qui se sert
des signes a ses expressions toutes arrangées
par une habitude en quelque sorte mécanique;
mais l'homme qui pense par images a, outre le
travail de concevoir les idées, celui d'en arran-

ger les expressions selon la grammaire. Si on
conçoit ainsi : *les cieux, vous avez mis le témoignage de vos promesses en eux,* il faut se traduire ensuite soi-même en françois : *vous avez mis
le témoignage de vos promesses dans les cieux.*

6°. EMOUNATHEKA SEBIBOUTHEKA. Ps. 89. v. 9.
On diroit fort bien en françois, *la vérité vous
environne,* mais ce ne seroit pas le sens de l'hébreu; *emounatheka* signifie en cet endroit *la
fidélité à remplir vos promesses;* quelquefois
il veut dire *le gage, l'assurance de cette fidélité.* On sent que cette interprétation rend la
phrase intraduisible dans notre langue. Mais
pourquoi? C'est parce que le mot *environne*
est une métaphore physique qu'on ne peut appliquer à une vertu, à une qualité morale qu'en
personnifiant celle-ci, ou du moins en la regardant comme une espèce de substance. Or cette
personnification n'a pas également lieu dans
toutes les langues, ni pour toutes les qualités.
Cette variété ne vient pas, comme on pourroit
le croire, de la vivacité d'imagination différente
chez les peuples différens. Chez toutes les nations
on personnifie et on *substantifie,* si j'ôse ainsi
parler, tous sortes de qualités morales ; mais il
faut pour cela qu'elles puissent s'exprimer par
un seul mot; l'assemblage d'idées qui forme

une périphrase avertit trop sensiblement que l'idée est une simple combinaison faite par l'esprit, et l'on ne peut alors supporter de lui voir attribuer même métaphoriquement des propriétés qui supposeroient une existence réelle. Pour la métaphore il faut quelque analogie entre les idées, et il faut du moins que la justesse n'en soit pas détruite dans la phrase même.

SUITE des ARTICLES de M. Turgot dans l'ENCYCLOPÉDIE.

EXISTENCE (s. f. *Métaphysique.*) Ce mot est opposé à celui de *néant ;* et plus étendu que ceux de *réalité* et d'*actualité* , qui sont opposés, le premier à *l'apparence,* le second à *la possibilité simple;* il est synonyme de l'un et de l'autre comme un terme général l'est des termes particuliers qui lui sont subordonnés, et signifie dans la force grammaticale, *l'état d'une chose en tant qu'elle existe.*

Mais qu'est-ce qu'*exister ?* Quelle notion les hommes ont-ils dans l'esprit lorsqu'ils prononcent ce mot? et comment l'ont-ils acquise ou formée? La réponse à ces questions sera le premier objet que nous discuterons dans cet article : ensuite, après avoir analysé la notion de l'*existence*, nous examinerons la manière dont nous passons de la simple impression passive et interne de nos sensations, aux jugemens que nous portons sur l'*existence* même des objets, et nous essaierons d'établir les vrais fondemens de toute certitude à cet égard.

De la notion de l'EXISTENCE.

Je pense, donc je suis, disoit DESCARTES. Ce grand homme voulant élever sur des fondemens solides le nouvel édifice de sa philosophie, avoit bien senti la nécessité de se dépouiller de toutes les notions acquises, pour appuyer désormais toutes ses propositions sur des principes dont l'évidence ne seroit susceptible ni de preuve, ni de doute. Mais il étoit bien loin de penser que ce premier raisonnement, ce premier anneau par lequel il prétendoit saisir la chaîne entière des connoissances humaines, supposât lui-même des notions très-abstraites, et dont le développement étoit très - difficile; celle de *pensée* et d'*existence*. — LOCKE en nous apprenant, ou plustôt en nous *prouvant* le premier que toutes les idées nons viennent des sens, et qu'il n'est aucune notion dans l'esprit humain à laquelle on ne soit arrivé en partant uniquement des sensations, nous a montré

le

le véritable point d'où les hommes sont partis, et où nous devons nous replacer pour suivre la génération de toutes nos idées. — Mon dessein n'est cependant point ici de prendre l'homme au premier instant de son être, d'examiner comment ses sensations sont devenues des idées, et de discuter si l'expérience seule lui a appris à rapporter ses sensations à des distances déterminées, à les sentir les unes hors des autres, et à se former l'idée d'*étendue*, comme le croit M. l'*Abbé de* CONDILLAC; ou si, comme je le crois, les sensations propres de la vue, du toucher, et peut-être de tous les autres sens, ne sont pas nécessairement rapportées à une distance quelconque les unes ds autres, et ne présentent pas par elles-mêmes l'idée de l'étendue. (*Voyez les articles* IDÉE, SENSATION, VUE, TOUCHER, SUBSTANCE SPIRITUELLE.)

Je n'ai pas besoin de ces recherches : si l'homme à cet égard a quelque chemin à faire; il est tout fait long-tems avant qu'il songe à se former la notion abstraite de l'*existence;* et je puis bien le supposer arrivé à un point que les brutes mêmes ont certainement atteint, si nous avons droit de juger qu'elles ont une âme. (*Voyez* AME DES BÊTES.) Il est au moins incontestable que l'homme a su voir avant que

d'apprendre à raisonner ou à parler ; et c'est à
cette époque certaine que je commence à le
considérer.

En le dépouillant donc de tout ce que le
progrès de ses réflexions lui a fait acquérir
depuis, je le vois, dans quelque instant que je
le prenne, ou plustôt je me sens moi-même
assailli par une foule de sensations et d'images
que chacun de mes sens m'apporte, et dont
l'assemblage me présente un monde d'objets
disctincts les uns des autres, et d'un autre objet qui seul m'est présent par des sensations
d'une certaine espèce, et qui est le même que
j'apprendrai dans la suite à nommer *moi*. Mais ce
monde sensible, de quels élémens est-il composé ?
Des points noirs, blancs, rouges, verts, bleus,
ombrés ou clairs, combinés en mille manières,
placés les uns hors des autres, rapportés à des
distances plus ou moins grandes, et formant
par leur contiguité une surface plus ou moins
enfoncée sur laquelle mes regards s'arrêtent ;
c'est à quoi se réduisent toutes les images que
je reçois par le sens de la vue. La Nature opère
devant moi sur un espace indéterminé, précisément comme le peintre opère sur une toile.

Les sensations de froid, de chaleur, de résistance, que je reçois par le sens du toucher, me
paroissent aussi comme dispersées çà et là dans

un espace à trois dimensions dont elles déterminent les différens points ; et dans lequel ,
lorsque les points tangibles sont contigus, elles
dessinent aussi des espèces d'images, comme la
vue ; mais à leur manière , et tranchées avec
bien moins de netteté.

Le goût me paroît encore une sensation locale, toujours accompagnée de celles qui sont
propres au toucher, dont elle semble une espèce limitée à un organe particulier.

Quoique les sensations propres de l'ouïe et
de l'odorat ne nous présentent pas à la fois (du
moins d'une façon permanente) un certain
nombre de points contigus qui puissent former
des figures et nous donner une idée d'étendue,
elles ont cependant leur place dans cet espace
dont les sensations de la vue et du toucher
nous déterminent les dimensions ; et nous leur
assignons toujours une situation, soit que nous
les rapportions à une distance éloignée de nos
organes, ou à ces organes mêmes.

Il ne faut pas omettre un autre ordre de sensations plus pénétrantes, pour ainsi dire , qui
rapportées à l'intérieur de notre corps, et en
occupant même quelquefois toute l'habitude ,
semblent remplir les trois dimensions de l'espace, et porter immédiatement avec elles l'idée

de l'étendue solide. Je ferai de ces sensations une classe particulière sous le nom de *tact intérieur* ou sixième sens. J'y rangerai les douleurs qu'on ressent quelquefois dans l'intérieur des chairs, dans la capacité des intestins et dans les os mêmes ; les nausées, le mal-aise qui précède l'évanouissement, la faim, la soif, l'émotion qui accompagne toutes les passions ; les frissonnemens, soit de douleur, soit de volupté ; enfin cette multitude de sensations confuses qui ne nous abandonnent jamais, qui circonscrivent en quelque sorte notre corps, qui nous le rendent toujours présent, et que par cette raison quelques Métaphysiciens ont appellé *sens de la co-existence de notre corps.* (*Voyez les articles* SENS *et* TOUCHER.)

Dans cette espèce d'analyse de toutes nos idées purement sensibles, je n'ai point rejetté les expressions qui supposent des notions réfléchies, et des connoissances d'un ordre très-postérieur à la simple sensation ; il falloit bien m'en servir. L'homme réduit aux sensations n'a presque point de langage, et il n'a pu les désigner que par les premiers noms qu'il aura donnés aux organes qui les reçoivent ou aux objets qui les excitent ; ce qui suppose tout le système de nos jugemens sur l'*existence* des

objets extérieurs, déjà formé. Mais je suis sûr
de n'avoir peint que la situation de l'homme
réduit aux simples impressions des sens, et je
crois avoir fait l'énumération exacte de celles
qu'il éprouve. Il en résulte que toutes les idées
des objets que nous appercevons par les sens,
se réduisent, en dernière analyse, à une foule
de sensations de couleurs, de résistance, de
sons, etc., rapportées à différentes distances les
unes des autres, et répandues dans un espace
indéterminé, comme autant de points dont l'assemblage et les combinaisons forment un tableau *solide* (si l'on peut employer ici ce mot
dans la même acception que les Géomètres)
auquel tous nos sens à la fois fournissent des
images variées et multipliées indéfiniment.

Je suis encore loin de la notion de l'*existence*,
et je ne vois jusqu'ici qu'une impression purement passive, ou tout au plus le jugement naturel par lequel plusieurs Métaphysiciens prétendent que nous transportons nos propres
sensations hors de nous-mêmes, pour les répandre sur les différens points de l'espace que
nous imaginons. (*Voyez* SENSATIONS, VUE *et*
TOUCHER). — Ce tableau composé de toutes
nos sensations, cet univers idéal n'est jamais le
même deux instans de suite; et la mémoire, qui

conserve dans le second instant l'impression du premier, nous met à portée de comparer ces tableaux passagers, et d'en observer les différences. (Le développement de ce phénomène n'appartient point à cet article, et je dois encore le supposer, parce que la mémoire n'est pas plus le fruit de nos réflexions que la sensation même. *Voyez* MÉMOIRE). Nous acquérons insensiblement les idées de changement et de mouvement. (Remarquez que je dis *idée* et non pas *notion :* voyez ces deux articles). Plusieurs assemblages de ces points colorés, chauds ou froids, etc., nous paroissent changer de distance les uns par rapport aux autres; quoique les points eux-mêmes qui forment ces assemblages gardent entre eux le même arrangement, la même co-ordination. Cette co-ordination nous apprend à distinguer ces assemblages de sensations par masses. Ces masses de sensations co-ordonnées sont ce que nous appellerons un jour *objets* ou *individus.* (Voyez ces deux *articles*). Nous voyons ces individus s'approcher, se fuir, disparoître quelquefois entièrement, pour reparoître encore. Parmi ces objets ou groupes de sensations qui composent ce tableau mouvant, il en est un qui, quoique renfermé dans des limites très-étroites en comparaison du vaste espace

où flottent tous les autres, attire notre attention
plus que tout le reste ensemble. Deux choses
surtout le distinguent, sa présence continuelle,
sans laquelle tout disparoît, et la nature particulière des sensations qui nous le rendent présent : toutes les sensations du toucher s'y rapportent et circonscrivent exactement l'espace
dans lequel il est renfermé. Le goût et l'odorat
lui appartiennent aussi ; mais ce qui attache
notre attention à cet objet d'une manière plus
irrésistible, c'est le plaisir et la douleur, dont
la sensation n'est jamais rapportée à aucun autre
point de l'espace. Par là, cet objet particulier,
non-seulement devient pour nous le centre de
tout l'univers, et le point d'où nous mesurons
les distances, mais nous nous accoutumons
encore à le regarder comme notre *être* propre ;
et quoique les sensations qui nous peignent la
lune et les étoiles, ne soient pas plus distinguées
de nom que celles qui se rapportent à notre
corps, nous les regardons comme étrangères,
et nous bornons le sentiment du MOI à ce petit
espace circonscrit par le plaisir et par la douleur. Mais cet assemblage de sensations auxquelles nous bornons ainsi notre être, n'est
dans la réalité, comme tous les autres assem-

blages de sensations, qu'un objet particulier du grand tableau qui forme l'univers idéal.

Tous les autres objets changent à tous les instans, paroissent et disparoissent, s'approchent et s'éloignent les uns des autres, et de ce *moi*, qui, par sa présence continuelle, devient le terme nécessaire auquel nous les comparons. Nous les appercevons hors de nous, parce que l'objet que nous appellons *nous*, n'est qu'un objet particulier comme eux, et parce que nous ne pouvons rapporter nos sensations à différens points d'un espace, sans voir les assemblages de ces sensations les uns hors des autres; mais quoiqu'apperçue hors de nous, comme leur perception est toujours accompagnée du *moi*, cette perception simultanée établit entre eux et nous une relation de présence qui donne aux deux termes de cette relation, le *moi* et l'objet extérieur, toute la réalité que la conscience assure au sentiment du *moi*.

Cette conscience de la présence des objets n'est point encore la notion de l'*existence*, et n'est pas même celle de *présence* ; car nous verrons dans la suite que tous les objets de la sensation ne sont pas pour cela regardés comme présens. Les objets dont nous observons la

distance et les mouvemens autour de notre
corps, nous intéressent par les effets que ces
distances ou ces mouvemens nous paroissent
produire sur lui, c'est-à-dire par les sensations de
plaisir et de douleur que ces mouvemens peuvent
nous donner, dont ils sont accompagnés ou sui-
vis pour nous. — La facilité que nous avons de
changer à volonté la distance de notre corps aux
autres objets immobiles, par un mouvement
que l'effort qui l'accompagne nous empêche
d'attribuer à ceux-ci, nous sert à chercher les
objets dont l'approche nous donne du plaisir,
à éviter ceux dont l'approche est accompagnée
de douleur. La présence de ces objets devient
la source de nos désirs et de nos craintes, et le
motif des mouvemens de notre corps, dont nous
dirigeons la marche au milieu de tous les autres
corps, précisément comme un pilote conduit une
barque sur une mer semée de rochers et couverte
de barques ennemies. Cette comparaison, que je
n'emploie point à titre d'ornement, sera d'autant
plus propre à rendre notre idée sensible, que la
circonstance où se trouve le pilote n'est qu'un
cas particulier de la situation où se trouve
l'homme dans la nature, environné, pressé,
traversé, choqué par tous les êtres ; suivons-la.
— Si le pilote ne pensoit qu'à éviter les rochers

qui paroissent à la surface de la mer, le naufrage
de sa barque, entr'ouverte par quelque écueil
caché sous les eaux, lui apprendroit sans doute
à craindre d'autres dangers que ceux qu'il apperçoit; il n'iroit pas bien loin non plus, s'il
falloit qu'en partant il vît le port où il désire
arriver. Comme lui l'homme est bientôt averti
par les effets trop sensibles d'êtres qu'il avoit
cessé de voir, soit en s'éloignant, soit dans le
sommeil, ou seulement en fermant les yeux,
que les objets ne sont point anéantis pour avoir
disparu, et que les limites de ses sensations ne
sont point les limites de l'univers. De là naît un
nouvel ordre de choses, un nouveau monde in-
tellectuel, aussi vaste que le monde sensible
étoit borné. Si un objet emporté loin du spec-
tateur par un mouvement rapide, se perd enfin
dans l'éloignement, l'imagination suit son cours
plus loin que la portée des sens, prévoit ses effets,
mesure sa vîtesse; elle conserve le plan des
situations relatives des objets que les sens ne
voient plus; elle tire des lignes de communication des objets de la sensation actuelle à ceux
de la sensation passée; elle en mesure la distance; elle parvient même à prévoir les changemens qui ont dû arriver dans cette situation,
par la vîtesse plus ou moins grande de leur

mouvement. L'expérience vérifie tous ces calculs, et dès-là les objets absens entrent, comme
les présens, dans le systême général de nos
désirs, de nos craintes, des motifs de nos actions ; l'homme, comme le pilote, évite et cherche les objets qui échappent à tous ses sens.

Voilà une nouvelle chaîne, et de nouvelles
relations par lesquelles les êtres supposés hors
de nous se lient à la conscience du *moi*, non
plus par la simple perception simultanée, puisque souvent ils ne sont point apperçus du tout,
mais par la connexité qui lie entre eux les changemens de tous les êtres et nos propres sensations, comme causes et effets les uns des autres.
— Cette nouvelle chaîne de rapports s'étendant à une foule d'objets hors de la portée des
sens, l'homme est forcé de ne plus confondre
les êtres mêmes avec ses sensations. Il apprend
à distinguer les uns des autres les objets présens,
(c'est-à-dire renfermés dans les limites de la
situation actuelle, liés avec la conscience du
moi par une perception simultanée), et les objets
absens, c'est-à-dire les êtres indiqués seulement
par leurs effets, ou par la mémoire des sensations
passées : les objets que nous ne voyons pas, mais
qui par un enchaînement quelconque des causes
et des effets, agissent sur ce que nous voyons ;

que nous verrions s'ils étoient placés dans une situation et à une distance convenables, et que d'autres êtres semblables à nous voient peut-être dans le moment même; c'est-à-dire encore que ces *êtres* sans nous êtres présens par la voie des sensations, forment entre eux, avec ce que nous voyons, et avec nous-mêmes, une chaîne de rapports, soit d'actions réciproques, soit de distance seulement; rapports dans lesquels le *moi* étant toujours un des termes, la réalité de tous les autres nous est certifiée par la conscience de ce *moi*.

Essayons à présent de suivre la notion de l'*existence* dans les progrès de sa formation. Le premier fondement de cette notion est la conscience de notre propre sensation, et le sentiment du *moi* qui résulte de cette conscience. La relation nécessaire entre l'être appercevant et l'être apperçu, considéré hors du *moi*, suppose dans les deux termes la même réalité; Il y a dans l'un et dans l'autre un fondement de cette relation, que l'homme, s'il avoit un langage, pourroit désigner par le nom commun d'*existence* ou de *présence;* car ces deux notions ne seroient point encore distinguées l'une de l'autre.

L'habitude de voir reparoître les objets sen-

sibles après les avoir perdus quelque tems, et
de retrouver en eux les mêmes caractères et la
même action sur nous, nous a appris à connoître
les êtres par d'autres rapports que par nos sensations et à les en distinguer. Nous donnons, si
j'ôse ainsi parler, notre aveu à l'imagination
qui nous peint ces objets de la sensation passée
avec les mêmes couleurs que ceux de la sensation présente, et qui leur assigne, comme celle-
ci, un lieu dans l'espace dont nous nous voyons
environnés; et nous reconnoissons par conséquent, entre ces objets imaginés et nous, les
mêmes rapports de distance et d'action mutuelle
que nous observons entre les objets actuels de la
sensation. Ce rapport nouveau ne se termine
pas moins à la conscience du *moi,* que celui
qui est entre l'être apperçu et l'être appercevant: il ne suppose pas moins dans les deux
termes la même réalité, et un fondement de
leur relation qui a pu être encore désigné par
le nom commun d'*existence;* ou plustôt l'action même de l'imagination, lorsqu'elle représente ces objets avec les même rapports d'action et de distance, soit entre eux, soit avec
nous, est telle, que les objets actuellement présens aux sens, peuvent tenir lieu de ce nom
général, et devenir comme un premier langage

qui renferme sous le même *concept* la réalité
des objets actuels de la sensation, et celle de
tous les êtres que nous supposons répandus dans
l'espace. Mais il est très-important d'observer
que ni la simple sensation des objets présens,
ni la peinture que fait l'imagination des objets
absens, ni le simple rapport de distance ou
d'activité réciproque, commun aux uns et aux
autres, ne sont précisément la chose que l'esprit voudroit désigner par le nom général
d'*existence* ; c'est le fondement même de ces
rapports, supposé commun au *moi*, à l'objet
vu et à l'objet simplement distant, sur lequel
tombe véritablement et le nom d'*existence* et
notre affirmation, lorsque nous disons qu'une
chose *existe*. — Ce fondement n'est ni ne peut
être connu immédiatement, et ne nous est
indiqué que par les rapports différens qui le
supposent : nous nous en formons cependant
une espèce d'idée que nous tirons par voie
d'abstraction du témoignage que la conscience
nous rend de nous - mêmes et de notre sensation actuelle ; c'est-à-dire que nous transportons en quelque sorte cette conscience du *moi*
sur les objets extérieurs, par une espèce d'assi-
milation vague, démentie aussitôt par la séparation de tout ce qui caractérise le *moi*, mais

qui ne suffit pas moins pour devenir le fondement d'une abstraction ou d'un signe commun,
et pour être l'objet de nos jugemens. (*Voyez*
ABSTRACTION *et* JUGEMENT.)

Le concept de l'*existence* est donc le même
dans un sens, soit que l'esprit ne l'attache qu'aux
objets de la sensation, soit qu'il l'étende sur les
objets que l'imagination lui présente avec des
relations de distance ou d'activité, puisqu'il est
toujours primitivement renfermé dans la conscience même du *moi* généralisé plus ou moins.
A voir la manière dont les enfans prêtent du
sentiment à tout ce qu'ils voient, et l'inclination
qu'ont eue les premiers hommes à répandre l'intelligence et la vie dans toute la nature, je me
persuade que le premier pas de cette généralisation a été de prêter à tous les objets vus hors
de nous tout ce que la conscience nous rapporte
de nous-mêmes, et qu'un homme, à cette première époque de la raison, auroit autant de
peine à reconnoître une substance purement
matérielle, qu'un matérialiste en a aujourd'hui
à croire à une substance purement spirituelle,
ou un Cartésien à recevoir l'attraction. —Les
différences que nous avons observées entre les
animaux et les autres objets, nous ont fait re-
trancher de ce concept l'intelligence, et suc-

cessivement la sensibilité. Nous avons vu qu'il n'avoit été d'abord étendu qu'aux objets de la sensation actuelle; et c'est à cette sensation, rapportée hors de nous, qu'il étoit attaché, en sorte qu'elle en étoit comme le signe inséparable, et que l'esprit ne pensoit pas à l'en distinguer. Les relations de distance et d'activité des objets à nous, étoient cependant apperçues; elles indiquoient aussi avec le *moi* un rapport qui supposoit également le fondement commun auquel le concept de l'*existence* emprunté de la conscience du *moi*, n'étoit pas moins applicable; mais comme ce rapport n'étoit présenté que par la sensation elle-même, on ne dut y attacher spécialement le concept de l'*existence*, que lorsqu'on reconnut des objets absens. Au défaut du rapport de sensation, qui cessoit d'être général, le rapport de distance et d'activité généralisé par l'imagination, et transporté des objets de la sensation actuelle à d'autres objets supposés, devint le signe de l'*existence* commune aux deux ordres d'objets, et le rapport de la sensation actuelle ne fut plus que le signe de la présence, c'est-à-dire d'un cas particulier compris sous le concept général d'*existence*.

Je me sers de ces deux mots pour abréger, et pour désigner les deux notions qui commencent

mencent effectivement à cette époque à être distinguées l'une de l'autre, quoiqu'elles n'aient point encore acquis toutes les limitations qui doivent les caractériser dans la suite. Les sens ont leurs illusions, et l'imagination ne connoît point de bornes : cependant, et les illusions des sens et les plus grands écarts de l'imagination, nous présentent des objets placés dans l'espace avec les mêmes rapports de distance et d'activité, que les impressions les plus régulières des sens et de la mémoire. L'expérience seule a pu apprendre à distinguer la différence de ces deux cas, et à n'attacher qu'à l'un des deux le concept de l'*existence*. On remarqua bientôt que parmi ces tableaux, il y en avoit qui se représentoient dans un certain ordre, dont les jets produisoient constamment les mêmes effets qu'on pouvoit prévoir, hâter ou fuir; et qu'il y en avoit d'autres absolument passagers, dont les objets ne produisoient aucun effet permanent, et ne pouvoient nous inspirer ni craintes, ni désirs, ni servir de motifs à nos démarches. Dès-lors ils n'entrèrent plus dans le système général des êtres au milieu desquels l'homme doit diriger sa marche, et on ne leur attribua aucun rapport avec la conscience permanente du *moi*, qui supposât un fondement hors de ce *moi*. On dis-

tingua donc dans les tableaux des sens et de
l'imagination , les objets *existans* des objets
simplement *apparens,* et la *réalité* de l'*illusion.* La liaison et l'accord des objets apperçus
avec le systême général des êtres déjà connus,
devint la règle pour juger de la réalité des premiers, et cette règle servit aussi à distinguer
la sensation de l'imagination dans le cas où la
vivacité des images et le manque de points de
comparaison auroient rendu l'erreur inévitable,
comme dans les songes et les délires; elle servit
aussi à démêler les illusions des sens eux-mêmes
dans les miroirs, les réfractions, etc., et ces
illusions une fois constatées, on ne s'en tint plus
uniquement à séparer l'*existence* de la sensation, il fallut encore séparer la sensation du
concept de l'*existence,* et même de celui de
présence, et à ne le regarder plus que comme
un signe de l'une et de l'autre , qui pourroit
quelquefois tromper.—Sans développer avec autant d'exactitude que l'ont fait depuis les Philosophes modernes, la différence de nos sensations et des êtres qu'elles représentent, sans
savoir que les sensations ne sont que des modifications de notre âme, et sans trop s'embar-
-rasser si les êtres existans et les sensations forment deux ordres de choses entièrement séparés

l'un de l'autre, et liés seulement par une correspondance plus ou moins exacte et relative à de certaines loix, on adopta de cette idée tout ce qu'elle a de pratique. La seule expérience suffit pour diriger les craintes, les désirs et les actions des hommes les moins philosophes, relativement à l'ordre réel des choses, telles qu'elles existent hors de nous ; et cela ne les empêche pas de continuer à confondre les sensations avec les objets mêmes lorsqu'il n'y a aucun inconvénient pratique. Mais malgré cette confusion, c'est toujours sur le mouvement et la distance des objets, que se règlent nos craintes, nos désirs et nos propres mouvemens : ainsi l'esprit dut s'accoutumer à séparer totalement la sensation de la notion d'*existence*, et il s'y accoutuma tellement qu'on en vint à la séparer aussi de la notion de présence, en sorte que ce mot, *présence,* signifie non-seulement l'*existence* d'un objet actuellement apperçu par les sens, mais qu'il s'étend même à tout objet renfermé dans les limites où les sens peuvent actuellement appercevoir, et placé à leur portée, soit qu'il soit apperçu ou non.

Dans ce système général des êtres qui nous environnent, sur lesquels nous agissons et qui agissent sur nous à leur tour, il en est que nous avons vus paroître et reparoître successivement, que nous avons regardés comme parties du systême où nous sommes placés nous-mêmes, et que nous cessons de voir pour jamais : il en est d'autres que nous n'avons jamais vus, et qui se montrent tout-à-coup au milieu des êtres pour y paroître quelques tems et disparoître après sans retour. Si cet effet n'arrivoit jamais que par un transport local qui ne fît qu'éloigner l'objet pour toujours de la portée de nos sens, ce ne seroit qu'une absence durable ; mais un médiocre volume d'eau, exposé à un air chaud, disparoît sous nos yeux sans mouvement apparent ; les arbres et les animaux cessent de vivre, et il n'en reste qu'une très-petite partie méconnoissable, sous la forme d'une cendre légère. Par là nous acquérons les notions de destruction, de mort, d'anéantissement. De nouveaux êtres, du même genre que les premiers, viennent les remplacer ; nous prévoyons la fin de ceux-ci en les voyant naître ; l'expérience nous apprendra à en attendre d'autres après eux. Ainsi nous voyons les êtres se succéder comme nos pensées. Ce n'est point ici le lieu d'expliquer la génération de la notion du tems, ni de montrer comment celle de l'*existence* concourt avec la succession de nos pensées à nous la donner. (*Voyez* SUCCESSION , TEMS *et* DURÉE.) Il suffit de dire que lorsque nous avons cessé d'attribuer aux objets ce rapport avec nous, qui leur rendoit commun le témoignage que nos propres pensées nous rendent de nous-mêmes, la mémoire, en nous rappellant leur image, nous rappelle en même tems ce rapport qu'ils avoient avec nous dans un tems, où d'autres pensées qui ne sont plus, nous rendoient témoignage de nous-mêmes, et nous disons que ces objets *ont été;* la mémoire leur assigne des époques et des distances dans la durée comme dans l'étendue. L'imagination ne peut suivre le cours des mouvemens imprimés aux corps, sans comparer la durée avec l'espace parcouru; elle conclura donc du mouvement passé et du lieu présent, de nouveaux rapports de distance qui ne sont pas encore : elle franchira les bornes du moment où nous sommes, comme elle a franchi les limites de la sensation actuelle. Nous sommes forcés alors de détacher la notion d'*existence* de tout rapport qui n'existe pas encore, et qui n'existera peut-être jamais avec nous et avec la conscience de nos pensées. Nous sommes forcés de nous perdre nous-mêmes de vue, et de ne plus considérer pour attribuer l'*existence* aux objets, que leur

enchaînement avec le système total des êtres,
dont l'*existence* ne nous est à la vérité connue
que par leur rapport avec la nôtre, mais qui
n'en sont pas moins indépendans, et qui n'en
existeront pas moins lorsque nous ne serons
plus. Ce système, par la liaison des causes et
des effets, s'étend indéfiniment dans la durée
comme dans l'espace. Tant que nous sommes
un des termes auxquels se rapportent toutes
les autres parties par une chaîne de relations
actuelles, dont la conscience de nos pensées
présentes est le témoin, les objets *existent*. Ils
ont *existé,* si pour en retrouver l'enchaînement
avec l'état présent du système, il faut remonter des effets à leurs causes. Ils *existeront,*
s'il faut au contraire descendre des causes aux
effets : ainsi l'*existence* est passée, présente ou
future, suivant qu'elle est rapportée par nos
jugemens à différens points de la durée.

Mais, que l'*existence* des objets soit passée,
présente ou future, nous avons vu qu'elle ne
peut nous être certifiée, si elle n'a ou par elle-
même, ou par l'enchaînement des causes et des
effets, un rapport avec la conscience du *moi*,
ou de notre *existence* momentanée. Cependant
quoique nous ne puissions sans ce rapport assurer l'*existence* d'un objet, nous ne sommes pas

pour cela autorisés à la nier, puisque ce même enchaînement de causes et d'effets, établit des rapports de distance et d'activité entre nous et un grand nombre d'êtres, que nous ne connoissons que dans un très-petit nombre d'instans de leur durée, ou qui même ne parviennent jamais à notre connoissance. Cet état d'incertitude ne nous présente que la simple notion de *possibilité*, qui ne doit pas exclure l'*existence*, mais qui ne la renferme pas nécessairement. Une chose possible, qui existe, est une chose actuelle ; ainsi toute chose actuelle est existante, et toute chose existante est actuelle, quoique *existence* et *actualité* ne soient pas deux mots parfaitement synonymes, parce que celui d'*existence* est absolu, et celui d'*actualité* est co-rélatif de *possibilité*.

Jusqu'ici nous avons développé la notion d'*existence*, telle qu'elle est dans l'esprit de la pluspart des hommes ; ses premiers fondemens ; la manière dont elle a été formée par une suite d'abstractions de plus en plus générales, et très-différentes d'avec les notions qui lui sont relatives ou subordonnées. Mais nous ne l'avons pas encore suivie jusqu'à ce point d'abstraction et de généralité où la philosophie l'a portée. En effet, nous avons vu comment le sentiment

du *moi*, que nous regardons comme la source
de la notion d'*existence*, a été transporté par
abstraction aux sensations mêmes regardées
comme des objets hors de nous ; comment ce
sentiment du *moi* a été généralisé en en séparant l'intelligence et tout ce qui caractérise notre
être propre ; comment ensuite une nouvelle
abstraction l'a encore transporté des objets de
la sensation à tous ceux dont les effets nous
indiquent un rapport quelconque de distance
ou d'activité avec nous-mêmes. Ce degré d'abstraction a suffi pour l'usage ordinaire de la vie,
et la philosophie seule a eu besoin de faire quelques pas de plus, mais elle n'a eu qu'à marcher
dans la même route ; car puisque les relations
de distance et d'activité ne sont point précisément la notion de l'*existence*, et n'en sont
en quelque sorte que le signe nécessaire, comme
nous l'avons vu ; puisque cette notion n'est que
le sentiment du *moi* transporté par abstraction,
non à la relation de distance, mais à l'objet
même qui est le terme de cette abstraction,
on a le même droit d'étendre encore cette notion à de nouveaux objets, en la resserrant par
de nouvelles abstractions, et d'en séparer toute
relation avec nous, de distance et d'activité,
comme on avoit précédemment séparé toute

relation de l'être apperçu à l'être appercevant.
Nous avons reconnu que ce n'étoit plus par le
rapport immédiat des êtres avec nous, mais par
leur liaison avec le système général dont nous
faisons partie, qu'il falloit juger de leur *existence*. Il est vrai que ce système est toujours
lié avec nous par la conscience de nos pensées
présentes; mais il n'est pas moins vrai que nous
n'en sommes pas parties essentielles, qu'il existoit avant nous, qu'il existera encore après nous,
et que par conséquent le rapport qu'il a avec
nous n'est pas nécessaire pour qu'il existe, et
l'est seulement pour que son *existence* nous
soit connue; par conséquent d'autres systêmes
entièrement semblables peuvent exister dans la
vaste étendue de l'espace, isolés au milieu les
uns les autres, sans aucune activité réciproque,
et avec la seule relation de distance, puisqu'ils
sont dans l'espace. Et qui nous a dit qu'il ne
peut pas y avoir aussi d'autres systêmes composés d'êtres qui n'ont pas même entre eux ce
rapport de distance, et qui n'existent point dans
l'espace? Nous ne les concevons point. Qui nous
a donné le droit de nier tout ce que nous ne
concevons pas, et de donner nos idées pour
bornes à l'univers? Nous-mêmes sommes-nous
bien sûrs d'exister dans un lieu, et d'avoir avec

aucun être des rapports de distance? Sommes-
nous bien sûrs que cet ordre de sensations rapportées à des distances idéales les unes des
autres, correspond exactement avec l'ordre réel
de la distance des êtres existans? Sommes-nous
bien sûrs que la sensation qui nous rend témoignage de notre propre corps, lui fixe dans
l'espace une place mieux déterminée, que la
sensation qui nous rend témoignage de l'*existence* des étoiles, et qui, nécessairement détournée par l'aberration, nous les fait toujours
voir où elles ne sont pas? (*Voyez* Sensation
et Substance spirituelle.) Or si le *moi* dont
la conscience est l'unique source de la notion
d'*existence*, peut n'être pas lui-même dans
l'espace, comment cette notion renfermeroit-
elle nécessairement un rapport de distance avec
nous? Il faut donc encore l'en séparer, comme
on en a séparé le rapport d'activité et de sensation. Alors la notion d'*existence* sera aussi
abstraite qu'elle peut l'être, et n'aura d'autre
signe que le mot même d'*existence;* ce mot ne
répondra, comme on le voit, à aucune idée ni
des sens, ni de l'imagination, si ce n'est à la
conscience du *moi*, généralisée, et séparée
de tout ce qui caractérise non-seulement le *moi*,
mais même tous les objets auxquels elle a pu

être transportée par abstraction. Je sais bien que cette généralisation renferme une vraie contradiction, mais toutes les abstractions sont dans le même cas, et c'est pour cela que leur généralité n'est jamais que dans les signes et non dans les choses. (*Voyez* IDÉE ABSTRAITE). La notion d'*existence* n'étant composée d'aucune autre idée particulière que de la conscience même du *moi*, qui est nécessairement une idée simple, étant d'ailleurs applicable à tous les êtres sans exception, ce mot ne peut être, à proprement parler, défini, et il suffit de montrer par quels degrés la notion qu'il désigne a pu se former.

Je n'ai pas cru nécessaire pour ce développement, de suivre la marche du langage et la formation des noms qui répondent à l'*existence*, parce que je regarde cette notion comme fort antérieure aux noms qu'on lui a donnés, quoique ces noms soient un des premiers progrès des langues. (*Voyez* LANGUES *et* VERBE SUBSTANTIF).

Je ne traiterai pas non plus de plusieurs questions agitées par les scolastiques sur l'*existence*, comme : *si elle convient aux modes, si elle n'est propre qu'à des individus*, etc. La solution de ces questions doit dépendre de ce qu'on entend par *existence*, et il n'est pas difficile

d'y appliquer ce que j'ai dit. (*Voyez* IDENTITÉ,
SUBSTANCE, MODE *et* INDIVIDU.) Je ne me
suis que trop étendu, peut-être, sur une analyse beaucoup plus difficile qu'elle ne paroîtroit importante; mais j'ai cru que la situation
de l'homme dans la nature au milieu des autres
êtres, la chaîne que ses sensations établissent
entre eux et lui, et la manière dont il envisage
ses rapports avec eux, devoient être regardés
comme les fondemens mêmes de la philosophie,
sur lesquels rien n'est à négliger. Il ne me reste
qu'à examiner quelles sortes de preuves nous
avons de l'*existence* des êtres extérieurs.

Des Preuves de l'existence des êtres ex-térieurs.

Dans la supposition où nous ne connoîtrions
d'autres objets que ceux qui nous sont présens par
la sensation, le jugement par lequel nous regarde-
rions ces objets comme placés hors de nous et
répandus dans l'espace à différentes distances,
ne seroit point une erreur; il ne seroit que le
fait même de l'impression que nous éprouvons,
et il ne tomberoit que sur une relation entre
l'objet et nous, c'est-à-dire, entre deux choses
également idéales, dont la distance seroit aussi
purement idéale et du même ordre que les deux

termes. Car le *moi* auquel la distance de l'objet seroit alors comparée, ne seroit jamais qu'un objet particulier du tableau que nous offre l'ensemble de nos sensations; il ne nous seroit rendu présent, comme tous les autres objets, que par des sensations, dont la place seroit déterminée relativement à toutes les autres sensations qui composent le tableau, et il n'en différeroit que par le sentiment de la conscience, qui ne lui assigne aucune place dans un espace absolu. Si nous nous trompions alors en quelque chose, se seroit bien plustôt en ce que nous bornons cette conscience du *moi* à un objet particulier, quoique toutes les autres sensations répandues autour de nous soient peut-être également des modifications de notre substance. Mais puisque Rome et Londres existent pour nous lorsque nous sommes à Paris, puisque nous jugeons les êtres comme existant indépendamment de nos sensations et de notre propre *existence*, l'ordre de nos sensations qui se présentent à nous les unes hors des autres, et l'ordre des êtres placés dans l'espace à des distances réelles les unes des autres, forment donc deux ordres de choses, deux mondes séparés, dont un au moins (c'est l'ordre réel) est absolument indépendant de l'autre. Je dis

au moins, car les réflexions, les réfractions de
la lumière et tous les jeux de l'optique, les
peintures de l'imagination, et surtout les illusions des songes, nous prouvent suffisamment
que toutes les impressions des sens, c'est-à-dire
les perceptions des couleurs, des sons, du froid,
du chaud, du plaisir et de la douleur, peuvent
avoir lieu, et nous représenter autour de nous
des objets, quoique ceux-ci n'aient aucune
existence réelle. Il n'y auroit donc aucune
contradiction à ce que le même ordre des sensations, telles que nous les éprouvons, eût lieu
sans qu'il existât aucun autre être, et de là naît
une très-grande difficulté contre la certitude des
jugemens que nous portons sur l'ordre réel des
choses, puisque ces jugemens ne sont et ne
peuvent être appuyés que sur l'ordre idéal de
nos sensations.

Tous les hommes qui n'ont point élevé leur
notion de l'*existence* au-dessus du degré d'abstraction par lequel nous transportons cette notion des objets immédiatement sentis, aux objets qui ne sont qu'indiqués par leurs effets et
rapportés à des distances hors de la portée de
nos sens, (*voyez la première partie de cet
article*) confondent dans leurs jugemens ces
deux ordres de choses. Ils croient voir, ils

croient toucher les corps, et quant à l'idée qu'ils se forment de l'*existence* des corps invisibles, l'imagination la leur peint revêtus des mêmes qualités sensibles, car c'est le nom qu'ils donnent à leurs propres sensations, et ils ne manquent pas d'attribuer ainsi ces qualités à tous les êtres. Ces hommes-là, quand ils voient un objet où il n'est pas, croient que des images fausses et trompeuses ont pris la place de cet objet, et ne s'apperçoivent pas que leur jugement seul est faux. Il faut l'avouer, la correspondance entre l'ordre des sensations et l'ordre des choses est telle, sur la pluspart des objets dont nous sommes environnés et qui font sur nous les impressions les plus vives et les plus relatives à nos besoins, que l'expérience commune de la vie ne nous fournit aucun secours contre ce faux jugement, et qu'ainsi il devient en quelque sorte naturel et involontaire. On ne doit donc pas être étonné que la pluspart des hommes ne puissent pas imaginer qu'on ait besoin de prouver l'*existence* des corps. Les Philosophes qui ont le plus généralisé la notion de l'*existence*, ont reconnu que leurs jugemens et leurs sensations tomboient sur deux ordres de choses très-différens, et ils ont senti toute la difficulté d'assurer leurs jugemens sur un fondement solide. Quelques-uns ont tranché le nœud en niant l'existence de tous les objets extérieurs, et en n'admettant d'autre réalité que celle de leurs idées : on les a appellés *Égoïstes* et *Idéalistes*. (*Voyez* ÉGOÏSME *et* IDÉALISME.) Quelques-uns se sont contentés de nier l'*existence* des corps et de l'univers matériel, et on les a nommés *Immatérialistes*. Ces erreurs sont trop subtiles pour être fort répandues ; à peine en connoît-on quelques partisans, si ce n'est chez les philosophes Indiens, parmi lesquels on prétend qu'il y a une secte d'*Égoïstes*. C'est le célèbre *Évéque de Cloyne*, le Docteur BER-KELEY, connu par un grand nombre d'ouvrages tous remplis d'esprit et d'idées singulières, qui, par ses dialogues d'*Hylas* et de *Philonoüs*, a, dans ces derniers tems, réveillé l'attention des Métaphysiciens sur ce système oublié. (*Voyez* CORPS.) La pluspart ont trouvé plus court de le mépriser que de lui répondre, et cela étoit en effet plus aisé. On essaiera, dans l'article IMMA-TÉRIALISME, de réfuter ses raisonnemens et d'établir l'*existence* de l'univers matériel : on se bornera dans celui-ci à montrer combien il est nécessaire de lui répondre, et à indiquer le seul genre de preuves dont on puisse se servir pour assurer non-seulement l'*existence* des corps, mais encore

core la réalité de tout ce qui n'est pas compris
dans notre sensation actuelle et instantanée.

Quant à la nécessité de donner des preuves de
l'*existence* des corps et de tous les êtres extérieurs ; en disant que l'expérience et le mécanisme connu de nos sens, prouvent que la sensation n'est point l'objet, qu'elle peut exister
sans aucun objet hors de nous, et que cependant nous ne voyons véritablement que la sensation, l'on croiroit avoir tout dit, si quelque
Métaphysicien, même parmi ceux qui ont prétendu réfuter *Berkeley*, n'avoient encore re-
cours à je ne sais quelle présence des objets
par le moyen des sensations, et à l'inclination
qui nous porte involontairement à nous fier là-
dessus à nos sens. Mais comment la sensation
pourroit-elle être immédiatement et par elle-
même un témoignage de la présence des corps,
puisqu'elle n'est point le corps, et surtout puisque l'expérience nous montre tous les jours des
occasions où cette sensation existe sans les corps ?
Prenons celui des sens auquel nous devons le
plus grand nombre d'idées, la vue. Je vois un
corps, c'est-à-dire que j'apperçois à une distance quelconque une image colorée de telle
ou telle façon ; mais qui ne sait que cette image
ne frappe mon âme que parce qu'un faisceau de

Tome III.

rayons, mu avec telle ou telle vîtesse, est venu
frapper ma rétine sous tel ou tel angle? Qu'importe donc de l'objet, pourvu que l'extrêmité des
rayons, la plus proche de mon organe, soit mue
avec la même vîtesse et dans la même direction? Qu'importe même du mouvement des
rayons, si les filets nerveux qui transmettent la
sensation de la rétine au *sensorium* sont agités
de mêmes vibrations que les rayons de lumière
leur auroient communiquées? Si l'on veut accorder au sens du toucher une confiance plus
entière qu'à celui de la vue, sur quoi sera fondée cette confiance? sur la proximité de l'objet
et de l'organe? Mais ne pourrois-je pas toujours
appliquer ici le même raisonnement que j'ai fait
sur la vue? N'y a-t-il pas aussi depuis les extrêmités des papilles nerveuses répandues sous
l'épiderme, une suite d'ébranlemens qui doit
se communiquer au *sensorium?* Qui peut nous
assurer que cette suite d'ébranlemens ne peut
commencer que par une impression faite sur
l'extrêmité extérieure du nerf, et non par une
impression quelconque qui commence sur le
milieu? En général, dans la mécanique de tous
nos sens, il y a toujours une suite de corps
dans une certaine direction, depuis l'objet que
l'on regarde comme la cause de la sensation

jusqu'au *sensorium*, c'est-à-dire, jusqu'au dernier organe, au mouvement duquel la sensation
est attachée. — Or dans cette suite, le mouvement et la direction du point qui touche immédiatement le *sensorium*, ne suffisent-ils pas
pour nous faire éprouver la sensation? et n'est-
il pas indifférent à quel point de la suite le
mouvement ait commencé, et suivant quelle
direction il ait été transmis? N'est-ce pas par
cette raison, que quelle que soit la courbe décrite
dans l'atmosphère par les rayons, la sensation
est toujours rapportée dans la direction tan-
gente de cette courbe? Ne puis-je pas regarder
chaque filet nerveux par lequel les ébranlemens
parviennent jusqu'au *sensorium*, comme une espèce de rayon? Chaque point de ce rayon ne peut-
il pas recevoir immédiatement un ébranlement
pareil à celui qu'il auroit reçu du point qui le
précède, et dans ce cas n'éprouverons-nous pas
la sensation, sans qu'elle ait été occasionnée par
l'objet auquel nous la rapportons? Qui a pu
même nous assurer que l'ébranlement de nos
organes est la seule cause possible de nos sensations? En connoissons-nous la nature? Si par
un dernier effort on réduit la présence immédiate des objets de nos sensations à notre propre
corps, je demanderai en premier lieu, par où

notre corps nous est rendu présent? si ce n'est pas aussi par des sensations rapportées à différens points de l'espace? et pourquoi ces sensations supposeroient plustôt l'*existence* d'un corps distingué d'elles que les sensations qui nous représentent des arbres, des maisons, etc. que nous rapportons de même à différens points de l'espace? Pour moi je n'y vois d'autre différence, sinon que les sensations rapportées à notre corps sont accompagnées de sentimens plus vifs ou de plaisir ou de douleur; mais je n'imagine pas pourquoi une sensation de douleur supposeroit plus nécessairement un corps malade, qu'une sensation de *bleu* ne suppose un corps réfléchissant certains rayons de lumière. Je demanderai en second lieu, si les hommes à qui on a coupé des membres, et qui sentent des douleurs très-vives qu'ils rapportent à ces membres retranchés, ont par ces douleurs un sentiment immédiat de la présence du bras ou de la jambe qu'ils n'ont plus? Je ne m'arrêterai pas à réfuter les conséquences qu'on voudroit tirer de l'inclination que nous avons à croire à l'*existence* des corps malgré tous les raisonnemens métaphysiques ; nous avons la même inclination à répandre nos sensations sur la surface des objets extérieurs, et tout le monde sait que l'habitude suffit pour nous rendre les jugemens les plus faux presque naturels. (*Voyez* COULEUR.) Concluons qu'aucune sensation ne peut immédiatement, et par elle-même , nous assurer de l'*existence* d'aucun corps.

Ne pourrons-nous donc sortir de nous-même et de cette espèce de prison où la nature nous retient enfermés et isolés au milieu de tous les êtres ? Faudra-t-il nous réduire avec les *Idéalistes* à n'admettre d'autre réalité que notre propre sensation ? Nous connoissons un genre de preuves auquel nous sommes accoutumés à nous fier; nous n'en avons même pas d'autres pour nous assurer de l'*existence* des objets , qui ne sont pas actuellement présens à nos sens, et sur lesquels cependant nous n'avons aucune espèce de doute : c'est l'induction qui se tire des effets pour remonter à la cause. Le témoignage, source de toute certitude historique, et les monumens qui confirment le témoignage, ne sont que des phénomènes qu'on explique par la supposition du fait historique. Dans la physique, l'ascension du vif-argent dans les tubes par la pression de l'air, le cours des astres, le mouvement diurne de la terre , et son mouvement annuel autour du soleil, la

gravitation des corps, sont autant de faits qui
ne sont prouvés que par l'accord exact de la
supposition qu'on en a faite avec les phénomènes observés. Or quoique nos sensations ne
soient ni ne puissent être des substances existantes hors de nous, quoique les sensations
actuelles ne soient ni ne puissent être les sensations passées, elles sont des faits ; et si en
remontant de ces faits à leurs causes, on se
trouve obligé d'admettre un système d'êtres
intelligens ou corporels existans hors de nous,
et une suite de sensations antérieures à la sensation actuelle, enchaînée à l'état antérieur du
système des êtres existans ; ces deux choses,
l'*existence* des êtres extérieurs et notre *existence* passée, seront appuyées sur le seul genre
de preuves dont elles puissent être susceptibles :
car puisque la sensation actuelle est la seule
chose immédiatement certaine, tout ce qui n'est
pas elle ne peut acquérir d'autre certitude que
celle qui remonte de l'effet à sa cause.

Or on peut remonter d'un effet à sa cause
de deux manières : ou le fait dont il s'agit n'a
pu être produit que par une seule cause qu'il
indique nécessairement, et qu'on peut démontrer la seule possible par la voie d'exclusion ;
ou il a pu être produit par plusieurs causes.

Si c'est le premier cas, alors la certitude de la cause est précisément égale à celle de l'effet : c'est sur ce principe qu'est fondé le raisonnement, *quelque chose existe* : *donc de toute éternité il a existé quelque chose ;* et tel est le vrai fondement des démonstrations métaphysiques de l'*EXISTENCE de DIEU*. Cette même forme de procéder s'emploie aussi le plus communément dans une hypothèse avouée, d'après des loix connues de la nature : c'est ainsi que les loix de la chûte des graves étant données, la vitesse acquise d'un corps nous indique démonstrativement la hauteur dont il est tombé.

L'autre manière de remonter des effets connus à la cause inconnue, consiste à deviner la nature, précisément comme une énigme, à imaginer successivement une ou plusieurs hypothèses, à les suivre dans leurs conséquences, à les comparer aux circonstances du phénomène, à les essayer sur les faits comme on vérifie un cachet en l'appliquant sur son empreinte : ce sont là les fondemens de l'art de déchiffrer, ce sont ceux de la critique des faits, ceux de la physique ; et puisque ni les êtres extérieurs, ni les faits passés n'ont avec la sensation actuelle aucune liaison dont la nécessité nous soit démontrée, ce sont aussi les seuls fondemens possibles de toute certitude au sujet de l'*existence* des êtres extérieurs et de notre *existence* passée. Ce n'est point ici le lieu de développer comment ce genre de preuves croît en force depuis la vraisemblance jusqu'à la certitude, suivant que les degrés de correspondance augmentent entre la cause supposée et les phénomènes; ni de prouver qu'elle peut donner à nos jugemens toute l'assurance dont ils sont susceptibles et que nous pouvons désirer. Cela doit être exécuté aux articles CERTITUDE et PROBABILITÉ. A l'égard de l'application de ce genre de preuves à la certitude de la mémoire et à l'*existence* des corps, *voyez* IDENTITÉ PERSONNELLE, MÉMOIRE *et* IMMATÉRIALITÉ.

RÉFUTATION

DU SYSTÊME DE BERKELEY.

On vient de voir dans l'article *Existence* que M. *Turgot* se proposait d'employer plusieurs articles suivans, et notamment ceux *Immatérialisme*, *Probabilité*, *Sensation*, *Mémoire*, à réfuter ce Philosophe plus ingénieux que solide, qui, renouvellant et exagérant le pyrrhonisme, a prodigué la plus grande subtilité pour tâcher d'établir que les faits qui nous paraissent les mieux constatés sont, ou du moins peuvent être des illusions ; que la réalité des corps est très-incertaine ; et qu'il n'est pas sûr que l'univers existe.

C'est un saint Évêque, un profond Théologien , qui a exposé ces étranges idées, et les a soutenues avec une très-fine dialectique.

Sans adopter sa théorie de l'incertitude , on pourrait douter qu'il ait véritablement eu aucune de ces pensées, et croire qu'elles n'ont été qu'un jeu de son esprit, qu'un essai de l'influence que cet esprit serait capable d'exercer sur l'esprit de ses semblables.— Mais il parle si sérieusement, il présente ses raisonnemens avec un tel art que l'on peut croire aussi qu'il s'est ébloui lui-même, et que ce savant argumentateur, qui craignait d'affirmer l'existence de son corps, était très-persuadé de la bonté de sa philosophie.

M. Turgot, Magistrat, ne crut pas devoir fournir à l'*Encyclopédie* officiellement proscrite, secrettement tolérée par le Gouvernement, les articles qu'il n'avait promis qu'à l'Encyclopédie permise et protégée comme un des ouvrages les plus utiles, et dont le projet, à quelque point que son exécution fût difficile, et même à cause de cette difficulté, était un des plus honorables que pût concevoir l'esprit humain.

Les articles qui devaient repousser les sophismes de *Berkeley*, et completter l'exposition de ce que nous pouvons savoir sur l'*existence*, n'ont pas été rédigés. Mais dès sa première jeunesse (en 1750) M. *Turgot*, dans la correspondance qu'il tenait avec ses condisciples, et dont nous avons extrait quelques morceaux, avait déjà combattu l'*Évêque de Cloyne*. Nous avons retrouvé deux de ses lettres à ce sujet, et nous croyons que c'est ici leur place naturelle.

LETTRES A M. L'ABBÉ DE......,

SUR LE SYSTÊME DE BERKELEY.

EXTRAIT de la première Lettre à M. l'Abbé de...., contre les opinions de BERKELEY.

Octobre 1750.

BERKELEY prouve que la matière existante hors de nous, n'est point l'objet immédiat apperçu par notre âme. Comment prouvera-t-il que cet être existant hors de nous, cette cause de nos sensations, ce centre commun où elles aboutissent, ce que tous les hommes appellent *matière*, n'existe pas?

Sans entreprendre de le réfuter en détail, il suffit peut-être d'exposer quelques principes.

Je porte la main sur un objet, je sens une résistance, et j'en ai l'idée par le tact. En

même tems je vois ma main s'avancer vers cet
objet que mes yeux me montroient déjà. — C'est
par le secours de mes yeux que je guide ma
main, je la vois s'appliquer à l'objet que je re-
connois ainsi pour la cause commune de mes
deux sensations qui se contrôlent l'une l'autre.
— Mais il est clair que ces deux sensations
ne pourroient avoir aucun rapport si ma main
n'existoit que dans mon idée.

Voici quelque chose de plus : en philosophant
sur les rapports de mes sens aux objets, en
multipliant les raisonnemens et les expériences,
je découvre, comme en effet le raisonnement
et l'expérience l'ont découvert, que tout cela
se fait suivant certaines loix. L'anatomie m'apprend que des rayons de lumière réfléchis de
l'objet à mon œil, sont réfractés dans le cris-
tallin ; et toujours supposant que l'objet, que
mon œil, que les rayons existent, et que les
opérations de l'anatomie et de la physique portent sur des faits réels, j'en conclus que des
verres convexes interposés m'agrandiront l'apparence des objets, m'en feront découvrir qui
m'échappoient par leur petitesse. Je taille un
verre, ou si vous voulez *l'idée d'un verre*,
je le mets entre *l'idée de mon œil* et *l'idée
de l'objet*, et cet objet s'agrandit, et j'en vois

toujours de nouveaux, suivant le plus ou
moins de divergence qui devroit se trouver
entre les rayons, si eux et les verres convexes
étoient réels. — L'expérience confirme ce qu'avoit
annoncé la théorie fondée sur l'observation des
objets et des *effets*.

Mais je vous le demande, et à *Berkeley,*
quelle absurdité d'imaginer que des suppositions
et des observations portant toutes sur des objets
chimériques, et par conséquent chimériques
elles-mêmes, pourront mener à des conclusions
toutes vérifiées par l'expérience.

On pourroit appliquer ce même raisonnement aux autres sens aussi bien qu'à la vue?

J'ajoute que si les corps n'existent point,
la physique est anéantie; et combien de choses
démontrées en physique? La pression de l'air
qui fait monter le mercure dans les tubes,
le mouvement du ciel et de la terre, par lequel
celle-ci présente successivement ses différens
points au soleil. — D'où vient la nuit, si ce n'est
de l'interposition de la terre entre le soleil
et nous?

Qu'est-ce qui nous nourrit? Nous mangeons,
et sans cela nous cesserions d'être; mais n'est-
ce qu'une apperception? n'est-ce que le *goût*
des viandes, ou que leur être *apperçu* qui nous

soutient ? Non, c'est au contraire une digestion *inapperçue* qui se fait dans des viscères qui, selon Berkeley, n'existeront que pour le chirurgien qui viendra nous ouvrir après notre mort. Le sang sort d'une piqûre, parce qu'il circule dans des vaisseaux qui, suivant Berkeley, n'existent point, puisqu'ils ne sont point actuellement apperçus ; et dans ses principes ce sang même n'existoit point.

On peut tirer encore un autre raisonnement des rapports que nos idées ont avec celles des autres hommes. Par quelle bizarrerie l'auteur admet-il ceux-ci ? — Il devroit nier qu'il y eût d'autres hommes. Il devroit se croire le seul au monde. Appercevons-nous les autres hommes plus immédiatement que les autres objets. Ne peut-on pas leur appliquer tous les raisonnemens de notre auteur ? Et d'où viendroit que je vois un objet assez grand, et qu'un homme qui sera plus éloigné, le verra plus petit, si la distance, l'objet, les rayons de lumière, et mon œil et celui de l'autre homme n'existoient pas ?

L'ordre de nos idées, dit Berkeley, la réalité des choses n'est que dans l'*ordre des idées* de Dieu. — Pourquoi différens hommes voyent-ils le même objet différemment ? Ou si ce n'est point le même objet qu'ils voyent, quel est le lien commun de leurs différentes sensations. Si j'en croyois Berkeley, je ne verrois dans tout cela que la volonté *arbitraire* de DIEU. Mais DIEU est le moins *arbitraire* des êtres, car il est le seul parfaitement sage, et ses *idées* sont la RAISON par excellence.

Quel seroit tout ce *jeu* des causes physiques? Et comment croire que DIEU s'en feroit un de nous tromper?

La question des causes occasionnelles ne fait rien ici; si on en avoit démontré l'impossibilité, Berkeley seroit réfuté par là même. — Mais leur réalité ne décide aucunement en sa faveur.

Mon principal raisonnement est fondé sur ce que Berkeley démontre fort bien dans sa théorie de la vision que le rapport des angles des rayons ne suffit pas pour nous faire connoître les distances; et sur ce que je crois en même tems qu'on ne démontre pas moins bien contre Berkeley que l'expérience seule ne peut apprendre à les connoître.

En voilà assez sur ce sujet; vous suppléerez, par vos réflexions, à ce qui manque aux miennes.

SECONDE *Lettre contre les opinions de* BERKELEY.

JE ne vois pas qu'on puisse répondre au raisonnement que je vous ai fait contre Berkeley. Il a beau nous dire que nous ne voyons que nos idées et des modifications de notre âme, outre qu'il y a là-dedans quelque chose qu'il n'a pas assez éclairci, *Mallebranche* l'avoit dit équivalemment par rapport à la question présente, en convenant que nous ne voyons pas les corps en *eux-mêmes*, et cela ne prouve rien contre leur *existence*. « Mais, ajoute Berkeley, il est » certain que rien de semblable à nos idées ne » peut exister hors de nous, parce qu'un être » qui n'a de réalité qu'en tant qu'*apperçu* ne » peut exister *non apperçu*. » — C'est un pur sophisme.

Il donne encore d'autres raisons qui ne valent pas mieux. — Il ne s'agit pas ici de s'appesantir sur cette question puérile, si la cause de nos sensations leur ressemble ou non? Il suffit qu'elle en soit cause.

Je soutiens que la matière existante hors de nous a les propriétés géométriques qui dépendent de la distance, et par conséquent la figure et le mouvement. — Rappellez-vous le raison-

nement par lequel je prouve l'existence des
corps inférée de la cause commune des sensations, et des sensations pareilles des différens
hommes qui se rapportent toutes à ces objets
extérieurs et suivant les mêmes loix : ce qui ne
seroit qu'une succession bizarre et incompré-
hensible suivant Berkeley, et ce qui suit nécessairement de la supposition de l'existence
de la matière.

Je prends un cas particulier de ce raisonnement entre mille qu'il pourroit fournir. — Je
vois différens objets, et Berkeley ne me niera
pas que je n'apperçoive entre ce que j'appelle
l'*objet* qu'il prétend n'être que l'*idée de l'objet*,
et une autre *idée* qui me paroît m'appartenir
davantage, et que j'appelle *moi*, une troisième
idée que j'appelle la distance de l'*objet* à *moi*.
Il ne me niera pas non plus que je ne puisse
appeller toute cette façon de voir, *voir les
objets hors de moi*.

Je cherche quelle peut être la cause de ces
perceptions des objets. Après bien des raisonnemens et des expériences, je parviens à imaginer (non qu'il existe hors de moi des corps
qui les excitent, je n'en ai jamais douté), mais
que les corps renvoyent continuellement des
rayons de corpuscules qui en parvenant à mon
œil,

œil, s'y réfractent, s'y croisent, et en frappant la rétine dans différens points, transmettent à l'âme une sensation qu'elle rapporte à l'extrêmité de ces rayons ; ce n'est encore là qu'un système, mais bientôt je conclus que suivant la différente longueur de ces rayons visuels, ce même corps doit paroître plus petit ou plus grand, puisque leur notion m'arrive par un angle plus petit ou plus grand, et comme j'ai le pouvoir en me donnant l'*idée que je marche*, de changer à volouté l'*idée* que j'ai appellée *la distance de moi à un objet*, je m'approche de l'objet en question, je le vois plus grand ; je m'éloigne, je le vois plus petit. Combinant alors ce qui arrivera dans mon hypothèse des rayons visuels, je parviens, comme je vous l'ai dit dans ma première lettre, à la théorie et à l'expérience du verre convexe qui rend les rayons plus convergens, et fait paroître les corps plus grands. J'agis en conséquence, et j'ai un télescope ou un microscope. Il est visible et incontestable qu'une hypothèse dont toutes les conclusions sont ainsi vérifiées par l'expérience, est réelle, et par conséquent que mes rayons visuels, mon objet, mon œil, mon microscope existent véritablement hors de moi ; ces rayons que je n'avois fait que supposer, qui, selon Berkeley, n'existent même pas, puisqu'ils ne sont point apperçus, sont donc le principe qui lie tout l'ordre de mes sensations. Ce même raisonnement je puis l'appliquer, comme nous en sommes aussi convenus, à la pression de l'air sur le mercure contenu dans des tubes, au systême de *Copernic*, à celui de NEWTON.

La force de ce raisonnement, dans notre cas, est en partie fondée sur ce que les principes matériels existant réellement, agissent, quoiqu'insensibles, au lieu que ce qui n'est pas ne peut pas agir, ni influer sur *l'ordre* de nos idées; or ces rayons, etc., n'existent pas, selon Berkeley, puisqu'*ils ne sont point apperçus*. Le monde de Berkeley seroit la chose la plus inexplicable, la plus bizarre, la moins digne de l'*AUTEUR du Monde*.

Je conçois bien que j'ai besoin, si je mange, d'un estomac et de viscères pour digérer; mais si je ne mange pas, ou si je ne mange qu'*en idée*, si mon estomac, que je ne vois point, *n'est rien*, pourquoi celui qui ouvrira mon corps auroit-il cette idée d'un estomac aussi peu utile pour lui que pour moi? Je vous ai déjà parlé de cela, mais quand on veut se pénétrer d'une idée, il est bon de la répéter.

Tout le rapport des moyens à leur fin qui

paroît si évidemment dans toute la nature, disparoîtroit si tout n'étoit qu'une suite d'idées. En un mot, tout est expliqué en supposant l'existence des corps; tout est obscur, inintelligible, dénué de raison en la niant. — Combien de sensations désagréables surtout qui nous avertissent des dangers de notre corps, et qui ne seroient de la part de Dieu qu'un jeu cruel si les corps n'existoient pas. Mais l'effet que les objets extérieurs qui nous menacent de péril produisent sur nous, n'est que trop démontré par l'expérience, quand nous n'employons pas à les éviter l'intelligence que Dieu nous a donnée pour les reconnoître. Ces corps sont donc *existans ?*

Les mêmes raisonnemens prouvent que les propriétés géométriques que nous attribuons à l'étendue, appartiennent à la matière, puisqu'ils prouvent que les rayons de lumière forment entre eux différens angles dont les côtés sont terminés par l'objet existant; d'où je conclus que l'objet existant est la base du cône ou de la pyramide de rayons qui a son sommet dans mon œil.

Et par conséquent que les différens points de ces objets qui terminent différens rayons ont entre eux différens rapports de distance déter-

minés par la forme des figures ; dès qu'on suppose la distance entre deux objets réelle et non
pas idéale, comme elle est variable, la réalité
du mouvement et du monde physique est évidemment démontrée par là même.

C'est encore par cette liaison du monde physique avec nos idées et avec les idées des autres
hommes, que je prouve la certitude de la mémoire et de l'identité personnelle. En un mot,
nos idées n'étant que nos idées, je ne puis m'assurer qu'il existe autre chose au-delà qu'en rai-
sonnant sur leurs causes, en formant des hypothèses dont le rapport exact avec les phénomènes est la vérification. Berkeley ne s'assure
pas autrement de l'existence des hommes avec
lesquels il converse ; pourquoi veut-il que le
même argument qui lui prouve l'existence des
hommes, ne prouve pas l'existence de la matière ? En a-t-il démontré l'impossibilité ? Con-
noît-il la nature des choses au point de démontrer qu'il est contradictoire qu'il existe hors de
lui des êtres qui aient entre eux des rapports
de distance ?

« Mais, dira-t-il, ces rapports de distance
» sont des rapports idéaux qui ne conviennent
» qu'à des modifications de mon âme. » Cette
difficulté est indépendante de l'existence des

objets hors de nous. Que la matière existe hors de nous, ou non, il est toujours certain qu'en vertu de ce que nous rapportons nos sensations de couleur ou de résistance à des distances plus ou moins grandes, nous nous représentons hors de nous des figures géométriques dont un côté n'est pas l'autre, et que nous divisons à notre volonté. Si la division est réelle, et si Berkeley veut en convenir, il aura levé toute la difficulté; mais il soutient qu'elle n'est qu'*idéale*. Quoi! ne pourra-t-il y avoir de division réelle hors de mon âme, parce que dans mon âme il y en a une idéale?

Ce qui trompe Berkeley, est qu'il s'imagine qu'on soutient que les êtres extérieurs ressemblent à nos idées ; ce n'est point cela. Je démontre seulement qu'ils ont les propriétés géométriques qui dépendent de la distance, c'est-à-dire, la figure et le mouvement qui appartiennent nécessairement à des êtres composés. Cette figure, il est vrai, et ce mouvement, nos idées les représentent ; le comment est aussi inconcevable dans son système que dans le nôtre. La difficulté est dans le fait même, et le fait est dans tous les systèmes.

Son raisonnement tiré de la comparaison entre les qualités premières et les qualités secondaires ne vaut pas mieux. Il est sûr qu'on est très-fondé à soutenir en même tems que les couleurs, le goût, etc., ne sont que des modifications de notre âme, et que l'étendue existe hors de nous, non pas à la vérité parce que je conçois l'étendue indépendamment d'aucune couleur, et que je ne puis concevoir la couleur sans étendue, mais parce que je sais que le goût, les couleurs, etc., sont produits en moi par les mouvemens physiques de mes organes.

Il en est bien de même de l'idée de l'étendue; aussi n'est-ce pas mon idée de l'étendue qui existe hors de moi; c'est la matière étendue dont j'ai prouvé l'existence par des argumens qu'on ne sauroit appliquer aux couleurs. Il suffit, pour expliquer l'ordre des idées et des sensations, que les rayons visuels puissent exciter en nous les sensations de couleurs, etc., ce qu'ils peuvent faire par le seul mouvement, au lieu qu'ils ne peuvent nous donner l'idée de l'étendue sans former entre eux des angles, et par conséquent sans supposer l'étendue existante hors de nous.

Berkeley n'auroit pas ainsi confondu l'étendue avec ce que les anciens philosophes appelloient *qualités secondaires*, s'il avoit bien analysé la manière dont nous acquérons par les sens l'idée de l'étendue. Les rayons de lumière

dessinent sur la rétine un tableau dont chaque
point est l'extrêmité du rayon. Comme les rayons,
suivant leurs différentes vîtesses, excitent en nous
le sentiment des différentes couleurs, chaque
corps a sur ce tableau une image qui le distingue. Si l'âme rapportoit sa sensation au point
où les rayons se réunissent, elle n'auroit aucune
idée, parce qu'on ne peut avoir idée de couleur
sans avoir idée d'étendue. Si elle rapportoit sa
sensation à la rétine, on verroit les objets à
l'envers ; mais comme elle rapporte les sensations à une distance prise sur la longueur du
rayon, la sensation qui répond à chaque rayon
fait un point dans un tableau idéal supposé à une
certaine distance de l'œil, et qui se trouve ainsi
tracé par l'assemblage de chaque point de couleur
particulière. L'idée de l'étendue nous vient donc
par l'assemblage des points auxquels nous rapportons nos sensations, quelle que soit l'espèce
de sensation. — Non-seulement chaque couleur
en formant une sensation absolument différente
des autres, nous donne cependant une idée
pareille de l'étendue, mais nous la recevons
encore de cette sensation de résistance que nous
fait éprouver le toucher, en un mot, nos sensations sont en quelque sorte les élémens et les
points du tableau que l'âme se fait de l'étendue.

Ce qui prouve ceci est que nous ne pouvons imaginer l'étendue sans couleur, quand nous nous la représentons comme existante à quelque distance de nous, et qu'en même tems nous en recevons une idée par le toucher qui semble n'avoir nul rapport à celles que donnent les couleurs (parce que la sensation n'en a point effectivement), quoique par rapport aux conséquences et aux propriétés géométriques l'idée soit absolument la même.

Nous n'avons que deux sens qui nous donnent une idée des figures, parce qu'aucun autre ne nous fournit de sensations que nous puissions rapporter à plusieurs points déterminés. — Le son, quoiqu'il nous donne quelquefois l'idée de distance, ne sauroit nous donner celle de figure, parce que ne se propageant pas en ligne droite, nous ne pouvons le rapporter à tel ou tel point précis. Mais les sensations qui par elles-mêmes ne donnent point l'idée d'une étendue distinctement déterminée, telles que sont celles du froid et du chaud, dès que nous pouvons par le moyen du toucher les rapporter à un certain nombre de points, nous la donnent alors.

On doit donc distinguer l'idée d'étendue d'avec les sensations, quoiqu'on ne puisse la concevoir que par quelque sensation, et quoiqu'elle en tire son origine. Les sensations nous donnent cette idée non par leur nature de sensation telle ou telle, de couleur bleue ou rouge, de rudesse ou de poli, de dureté ou de fluidité, mais uniquement par la facilité de les rapporter à différens points déterminés, soit à une grande distance comme dans la vue, et alors toujours en ligne droite, soit à la surface de notre corps comme dans toutes les sensations qui nous viennent par le toucher.

Berkeley s'épuise à prouver que l'étendue n'est point *une substance.* Je ne répondrai point à ses raisonnemens. Je vous dirai seulement que LOCKE ni lui n'ont connu la vraie génération de l'idée de substance, qu'ils confondent ces deux termes, *la substance* et *une substance,* et les deux questions *l'étendue est-elle une substance,* ou *l'étendue est-elle la substance?* Je pourrois m'expliquer mieux et avec plus de développement si j'avois sous les yeux ce que j'ai écrit sur les langues contre Maupertuis. Mais faut-il tant de peine pour prouver *l'existence des corps* et pour répondre aux raisonnemens de Berkeley?

Encore un mot sur l'hypothèse qu'il substitue à l'hypothèse commune. Selon lui, la cause commune de nos sensations et de nos idées n'est autre que *l'ordre des idées de DIEU* qu'il a rendues perceptibles dans le tems aux âmes qu'il a créées. Je ne m'arrêterai point à une foule de difficultés métaphysiques que ce système fournit. Je remarquerai seulement qu'il n'explique pas ce qu'il faut expliquer. La question est : Pourquoi la suite de mes idées a-t-elle toujours certains rapports avec la suite des idées des autres hommes ? Rapports qui sont uniquement réglés par ceux que nous avons les uns et les autres avec des objets que nous supposons hors de nous ? — Mais que font à cela *les idées de DIEU ?* Sont-ce différentes idées qui causent celles des différens hommes ? Alors d'où vient le rapport qui s'y trouve ? Est-ce la même idée de DIEU qui cause en moi l'idée de blanc, en vous l'idée de jaune, en moi l'idée d'une maison à ma droite, en vous celle d'une masse obscure de dix pieds de long à votre gauche ? Y a-t-il entre les idées de DIEU des rapports de distance ? Réfléchissent-elles des rayons colorés ? Les voit-on suivant les règles de la perspective ? Et sur quoi seront fondées ces règles ?

En voilà assez pour faire voir le ridicule de ce système.

SUITE des Articles de M. TURGOT dans l'ENCYCLOPÉDIE.

EXPANSIBILITÉ (s. f. *Physique.*) Propriété de certains fluides par laquelle ils tendent sans cesse à occuper un espace plus grand.

L'air et toutes les substances qui ont acquis le degré de chaleur nécessaire pour leur *vaporisation,* comme l'eau au-dessus du terme de l'eau bouillante, sont expansibles.

Il suit de notre définition, que ces fluides ne sont retenus dans de certaines bornes que par la force comprimante d'un obstacle étranger, et que l'équilibre de cette force avec la force expansive, détermine l'espace actuel qu'ils occupent. Tout corps expansible est donc aussi compressible; et ces deux termes opposés n'expriment que deux effets nécessaires d'une propriété unique dont nous allons parler.

Nous traiterons dans cet article :

1°. De l'*expansibilité* considérée en elle-même comme une propriété mathématique de certains corps; de ses loix et de ses effets.

2°. De l'*expansibilité* considérée physiquement; des substances auxquelles elle appartient, et des causes qui la produisent.

3°. De l'*expansibilité* comparée dans les différentes substances auxquelles elle appartient.

4°. Nous indiquerons en peu de mots les usages de l'*expansibilité*, et la part qu'elle a dans la production des principaux phénomènes de la Nature.

De l'EXPANSIBILITÉ en elle-même, de ses loix et de ses effets.

Un corps expansible laissé à lui-même, ne peut s'étendre dans un plus grand espace et l'occuper uniformément tout entier, sans que toutes ses parties s'éloignent également les unes des autres : le principe unique de l'*expansibilité* est donc une force quelconque, par laquelle les parties du fluide expansible tendent continuellement à s'écarter les unes des autres, et luttent en tout sens contre les forces compressives qui les rapprochent. C'est ce qu'exprime le terme de *répulsion*, dont NEWTON s'est quelquefois servi pour la désigner.

Cette force répulsive des particules peut suivre différentes loix, c'est-à-dire, qu'elle peut croître et décroître en raison de telle ou telle fonction des distances des particules. La condensation ou la réduction à un moindre espace, peut suivre aussi dans tel ou tel rapport l'augmentation de la force comprimante; et l'on voit au premier coup - d'œil que la loi qui exprime le rapport des condensations ou des espaces à la force comprimante, et celle qui exprime le rapport de la force répulsive à la distance des particules, sont relatives l'une à l'autre, puisque l'espace occupé, comme l'avons déjà dit, n'est déterminé que par l'équilibre de la force comprimante avec la force répulsive. L'une de ces deux loix étant donnée, il est aisé de trouver l'autre. NEWTON a le premier fait cette recherche (*liv. II. des Principes, propr.* 23); et c'est d'après lui que nous allons donner le rapport de ces deux loix, ou la loi générale de l'*expansibilité.*

La même quantité de fluide étant supposée, et la condensation inégale, le nombre des particules sera le même dans ces espaces inégaux; et leur distance mesurée d'un centre à l'autre, sera toujours en raison des racines cubiques des espaces; ou, ce qui est la même chose, en raison inverse des racines cubiques des condensations; car la condensation suit la raison inverse des espaces, si la quantité du fluide est la même; et la raison directe des quantités du fluide, si les espaces sont égaux.

Cela posé: soient deux cubes égaux, mais rem-

plis d'un fluide inégalement condensé; la pression qu'exerce le fluide sur chacune des faces
des deux cubes, et qui fait l'équilibre avec
l'action de la force comprimante sur ces mêmes
faces, est égale au nombre des particules qui
agissent immédiatement sur ces faces, multiplié
par la force de chaque particule. Or chaque
particule presse la surface contigue avec la même
force qui lui fait fuir la particule voisine : car ici
Newton suppose que chaque particule agit seulement sur la particule la plus prochaine; il a
soin, à la vérité, d'observer en même tems que
cette supposition ne pourroit avoir lieu , si
l'on regardoit la force répulsive comme une loi
mathématique dont l'action s'étendit à toutes les
distances, ainsi que le fait celle de la pesanteur,
sans être arrêtée par les corps intermédiaires.
Car dans cette hypothèse il faudroit avoir égard
à la force répulsive des particules les plus éloignées, et la force comprimante devroit être plus
considérable pour produire une égale condensation. La force avec laquelle chaque particule
presse la surface du cube , est donc la force même
déterminée par la loi de répulsion, et par la
distance des particules entre elles ; c'est donc
cette force qu'il faut multiplier par le nombre
des particules, pour avoir la pression totale

sur la surface, ou la force comprimante. Or ce nombre, à condensation égale, seroit comme les surfaces; à surfaces égales, il est comme les quarrés des racines cubiques du nombre des particules, ou de la quantité du fluide contenu dans chaque cube, c'est-à-dire, comme les quarrés des racines cubiques des condensations; ou, ce qui est la même chose, en raison inverse du quarré des distances des particules, puisque les distances des particules sont toujours en raison inverse des racines cubiques des condensations. Donc la pression du fluide sur chaque face des deux cubes, la force comprimante, est toujours le produit du quarré des racines cubiques des condensations, ou du quarré inverse de la distance des particules, par la fonction quelconque de la distance, à laquelle la répulsion est proportionnelle.

Donc, si la répulsion suit la raison inverse de la distance des particules, la pression suivra la raison inverse des cubes de ces distances, ou, ce qui est la même chose, la raison directe des condensations. Si la répulsion suit la raison inverse des quarrés des distances, la force comprimante suivra la raison inverse des quatrièmes puissances de ces distances, ou la raison directe des quatrièmes puissances des racines cubiques des condensations, et ainsi dans toute hypothèse ; en ajoutant toujours à l'exposant quelconque n de la distance qui exprime la loi de répulsion, l'exposant du quarré ou le nombre 2.

Et réciproquement pour connoître la loi de la répulsion, il faut toujours diviser la force comprimante par le quarré des racines cubiques des condensations ; ou, ce qui est la même chose, soustraire toujours 2 de l'exposant qui exprime le rapport de la force comprimante à la racine cubique des condensations : car on aura par là le rapport de la répulsion avec les racines cubiques des condensations, et l'on sait que la distance des centres des particules suit la raison inverse de ces racines cubiques.

D'après cette règle, il sera toujours aisé de connoître la loi de la répulsion entre les particules d'un fluide, lorsque l'expérience aura déterminé le rapport de la condensation à la force comprimante : ainsi les particules de l'air, dont on sait que la condensation est proportionnelle au poids qui le comprime (*voyez* AIR), se fuient avec une force qui suit la raison inverse de leurs distances.

Il y a pourtant une restriction nécessaire à mettre à cette loi ; c'est qu'elle ne peut avoir lieu que dans une certaine latitude moyenne entre

entre l'extrême compression et l'extrême expansion. L'extrême compression a pour bornes le contact, où toute proportion cesse, quoiqu'il y ait encore quelque distance entre les centres des particules. L'expansion, à la vérité, n'a point de bornes mathématiques; mais si elle est l'effet d'une cause mécanique interposée entre les particules du fluide, et dont l'effort tend à les écarter, on ne peut guères supposer que cette cause agisse à toutes les distances; et la plus grande distance à laquelle elle agira sera la borne physique de l'*expansibilité*. Voilà donc deux points où la loi de la répulsion ne s'observe plus du tout : l'un à une distance très-courte du centre des particules, et l'autre à une distance très-éloignée; et il n'y a pas d'apparence que cette loi n'éprouve aucune irrégularité aux approches de l'un ou de l'autre de ces deux termes.

Quant à ce qui concerne le terme de la *compression;* si l'attraction de cohésion a lieu dans les petites distances, comme les phénomènes donnent tout lieu de le croire (*voyez* TUYAUX CAPILLAIRES, RÉFRACTION DE LA LUMIÈRE, COHÉSION, INDURATION, GLACE, CRISTALLISATION DES SELS, RAPPORTS CHIMIQUES); il est évident au premier coup-d'œil que la loi de la répulsion doit commencer à être troublée, dès que les particules en s'approchant atteignent les limites de leur attraction mutuelle, qui agissant dans un sens contraire à la répulsion, en diminue d'abord l'effet et le détruit bientôt entièrement, même avant le contact; parce que croissant dans une proportion plus grande que l'inverse du quarré des distances, tandis que la répulsion n'augmente qu'en raison inverse des distances simples, elle doit bientôt surpasser beaucoup celle-ci. De plus, si, comme nous l'avons supposé, la répulsion est produite par une cause mécanique, interposée entre les particules, et qui fasse également effort sur les deux particules voisines pour les écarter, cet effort ne peut avoir d'autre point d'appui que la surface des particules; les rayons suivant lesquels son activité s'étendra n'auront donc point un centre unique, mais ils partiront de tous les points de cette surface, et les décroissemens de cette activité ne seront relatifs au centre même des particules, que lorsque les distances seront assez grandes pour que leur rapport, avec les dimensions des particules, soit devenu inassignable; et lorsqu'on pourra sans erreur sensible regarder la particule toute entière comme un point. Or, dans la démonstration de la loi de l'*expansibilité*, nous n'avons jamais considéré que les distances entre les centres des particules, puisque nous avons dit qu'elles suivoient la raison inverse des racines cubiques des condensations. La loi de la répulsion, et par conséquent le rapport des condensations avec les forces comprimantes, doivent donc être troublés encore par cette raison, dans le cas où la compression est poussée très-loin. Et je dirai en passant, que si l'on peut porter la condensation de l'air jusqu'à ce degré, il n'est peut-être pas impossible de former, d'après cette idée, des conjectures raisonnables sur la ténuité des parties de l'air, et sur les limites de leur attraction mutuelle.

Quant aux altérations que doit subir la loi de la répulsion aux approches du dernier terme de l'expansion, quelle que soit la cause qui termine l'activité des forces répulsives à un certain degré d'expansion, peut-on supposer qu'une force dont l'activité décroît suivant une progression qui par sa nature n'a point de dernier terme, cesse cependant tout-à-coup d'agir sans que cette progression ait été altérée le moins du monde dans les distances les plus voisines de cette cessation totale? et puisque la physique ne nous montre nulle part de pareils sauts, ne seroit-il pas bien plus dans l'analogie de penser que ce dernier terme a été préparé dès long-tems par une espèce de correction à la loi du décroissement de la force; correction qui la modifie peut-être à quelque distance qu'elle agisse, et qui fait de la loi des décroissemens une loi complexe, formée de deux, ou même de plusieurs progressions différentes, tellement inégales dans leur marche, que la partie de la force qui suit la raison inverse des distances, surpasse incomparablement, dans toutes les distances moyennes, les forces réglées par les autres loix, dont l'effet sera insensible alors ; et qu'au contraire ces dernières l'emportent dans les distances extrêmes, et peut-être aussi dans les extrêmes proximités?

Les observations prouvent effectivement que la loi des condensations proportionnelles au poids dont l'air est chargé, cesse d'avoir lieu dans les degrés extrêmes de compression et d'expansion. On peut consulter là-dessus les Physiciens qui ont fait beaucoup d'expériences sur la compression de l'air, et ceux qui ont travaillé sur les rapports des hauteurs du baromètre à la hauteur des montagnes. (*Voyez* AIR, MACHINE PNEUMATIQUE *et* BAROMÊTRE). On a de plus remarqué avec raison, à *l'article* ATMOSPHÈRE, que si les condensations de l'air étoient exactement proportionnelles aux poids qui le compriment, la hauteur de l'atmosphère devroit être infinie; ce qui ne sauroit s'accorder avec les phénomènes. (*Voyez* ATMOSPHÈRE).

Quelle que soit la loi suivant laquelle les parties d'un corps expansible se repoussent les unes les autres, c'est une suite de cette répulsion que ce corps forcé par la compression à occuper un espace moindre, se rétablisse dans son premier état, quand la compression cesse, avec une force égale à la force comprimante. Un corps expansible est donc élastique par cela même (*voyez* ÉLASTICITÉ), mais tout corps élastique n'est pas pour cela expansible; témoin une lame d'acier. L'*élasticité* est donc le genre. L'*expansibilité* et *le ressort* sont deux espèces. Ce qui les caractérise essentiellement, c'est que le corps expansible tend toujours à s'étendre, et n'est retenu que par des obstacles étrangers : le corps à ressort ne tend qu'à se rétablir dans un état déterminé. La force comprimante est dans le premier un obstacle au mouvement, et dans l'autre un obstacle au repos. Je donne le nom de *ressort* à une espèce particulière d'élasticité, quoique les physiciens ayent jusqu'ici employé ces deux mots indifféremment l'un pour l'autre, et qu'ils ayent dit le *ressort de l'air*

et l'*élasticité d'un arc;* et je choisis, pour nommer l'espèce, le mot de *ressort*, plus populaire que celui d'*élasticité*, quoique en général, quand de deux mots jusques-là synonymes,
ou paroissant tels, on veut restreindre l'un à
une signification particulière, on doive faire
attention à conserver au genre le nom dont
l'usage est le plus commun, et à désigner l'espèce par le mot scientifique (*voyez* SYNONYMES).
Mais dans cette occasion, il se trouve que le
nom de *ressort* n'a jamais été donné par le
peuple, qu'aux corps auxquels je veux en limiter l'application, parce que le peuple ne connoît guères ni l'*expansibilité*, ni l'*élasticité* de
l'air : en sorte que les savans seuls ont ici confondu deux idées sous les mêmes dénominations.
Or le mot d'*élasticité* est le plus familier aux
savans.

Il est d'autant plus nécessaire de distinguer
ces deux espèces d'élasticité, qu'à la réserve
d'un petit nombre d'effets, elles n'ont presque
rien de commun, et que la confusion de deux
choses aussi différentes, ne pourroit manquer
d'engager les physiciens qui voudroient chercher la cause de l'élasticité en général, dans
un labyrinthe d'erreurs et d'obscurités. En effet,
l'*expansibilité* est produite par une cause qui

tend à écarter les unes des autres les parties
des corps ; dès-lors elle ne peut appartenir qu'à
des corps actuellement fluides , et son action
s'étend à toutes les distances , sans pouvoir être
bornée que par la cessation absolue de la cause
qui l'a produite. Le ressort , au contraire, est
l'effet d'une force qui tend à rapprocher les
parties des corps écartées les unes des autres :
il ne peut appartenir qu'à des corps durs ; et
nous montrerons ailleurs qu'il est une suite nécessaire de la cause qui les constitue dans l'état
de dureté. (*Voyez* GLACE , INDURATION *et*
RESSORT.) Par cela même que cette cause tend
à rapprocher les parties des corps , la nature des
choses établit pour bornes de son action le contact de ces parties, et elle cesse de produire
aucun effet sensible , précisément lorsqu'elle est
la plus forte.

On pourroit pousser plus loin ce parallèle ;
mais il nous suffit d'avoir montré que l'*expansibilité* est une espèce particulière d'élasticité,
qui n'a presque rien de commun avec le ressort.
J'observerai seulement qu'il n'y a et ne peut
y avoir dans la nature que ces deux espèces
d'élasticité ; parce que les parties d'un corps,
considérées les unes par rapport aux autres ,
ne peuvent se rétablir dans leurs anciennes si-

tuations, qu'en s'approchant ou en s'éloignant
mutuellement. Il est vrai que la tendance qu'ont
les parties d'un fluide pesant à se mettre au niveau, les rétablit aussi dans leur premier état lorsqu'elles ont perdu ce niveau ; mais ce rétablissement est moins un changement d'état du
fluide et un retour des parties dans leur ancienne situation respective, qu'un transport local d'une certaine quantité de parties du fluide
en masse par l'effet de la pesanteur; transport
absolument analogue au mouvement d'une balance qui se met en équilibre. Or , quoique ce
mouvement ait aussi des loix qui lui sont communes avec les mouvemens des corps élastiques,
ou plutôt avec tous les mouvemens produits par
une tendance quelconque (*voyez* TENDANCE),
il n'a jamais été compris sous le nom d'*élasticité* , parce que ce dernier mot n'a jamais
été entendu que du rétablissement de la situation respective des parties d'un corps , et non
du retour local d'un corps entier dans la place
qu'il avoit occupée.

L'*expansibilité* ou la force par laquelle les
parties des fluides expansibles se repoussent
les unes les autres , est le principe des loix qui
s'observent , soit dans la retardation du mouvement des corps qui traversent des milieux

élastiques, soit dans la naissance et la transmission du mouvement vibratoire excité dans ces mêmes milieux. La recherche de ces loix n'appartient point à cet article. (*Voyez* RÉSISTANCE DES FLUIDES *et* SON).

*De l'*EXPANSIBILITÉ *considérée physiquement; des substances auxquelles elle appartient; des causes qui la produisent ou qui l'augmentent.*

L'*expansibilité* appartient à l'air (*voyez* AIR); elle appartient aussi à tous les corps dans l'état de vapeurs (*voyez* VAPEUR): ainsi l'esprit-de-vin, le mercure, les acides les plus pesans, et un très-grand nombre de liquides très-différens par leur nature et leur gravité spécifique, peuvent cesser d'être incompressibles, acquérir la propriété de s'étendre comme l'air en tout sens et sans bornes, de soutenir comme lui le mercure dans le baromètre, et de vaincre des résistances et des poids énormes (*voyez* EX-PLOSION *et* POMPE A FEU). Plusieurs corps solides même, après avoir été liquéfiés par la chaleur, sont susceptibles d'acquérir aussi l'état de vapeur et d'*expansibilité*, si l'on pousse la chaleur plus loin : tels sont le soufre, le cinabre plus pesant encore que le soufre, et beau-

coup d'autres corps. Il en est même très-peu
qui, si on augmente toujours la chaleur, ne
deviennent à la fin expansibles, soit en tout,
soit en partie : car dans la pluspart des mixtes,
une partie des principes devenus expansibles
à un certain degré de chaleur, abandonne les
autres principes, tandis que ceux-ci restent
fixes, soit qu'ils ne soient pas susceptibles d'*ex-*
pansibilité, soit qu'ils ayent besoin pour l'acquérir d'un degré de chaleur plus considérable.

L'énumération des différens corps expansibles, et l'examen des circonstances dans lesquelles ils acquièrent cette propriété, nous présentent plusieurs faits généraux.

Premièrement, de tous les corps qui nous
sont connus (car je ne parle point ici des fluides
électrique et magnétique, ni de l'élément de
la chaleur ou *éther* dont la nature est trop
ignorée), l'air est le seul auquel l'*expansibi-*
lité paroisse au premier coup-d'œil appartenir
constamment ; et cette propriété, dans tous les
autres corps, paroît moins une qualité attachée
à leur substance, et un caractère particulier
de leur nature, qu'un état accidentel et dépendant de circonstances étrangères.

Secondement, tous les corps, qui de solides
ou liquides deviennent expansibles, ne le de-

viennent que lorsqu'on leur applique un certain degré de chaleur.

Troisièmement, il est très-peu de corps qui ne deviennent expansibles à quelque degré de chaleur; mais ce degré n'est pas le même pour les différens corps.

Quatrièmement, aucun corps solide ne devient expansible par la chaleur, sans avoir auparavant passé par l'état de liquidité.

Cinquièmement, c'est une observation constante, que le degré de chaleur auquel une substance particulière devient expansible, est un point fixe, et qui ne varie jamais lorsque la force qui presse la surface du liquide n'éprouve aucune variation. Ainsi le terme de l'*eau bouillante*, qui n'est autre que le degré de chaleur nécessaire pour la *vaporisation de l'eau* (*voyez* le *Mémoire* de M. l'abbé NOLLET *sur le bouillonnement des liquides*, Mémoires de l'Académie des Sciences, 1748), reste toujours le même, lorsque l'air comprime également la surface de l'eau.

Sixièmement, si l'on examine les effets de l'application successive de différens degrés de température à une même substance, telle par exemple que l'eau, on la verra d'abord, si le degré de la température est au-dessous du terme de

zéro du thermomètre de Réaumur, dans un état
de glace ou de solidité. Quand le thermomètre
monte au-dessus de zéro, cette glace fond et
devient un liquide. Ce liquide augmente de
volume comme la liqueur du thermomètre elle-
même, à mesure que la chaleur augmente, et
cette augmentation a pour terme la dissipation
même de l'eau, qui, réduite en vapeur, fait
effort en tout sens pour s'étendre, et brise souvent les vaisseaux où elle se trouve resserrée.
Alors si la chaleur reçoit de nouveaux accrois-
semens, la force d'expansion augmentera encore, et la vapeur comprimée par la même
force occupera un plus grand espace. — Ainsi
l'eau appliquée successivement à tous les degrés
de température connus, passe successivement
par les trois états de corps solide (*voyez* GLACE),
de liquide (*voyez* LIQUIDE), et de vapeur ou
corps expansible (*voyez* VAPEUR). Chacun des
passages d'un de ces états à l'autre, répond à
une époque fixe dans la succession des différentes nuances de température; les intervalles
d'une époque à l'autre ne sont remplis que par
de simples augmentations de volume; mais à
chacune de ces époques, la progression des
augmentations du volume s'arrête pour changer
de loix, et pour recommencer une marche re-

lative à la nature nouvelle que le corps semble avoir revêtue.

Septièmement, si de la considération d'un seul corps, et des changemens successifs qu'il éprouve par l'application de tous les degrés de la température, nous passons à la considération de tous les corps comparés entre eux et appliqués aux mêmes degrés de température, nous en recueillons qu'à chacun de ces degrés répond, dans chacun des corps, un des trois états de solide, de liquide, ou de vapeur, et dans ces états, un volume déterminé ; qu'on peut ainsi regarder tous les corps de la nature comme autant de thermomètres dont tous les états et les volumes possibles marquent un certain degré de chaleur ; que ces thermomètres sont construits sur une infinité d'échelles et suivent des marches entièrement différentes ; mais qu'on peut toujours rapporter ces échelles les unes aux autres, par le moyen des observations qui nous apprennent que tel état d'un corps et tel autre état d'un autre corps, répondent au même degré de chaleur ; en sorte que le degré qui augmente le volume de certains solides, en convertit d'autres en liquides, augmente seulement le volume d'autres liquides, rend expansibles des corps qui n'étoient que dans l'état de liquidité, et augmente l'*expansibilité* des fluides déjà expansibles.

Il résulte de ces derniers faits, que la chaleur rend fluides des corps qui, sans son action, seroient restés solides ; qu'elle rend expansibles des corps qui resteroient simplement liquides, si son action étoit moindre ; et qu'elle augmente le volume de tous les corps tant solides, que liquides et expansibles. Dans quelque état que soient les corps, c'est donc un fait général que la chaleur tend à en écarter les parties, et que les augmentations de leur volume, leur fusion et leur *vaporisation* ne sont que des nuances de l'action de cette cause, appliquée sans cesse à tous les corps, mais dans des degrés variables. Cette tendance ne produit pas les mêmes effets sensibles dans tous les corps ; il faut en conclure qu'elle est inégalement contrebalancée par l'action de forces qui en retiennent les parties les unes près des autres, et qui constituent leur dureté ou leur liquidité, lorsqu'elles ne sont pas entièrement surpassées par la répulsion que produit la chaleur. Je n'examine point ici quelle est cette force, ni comment elle varie dans tous les corps (*voyez* GLACE *et* INDURATION). Il me suffit qu'on puisse toujours la regarder comme une quantité d'action, comparable à la répulsion dans chaque distance déterminée des particules entre elles, et agissant dans une direction contraire.

Cette théorie a toute l'évidence d'un fait, si on ne veut l'appliquer qu'aux corps qui passent sous nos yeux d'un état à l'autre ; nous ne pouvons douter que leur *expansibilité*, ou la répulsion de leurs parties, ne soit produite par la chaleur, et par conséquent par une cause mécanique au sens des Cartésiens, c'est-à-dire, dépendante des loix de l'impulsion, puisque la chaleur qui n'est jamais produite originairement que par la chute des rayons de lumière, ou par un frottement rapide, ou par des agitations violentes dans les parties internes des corps, a toujours pour cause un mouvement actuel. Il est encore évident que la même théorie peut s'appliquer également à l'*expansibilité* du seul corps que nous ne voyons jamais privé de cette propriété, je veux dire de l'air. L'analogie qui nous porte à expliquer toujours les effets semblables par des causes semblables, donne à cette idée l'apparence la plus séduisante ; mais l'analogie est quelquefois trompeuse ; les explications qu'elle nous présente ont besoin, pour sortir du rang des simples hypothèses, d'être développées, afin que le nombre et la force des induc-

tions suppléent au défaut de preuves directes.
Nous allons donc détailler les raisons qui nous
persuadent que l'*expansibilité* de l'air n'a pas
d'autre cause que celle des vapeurs, c'est-à-dire,
la chaleur ; que l'air ne diffère de l'eau à cet
égard, qu'en ce que le degré qui réduit les vapeurs acqueuses en eau, et même en glace, ne
suffit pas pour faire perdre à l'air son *expansibilité ;* et qu'ainsi l'air est un corps que le
plus petit degré de chaleur connu met dans l'état
de vapeur : comme l'eau est un fluide que le
plus petit degré de chaleur connu au-dessus du
terme de la glace, met dans l'état de fluidité,
et que le degré de l'ébulition met dans l'état
d'*expansibilité.*

Il n'est pas difficile de prouver que l'*expansibilité* de l'air ou la répulsion de ses parties,
est produite par une cause mécanique, dont
l'effort tend à *écarter* chaque particule voisine,
et non par une force mathématique inhérente
à chacune d'elles, qui tendroit à les *éloigner*
toutes les unes des autres, comme l'attraction
tend à les rapprocher, soit en vertu de quelque propriété inconnue de la matière, soit en
vertu des loix primitives du Créateur : en effet,
si l'attraction est un fait démontré en physique,
comme nous nous croyons en droit de le supposer,

poser, il est impossible que les parties de l'air
se repoussent par une force inhérente et mathématique. C'est un fait que les corps s'attirent à
des distances auxquelles jusqu'à présent on ne
connoît point de bornes; Saturne et les comètes,
en tournant autour du Soleil, obéissent à la loi
de l'attraction : le Soleil les attire en raison inverse du quarré des distances; ce qui est vrai
du Soleil, est vrai des plus petites parties du
Soleil, dont chacune pour sa part, et propor-
tionnellement à sa masse, attire aussi Saturne
suivant la même loi. Les autres planètes, leurs
plus petites parties et les particules de notre
air, sont douées d'une force attractive semblable qui, dans les distances éloignées, surpasse tellement toute force agissante suivant
une autre loi, qu'elle entre seule dans le calcul
des mouvemens de tous les corps célestes. Or
il est évident que si les parties de l'air se re-
poussoient par une force mathématique, l'attraction bien loin d'être la force dominante
dans les espaces célestes, seroit au contraire
prodigieusement surpassée par la répulsion ;
car c'est un point de fait, que dans la distance
actuelle qui se trouve entre les parties de l'air,
leur répulsion surpasse incomparablement leur
attraction. C'est encore un fait que les conden-

sations de l'air sont proportionnelles aux poids,
que par conséquent la répulsion des particules décroît en raison inverse des distances,
et même, comme NEWTON l'a remarqué, dans
une raison beaucoup moindre, si c'est une loi
purement mathématique. Donc les décroissemens de l'attraction sont bien plus rapides,
puisqu'ils suivent la raison inverse du quarré
des distances ; donc si la répulsion a commencé
à surpasser l'attraction, elle continuera de la
surpasser d'autant plus que la distance deviendra plus grande; donc si la répulsion des parties de l'air étoit une force mathématique, cette
force agiroit à plus forte raison à la distance
des planètes.

On n'a pas même la ressource de supposer
que les particules de l'air sont des corps d'une
nature différente des autres, et assujettie à d'autres loix ; car l'expérience nous apprend que
l'air a une pesanteur propre; qu'il obéit à la
même loi qui précipite les autres corps sur la
terre, et qu'il fait équilibre avec eux dans la
balance. (*Voyez* AIR.) La répulsion des parties
de l'air a donc une cause mécanique, dont
l'effort suit la raison inverse de leurs distances:
or l'exemple des autres corps rendus expansibles par la chaleur, nous montre dans la na-

ture une cause mécanique d'une répulsion toute semblable. Cette cause est sans cesse appliquée à l'air ; son effet sur l'air, sensiblement analogue à celui qu'elle produit sur les autres corps, est précisément l'augmentation de cette force *d'expansibilité* ou de répulsion que nous cherchons à connoître ; et de plus, cette augmentation de force est exactement assujettie aux mêmes loix que suivoit la force avant que d'être augmentée. Il est certain que l'application d'un degré de chaleur plus considérable à une masse d'air, augmente son *expansibilité;* cependant les Physiciens qui ont comparé les condensations de l'air aux poids qui les compriment, ont toujours trouvé ces deux choses exactement proportionnelles ; quoiqu'ils n'aient eu dans leurs expériences aucun égard au degré de chaleur, et quel qu'ait été ce degré. Lorsque M. *Amontons* s'est assuré (*Mém. de l'Académie des Sciences,* 1702), que deux masses d'air chargées dans le rapport d'un à deux, soutiendroient, si on leur appliquoit un égal degré de chaleur, des poids qui seroient encore dans le rapport d'un à deux; ce n'étoit pas, comme on le dit alors, une nouvelle propriété de l'air qu'il découvroit aux Physiciens; il prouvoit seulement que la loi des condensations proportionnelles aux poids, avoit lieu dans tous les degrés de chaleur; et que par conséquent, l'accroissement qui survient par la chaleur à la répulsion, suit toujours la raison inverse des distances.

Si nous regardons maintenant la répulsion totale qui répond au plus grand degré de chaleur connu, comme une quantité formée par l'addition d'un certain nombre de parties a, b, c, d, e, f, g, h, i, etc., qui soit le même dans toutes les distances, il est clair que chaque partie de la répulsion croît et décroît en même raison que la répulsion totale, c'est-à-dire, en raison inverse des distances, que chacun des termes sera $\frac{a}{d}$, $\frac{b}{d}$, $\frac{c}{d}$, etc.; or il est certain qu'une partie de ces termes, dont la somme est égale à la différence de la répulsion du plus grand froid au plus grand chaud connus, répondent à autant de degrés de chaleur; ce seront, si l'on veut, les termes a, b, c. Or comme le dernier froid connu peut certainement être encore fort augmenté, je demande si, en supposant qu'il survienne un nouveau degré de froid, la somme des termes qui composent la répulsion totale, ne sera pas encore diminuée de la quantité $\frac{f}{d}$, et successivement par de nouveaux degrés de froid

des quantités $\frac{g}{d}$ et $\frac{h}{d}$? Je demande à quel terme
s'arrêtera cette diminution de la force répul-
sive, toujours correspondante à une certaine
diminution de la chaleur, et toujours assujettie
à la loi des distances inverses, comme la partie
de la force qui subsiste après la diminution?
Je demande en quoi les termes g, h, i, diffèrent des termes a, b, c? pourquoi différentes
parties de la force répulsive, égales en quantité, et réglées par la même loi, seroient attribuées à des causes d'une nature différente? et
par quelle rencontre fortuite des causes entièrement différentes produiroient sur le même
corps des effets entièrement semblables et as-
sujettis à la même loi? Conclure de ces réflexions, que l'*expansibilité* de l'air n'a pas
d'autre cause que la chaleur, ce n'est pas seulement appliquer à l'*expansibilité* d'une substance la cause qui rend une autre substance
expansible; c'est suivre une analogie plus rapprochée; c'est dire que les causes de deux
effets de même nature, et qui ne diffèrent que
du plus au moins, ne sont aussi que la même
cause dans un degré différent. Prétendre au
contraire que l'*expansibilité* est essentielle à
l'air, parce que le plus grand froid que nous
connoissons ne peut la lui faire perdre, c'est

ressembler à ces peuples de la Zône torride,
qui croient que l'eau ne peut cesser d'être
fluide, parce qu'ils n'ont jamais éprouvé le degré de froid qui la convertit en glace.

Il y a plus : l'expérience met tous les jours
sous les yeux des Physiciens, de l'air qui n'est
en aucune manière expansible. C'est cet air
que les Chimistes ont démontré dans une infinité de corps, soit liquides, soit durs, qui a
contracté avec leurs élémens une véritable
union; qui entre comme un principe essentiel
dans la combinaison de plusieurs mixtes, et
qui s'en dégage, ou par des décompositions et
des combinaisons nouvelles dans les fermenta-
tions et les mélanges chimiques, ou par la violence du feu. Cet air ainsi retenu dans les corps
les plus durs et privé de toute *expansibilité*,
n'est-il pas précisément dans le cas de l'eau qui
combinée dans les corps n'est plus fluide, et
cesse d'être expansible à des degrés de chaleur
très-supérieurs au degré de l'eau bouillante,
comme l'air cesse de l'être à des degrés de
chaleur très-supérieurs à celle de l'atmosphère?
Qu'au degré de chaleur de l'eau bouillante, l'eau
soit dégagée des autres principes par de nouvelles combinaisons, elle passera immédiatement à l'état d'*expansibilité* : de même, l'air

dégagé et rendu à lui-même dans la décomposition des mixtes, n'a besoin que du plus petit
degré de chaleur connu pour devenir expansible : il le deviendra encore , sans l'application
d'un intermède chimique, par l'effet de la seule
chaleur, lorsqu'elle sera assez forte pour vaincre
l'union qu'il a contractée avec les principes du
mixte : c'est précisément de la même manière
que l'eau dans la distillation se sépare des principes avec lesquels elle est combinée, parce que
malgré son union avec eux, elle est encore réduite en vapeurs par un degré de chaleur bien
inférieur à celui qui pourroit vaporiser les
autres principes. Or dans l'un et dans l'autre
phénomène, c'est également la chaleur qui donne
à l'eau et à l'air toute leur *expansibilité*, et il
n'y a aucune différence que dans le degré de
chaleur qui vaporise l'une et l'autre substance :
degré qui dépend bien moins de leur nature
particulière, que de l'obstacle qu'oppose à
l'action de la chaleur l'union qu'elles ont contractée avec les autres principes , en sorte que
presque toujours, l'air consolidé a besoin, pour
redevenir expansible, d'un degré de chaleur
fort supérieur à celui qui *vaporise* l'eau.

Il résulte de ces faits : 1°. que l'air perd
son *expansibilité* par son union avec d'autres

corps, comme l'eau perd, dans le même cas, son *expansibilité* et sa liquidité; 2°. qu'ainsi, ni l'*expansibilité*, ni la fluidité n'appartiennent aux élémens de ces deux substances, mais seulement à la masse ou à l'aggrégation formée de la réunion de ces élémens, comme l'a remarqué M. *Venel* dans son Mémoire sur l'analyse des eaux de Selters (*Mém. des Correspond. de l'Acad. des Sciences, tome II*); 3°. que la chaleur donne également à ces deux substances l'*expansibilité*, par laquelle leur union avec les principes des mixtes est rompue; 4°. enfin, que l'analogie entre l'*expansibilité* de l'air et celle de l'eau, est complette à tous égards; que par conséquent, nous avons eu raison de regarder l'air comme un fluide actuellement dans l'état de vapeur, et qui n'a besoin, pour y persévérer, que d'un degré de chaleur fort au-dessous du plus grand froid connu.

Si je me suis un peu étendu sur cette matière, c'est afin de porter le dernier coup à ces suppositons gratuites de corpuscules branchues, de lames spirales, dont on composoit notre air; et afin de substituer à ces rêveries, honorées si mal à propos du nom de *mécanisme*, une théorie simple qui rappelle tous les phénomènes de l'*expansibilité* dans différentes substances, à ce seul fait général, que la chaleur tend à écarter les unes des autres les parties de tous les corps.

Je n'entreprends point d'expliquer ici la nature de la chaleur, ni la manière dont elle agit : le peu que nous savons sur l'élément qui paroît être le milieu de la chaleur, appartient à d'autres articles. (*Voyez* CHALEUR, FEU, FROID, TEMPÉRATURE.) Nous ignorons si cet élément est ou n'est pas lui-même un fluide expansible, et quelles pourroient être en ce dernier cas les causes de son *expansibilité*, car je n'ai prétendu assigner la cause de cette propriété, que dans les corps où elle est sensible pour nous. Quant à ces fluides qui se dérobent à nos sens, et dont l'existence n'est constatée que par leurs effets, comme le fluide magnétique, et l'élément même de la chaleur, nous connoissons trop peu leur nature pour pouvoir en parler autrement que par des conjectures; à la vérité, ces conjectures semblent nous conduire à penser qu'au moins le fluide électrique est éminemment expansible. (*Voyez les articles* FEU ÉLECTRIQUE, MAGNÉTISME, ETHER *et* TEMPÉRATURE.)

Quoique l'*expansibilité* des vapeurs et de l'air, doive être attribuée à la chaleur comme à sa véritable cause, ainsi que nous l'avons

prouvé, l'expérience nous montre une autre
cause capable, comme la chaleur, d'écarter
les parties d'un corps, de produire une véritable répulsion, et d'augmenter du moins
l'*expansibilité*, si elle ne suffit pas seule pour
donner aux corps cette propriété ; ce qui ne
paroît effectivement point par l'expérience. Je
veux parler de l'électricité : on sait que deux
corps également électrisés se repoussent mutuellement, et qu'ainsi un système de corps
électriques fourniroit un tout expansible : on
sait que l'eau électrisée sort par un jet continu
de la branche capillaire d'un syphon, d'où elle
ne tomboit auparavant que goutte à goutte ;
l'électricité augmente donc la fluidité des li-
queurs, et diminue l'attraction de leurs parties,
puisque c'est par cette attraction que l'eau se
soutient dans les tuyaux capillaires. (*Voyez*
Tuyaux capillaires.) On ne peut donc douter que l'électricité ne soit une cause de répulsion entre les parties de certains corps, et
qu'elle ne soit capable de produire un certain
degré d'*expansibilité ;* soit qu'on lui attribue
une action particulière, indépendante de celle
du fluide de la chaleur, soit qu'on imagine,
ce qui est peut-être plus vraisemblable, qu'elle
produit cette répulsion par l'*expansibilité* que le

fluide électrique reçoit lui-même du fluide de la chaleur, comme les autres corps de la nature.

Plusieurs personnes seront peut-être étonnées de me voir distinguer ici la répulsion produite par l'électricité, de celle dont la chaleur est la véritable cause; et peut-être regarderont-elles cette ressemblance dans les effets de l'une et de l'autre, comme une nouvelle preuve de l'identité qu'elles imaginent entre le fluide électrique et le fluide de la chaleur, qu'elles confondent très-mal à propos avec le feu, avec la matière du feu, et avec la lumière, toutes choses cependant très-différentes. (*Voyez* FEU, LUMIÈRE *et* PHLOGISTIQUE.) Mais rien n'est plus mal fondé que cette identité prétendue entre le fluide électrique et l'élément de la chaleur. Indépendamment de la diversité des effets, il suffit pour se convaincre que l'un de ces élémens est très-distingué de l'autre, de faire réflexion que le fluide de la chaleur pénètre toutes les substances, et se met en équilibre dans tous les corps, qui se la communiquent tous réciproquement les uns par les autres, sans que jamais cette communication puisse être interrompue par aucun obstacle. Le fluide électrique, au contraire, reste accumulé dans les corps électrisés et autour de leur surface, s'ils ne sont

environnés que des corps qu'on a appellés *électriques* par eux-mêmes, c'est-à-dire, qui ne
transmettent pas l'électricité, du moins de la
même manière que les autres corps. Comme
l'air est de ce nombre, le fluide électrique a
besoin, pour se porter d'un corps dans un autre,
et s'y mettre en équilibre, de ce qu'on appelle
un *conducteur* (*voyez* CONDUCTEUR); et c'est
à la promptitude du rétablissement de l'équilibre, due peut-être à la prodigieuse *expansibilité* de ce fluide, qu'il faut attribuer l'étin-
celle, la commotion, et les autres phénomènes
qui accompagnent le rétablissement subit de la
communication entre le corps électrisé en plus
et le corps électrisé en moins. (*Voyez* ÉLEC-
TRICITÉ *et* COUP FOUDROYANT.) J'ajoute que si
le fluide électrique se communiquoit universellement d'un corps à l'autre, comme le fluide
de la chaleur, ou même s'il traversoit l'air aussi
librement qu'il traverse l'eau, il seroit resté à
jamais inconnu ; le fluide existeroit, mais aucun des phénomènes de l'électricité ne seroit
produit, puisqu'ils se réduisent tous à l'accumulation du fluide électrique aux environs de
certains corps, et à la communication interrompue ou rétablie entre les corps qui peuvent
être pénétrés par ce fluide.

Puisque l'électricité est une cause de répulsion très-différente de la chaleur, il est naturel de se demander si elle agit suivant la même loi de la raison inverse des distances, ou suivant une autre loi. On n'a point encore fait les observations nécessaires pour décider cette question : mais les Physiciens doivent à MM. *Le Roi* et d'*Arcy*, l'instrument qui peut les mettre un jour en état d'y répondre. (*Voyez* ÉLECTROMÈTRE.) L'ingénieuse construction de cet instrument peut servir à donner de très-grandes lumières sur cette partie de la physique ; personne n'est plus capable que les inventeurs de profiter du secours qu'ils ont procuré à tous les Physiciens ; et puisque M. *le Roi* s'est chargé de plusieurs articles de l'Encyclopédie, j'ôse l'inviter à nous donner la solution de ce problême au *mot* RÉPULSION ÉLECTRIQUE.

J'ai dit *qu'il ne paroissoit pas par l'expérience que l'électricité seule pût rendre expansible aucun corps de la nature;* et cela peut sembler étonnant au premier coup-d'œil, vu les prodigieux effets du fluide électrique et l'action tranquille de la chaleur, lors même qu'elle suffit pour mettre en vapeurs des corps assez pesans. Je crois pourtant que cette différence vient de ce que, dans la vérité, la répul-

sion produite par l'électricité est si foible en
comparaison de celle que produit la chaleur,
qu'elle ne peut jamais que diminuer l'adhérence
des parties, mais non la vaincre, et faire passer
le corps, comme le fait la chaleur, de l'état
liquide à celui de corps expansible. On se trom-
peroit beaucoup, si l'on jugeoit des forces absolues d'un de ces fluides pour écarter les parties des corps par la grandeur et la violence
de ses effets apparens : les effets apparens ne
dépendant pas de la force seule, mais de la force
rendue sensible par les obstacles qu'elle a ren-
contrés. J'ai déjà remarqué que tous les phénomènes de l'électricité venoient du défaut d'é-
quilibre dans le partage du fluide entre les
différens corps et de son rétablissement subit: or
ce défaut d'équilibre n'existeroit pas si la communication étoit continuelle. La communication
de l'élément de la chaleur se fait sans obstacle
dans tous les corps ; quoiqu'il ne soit pas actuellement en équilibre dans tous, cette rupture d'équilibre est plustôt une agitation inégale,
et tout au plus une condensation plus ou moins
grande dans quelques portions d'un fluide répandu partout, qu'une accumulation forcée d'un
fluide dont l'activité soit retenue par des obstacles impénétrables. L'équilibre d'agitation et

de condensation entre les différentes portions
du fluide de la chaleur, se rétablit de proche
en proche et sans violence; il a besoin de tems,
et n'a besoin que du tems. L'équilibre dans le
partage du fluide électrique entre les différens
corps se rétablit par un mouvement local et par
une espèce de transvasion subite, dont l'effet
est d'autant plus violent, que le fluide étoit
plus inégalement partagé. Cette transvasion ne
peut se faire qu'en supprimant l'obstacle, et
en rétablissant la communication; et dès que
l'obstacle est supprimé, elle se fait dans un
instant inassignable. Enfin le rétablissement de
l'équilibre entre les parties du fluide électrique,
se fait d'une manière analogue à celle dont l'eau
se précipite pour reprendre son niveau lorsqu'on ouvre l'écluse qui la retenoit, et il en a
toute l'impétuosité. Le rétablissement de l'équilibre entre les différentes portions du fluide de
la chaleur, ressemble à la manière dont une
certaine quantité de sel se distribue uniformément dans toutes les portions de l'eau qui le
tient en dissolution, et il en a le caractère lent
et paisible. La prodigieuse activité du fluide
électrique, ne décide donc rien sur la quantité
de répulsion qu'il est capable de produire; et
puisque effectivement l'électricité n'a jamais pu

qu'augmenter un peu la fluidité de l'eau sans jamais la réduire en vapeur, nous devons conclure que la répulsion produite par l'électricité est incomparablement plus foible que celle dont la chaleur est la cause : nous sommes fondés par conséquent à regarder la chaleur comme la vraie cause de l'*expansibilité*, et à définir l'*expansibilité*, considérée physiquement, l'état des corps *vaporisés* par la chaleur.

De l'EXPANSIBILITÉ comparée dans les différentes substances auxquelles elle appartient.

On peu comparer l'*expansibilité* dans les différentes substances sous plusieurs points de vue.

1°. La loi de l'*expansibilité*, ou des décroissemens de la force répulsive dans les différens corps.

2°. Le degré de chaleur où chaque substance commence à devenir expansible.

3°. Le degré d'*expansibilité* des différens corps, c'est-à-dire, le rapport de leur volume à leur masse, au même degré de chaleur.

A l'égard de la loi que suit la répulsion dans les différens corps expansibles, il paroît presque impossible de s'assurer directement par l'expérience,

rience, qu'elle soit dans tous les corps la même que dans l'air. La pluspart des corps expansibles qu'on pourroit soumettre aux expériences, n'acquièrent cette propriété que par un degré de chaleur assez considérable, et rien ne seroit si difficile que d'entretenir cette chaleur au même point, aussi long-tems qu'il le faudroit pour les soumettre à nos expériences.

Si l'on essayoit de les charger successivement, comme l'air, par différentes colonnes de mercure, le refroidissement produit par mille causes et par la seule nécessité de placer le vaisseau sur un support, et d'y appliquer la main ou tout autre corps qui n'auroit point le même degré de chaleur, viendroit se joindre aux poids des colonnes pour condenser la vapeur : or comment démêler la condensation produite par l'action du poids, de la condensation produite par un refroidissement dont on ne connoit point la mesure ? Les vapeurs de l'acide nitreux très-concentré et surchargé de phlogistique, auroient à la vérité cet avantage sur les vapeurs aqueuses, qu'elles pourroient demeurer expansibles à des degrés de chaleur au-dessous même de celle de l'atmosphère dans des jours très-chauds. Mais de quelle manière s'y prendroit-on pour les comprimer dans une proportion connue; puis-

que le mercure, seule matière qu'on pût employer à cet usage, ne pourroit les toucher
sans être dissous avec une violente effervescence qui troubleroit tous les phénomènes de
l'*expansibilité*.

On lit dans les Essais de Physique de *Muss-*
chenbroek (§. 1330), que des vapeurs élastiques produites par la pâte de farine, compri-
mées par un poids double, ont occupé un espace quatre fois moindre. Mais j'avoue que j'ai
peine à concevoir comment ce célèbre Physi-
cien a pu exécuter cette expérience de manière
à la rendre concluante, c'est-à-dire, avec la
précaution nécessaire pour conserver la vapeur,
le vaisseau, les supports du vaisseau, et la force
comprimante, dans un degré de chaleur toujours le même. De plus, on sait que ces mêmes
vapeurs qui s'élèvent des corps en fermentation, sont un mélange d'air dégagé par le mouvement de la fermentation, et d'autres substances volatiles ; souvent ces substances absorbent
de nouveau l'air avec lequel elles s'étoient élevées, et forment par leur union chimique avec
lui un nouveau mixte, dont l'*expansibilité*
peut être beaucoup moindre ou même absolument nulle. (*Voyez les articles* EFFERVES-
CENCE *et* CLYSSUS.) M. *Musschenbroek* n'entre

dans aucun détail sur le procédé qu'il a suivi
dans cette expérience; et je présume qu'il s'est
contenté d'observer le rapport de la compression à l'espace, sans faire attention à toutes les
autres circonstances qui peuvent altérer l'*expansibilité* de la vapeur : car s'il eût tenté d'évaluer ces circonstances, il y eût certainement
trouvé trop de difficultés pour ne pas rendre
compte des moyens qu'il auroit employés pour
les vaincre; peut-être même auroit-il été impossible d'y réussir.

Il est donc très-probable que l'expérience ne
peut nous apprendre si les vapeurs se conden-
sent ou non, comme l'air, en raison des forces
comprimantes, et si leurs particules se repoussent en raison inverse de leurs distances : ainsi
nous sommes réduits, sur cette question, à des
conjectures pour et contre.

D'un côté la chaleur étant, comme nous l'a-
vons prouvé, la cause de l'*expansibilité* de
toutes les substances connues, on ne peut guères
se défendre de croire que cette cause agit dans
tous les corps, suivant la même loi ; d'autant
plus que toutes les différences qui pourroient
résulter des obstacles que la contexture de leurs
parties et les loix de leur adhésion mettroient
à l'action de la chaleur, sont absolument nulles

dès que les corps sont une fois dans l'état de
vapeur : les dernières molécules du corps sont
alors isolées dans le fluide où elles nagent; elles
ne résistent à son action que par leur masse ou
leur figure , qui étant constamment les mêmes,
ne forment point des obstacles variables en raison des distances, et qui ne peuvent par conséquent altérer, par le mélange d'une autre loi,
le rapport de l'action propre de la chaleur avec
la distance des molécules sur lesquelles elle agit.
D'ailleurs l'air sur lequel on a fait des expériences, n'est point un air pur ; il tient toujours
en dissolution une certaine quantité d'eau, et
même d'autres matières , qu'il peut aussi soutenir au moyen de leur union avec l'eau. (*Voyez*
Rosée.) La quantité d'eau, actuellement dissoute par l'air, est toujours relative à son degré
de chaleur. (*Voyez* Evaporation *et* Humidité.) Ainsi la proportion de l'air à l'eau dans
un certain volume d'air , varie continuellement:
cependant cette différente proportion ne change
rien à la loi des condensations , dans quelqu'état
que soit l'air qu'on soumet à l'expérience. Il est
naturel d'en conclure que l'*expansibilité* de
l'eau suit la même loi que celle de l'air ; et que
cette loi est toujours la même , quelle que soit la
nature du corps exposé à l'action de la chaleur.

De l'autre côté, on peut dire que l'eau ainsi élevée et soutenue dans l'air par la simple voie de *vaporisation*, c'est-à-dire, par l'union chimique de ses molécules avec celles de l'air, n'est, à proprement parler, expansible que par l'*expansibilité* propre de l'air, et peut être assujettie à la même loi, sans qu'on puisse rigoureusement en conclure que l'eau, devenue expansible par la *vaporisation* proprement dite, et par une action de la chaleur qui lui seroit appliquée immédiatement, ne suivroit pas des lois différentes. On peut ajouter qu'il y a des corps qui ne se conservent dans l'état d'*expansibilité*, que par des degrés de chaleur très-considérables et très-supérieurs à la chaleur qu'on a jusqu'ici appliquée à l'air. Or, quoique la chaleur, dans un degré médiocre, produise entre les molécules des corps une répulsion qui suit la raison inverse des distances, il est très-possible que la loi de cette répulsion change lorsque la chaleur est poussée à des degrés extrêmes, où son action prend peut-être un nouveau caractère; ce qui donneroit une loi différente pour la répulsion, dans les différens corps.

Aucune des deux opinions n'est appuyée sur des preuves assez certaines, pour prendre un parti. J'avouerai cependant que je penche à croire la loi de répulsion uniforme dans tous les corps. Tous les degrés de chaleur que nous pouvons connoître, sont vraisemblablement bien éloignés des derniers degrés dont elle est susceptible, et dans lesquels seuls nous pouvons supposer que son action souffre quelque changement; et quoique l'uniformité de la loi dans l'air uni à l'eau, quelle que soit la proportion de ces deux substances, ne suffise pas pour en tirer une conséquence rigoureuse, généralement applicable à tous les corps, elle prouve du moins que le corps expansible peut être fort altéré dans la nature et les dimensions de ses molécules, sans que la loi soit en rien dérangée; et c'en est assez pour donner à la proposition générale bien de la probabilité.

Mais si l'on peut avec vraisemblance supposer la même loi d'*expansibilié* pour tous les corps, il s'en faut bien qu'il y ait entre eux la même uniformité par rapport au degré de chaleur dont ils ont besoin pour devenir expansibles. J'ai déjà remarqué plus haut que le commencement de la *vaporisation* des corps, comparé à l'échelle de la chaleur, répondoit toujours au même point pour chaque corps placé dans les mêmes circonstances, et à différens points pour les différens corps; en sorte que si l'on augmente graduel-

lement la chaleur, tous les corps susceptibles de
l'*expansibilité* parviendront successivement à
cet état, dans un ordre toujours le même. On
peut présenter cet ordre, que j'appelle l'*ordre
de la vaporisation des corps*, en dressant,
d'après des observations exactes, une table de
tous ces points fixes, et former ainsi une échelle
de chaleur bien plus étendue que celle de
nos thermomètres. Cette table, qui seroit très-
utile aux progrès de nos connoissances sur la
nature intime des corps, n'est point encore exé-
cutée : mais les physiciens en étudiant le phénomène de l'ébullition des liquides, et les chimistes en décrivant l'ordre des produits dans
les différentes distillations (*voyez* EBULLITION
et DISTILLATION), ont rassemblé assez d'observations pour en extraire les faits généraux
qui doivent former la théorie physique de l'ordre
de *vaporisation* des corps. Voici les faits qui
résultent de leurs observations :

1°. Un même liquide dont la surface est également comprimée, se réduit en vapeur et se
dissipe toujours au même degré de chaleur : de là
la constance du terme de l'eau bouillante. *Voyez*
EBULLITION, et les Mémoires de M. l'Abbé
Nollet.

2°. La *vaporisation* n'a besoin que d'un moin-

dre degré de chaleur, si la surface du liquide
est moins comprimée, comme il arrive dans l'air
raréfié par la machine pneumatique; au contraire,
la *vaporisation* n'a lieu qu'à un plus grand degré
de chaleur, si la pression sur la surface du liquide augmente, comme il arrive dans le *digesteur* ou machine de Papin (*Voyez* DIGESTEUR).
De là l'exacte correspondance entre la variation
légère du terme de l'eau bouillante, et les variations du baromètre.

3°. L'eau qui tient en dissolution des matières
qui ne s'élèvent point au même degré de chaleur
qu'elle, ou même qui ne s'élèvent point du tout,
a besoin d'un plus grand degré de chaleur pour
parvenir au terme de la *vaporisation* ou de l'ébullition. Ainsi pour donner à l'eau bouillante un
plus grand degré de chaleur, on la charge d'une
certaine quantité de sels. (*Voyez* BAIN-MARIE.)

4°. Au contraire, l'eau ou toute autre substance unie à un principe qui demande une
moindre chaleur pour s'élever, s'élève aussi à
un degré de chaleur moindre qu'elle ne s'éle-
veroit sans cette union. Ainsi l'eau unie à la
partie aromatique des plantes, monte à un
moindre degré de chaleur dans la distillation
que l'eau pure ; c'est sur ce principe qu'est fondé
le procédé par lequel on rectifie les eaux et les

esprits aromatiques (*voyez* RECTIFICATION).
Ainsi l'acide nitreux devient d'autant plus volatil, qu'il est plus surchargé de phlogistique; le
même phlogistique uni dans le soufre avec l'acide
vitriolique (1), donne à ce mixte une volatilité
que l'acide vitriolique seul n'a pas.

5°. Les principes qui se séparent des mixtes

---

(1) On ne doit point être surpris de voir M. *Turgot,*
en 1756, raisonner comme tous les Chimistes d'alors,
d'après la supposition de l'existence du *phlogistique,* que
les expériences de *Stahl* avaient rendue si vraisemblable,
et qui a été défendue long-tems par les plus célèbres
des Chimistes actuels, Anglois, François et Allemands,
contre les démonstrations de *Lavoisier.*— M. Turgot a été
des premiers à rendre justice aux découvertes de celui-ci:
et si nous avions eu le bonheur qu'il eût pu présider lui-
même à cette édition de ses Œuvres, il aurait certainement supprimé, corrigé ou expliqué ce qu'il avait écrit
avec toute l'école justement célèbre de *Rouelle,* sur les
propriétés du phlogistique, que l'on regardait comme un
des principaux agens de la Nature. — Mais nous n'avons
pas le droit de lui faire dire ce qu'il n'a point dit, ni
prévoir dans la chimie une révolution que personne ne
prévoyait. Nous devons seulement remarquer qu'il n'était
pas sans quelque doute sur la réalité de ce que l'on croyait
de son tems relativement à la chaleur, et sur la supposition de l'élément qui paraissait lui servir de milieu. *Voyez*
plus haut, page 185.

dans la distillation, en acquérant l'*expansion*
vaporeuse, ont besoin d'un degré de chaleur
beaucoup plus considérable que celui qui suffiroit pour les réduire en vapeurs s'ils étoient
purs et rassemblés en masse ; ainsi dans l'analyse chimique le degré de l'eau bouillante n'en-
lève aux végétaux et aux animaux qu'une eau
surabondante, instrument nécessaire de la végètation et de la nutrition , mais qui n'entre
point dans la combinaison des mixtes dont ils
sont composés. (*Voyez* ANALYSE VÉGÈTALE
et ANIMALE). Ainsi l'air qu'un degré de chaleur très-au-dessous de celui que nous appellons *froid*, rend expansible , est cependant l'un
des derniers principes que le feu sépare de la
mixtion de certains corps.

6°. L'ordre de la *vaporisation* des corps ne
paroît suivre dans aucun rapport l'ordre de
leur pesanteur spécifique.

Qu'on se rappelle maintenant la théorie que
nous avons donnée de l'*expansibilité*. Nous
avons prouvé que la cause de l'*expansibilité*
des corps est une force par laquelle la chaleur tend à écarter leurs molécules les unes
des autres, et que cette force ne diffère que
par le degré de celle qui change l'aggrégation solide en aggrégation fluide , et qui dilate

les parties de tous les corps dont elle ne détruit pas l'aggrégation. Cela posé, le point de *vaporisation* de chaque corps, est celui où la force répulsive produite par la chaleur commence à surpasser les obstacles ou la somme des forces qui retenoient les parties des corps les unes auprès des autres. Ce fait général comprend tous ceux que nous venons de rapporter. En effet, ces forces sont :

1°. La pression exercée sur la surface du fluide par l'atmosphère ou par tout autre corps :

2°. La pesanteur de chaque molécule :

3°. La force d'adhésion ou d'affinité qui l'unit aux molécules voisines , soit que celles-ci soient de la même nature ou d'une nature différente.

Dans l'instant même qui précédoit la *vaporisation* du corps , la chaleur faisoit équilibre avec ces trois forces.

Donc si on augmente l'une de ces forces , soit la force comprimante de l'atmosphère , soit l'union qui retient les parties d'un même corps auprès les unes des autres sous une forme aggrégative , soit l'union chimique qui attache les molécules d'un principe aux molécules d'un autre principe plus fixe , la *vaporisation* n'aura lieu qu'à un degré de chaleur plus grand.

Si la force qui unit deux principes est plus

grande que la force qui tend à les séparer, ils s'éleveront ensemble ; le point de leur *vaporisation* sera relatif à la pesanteur des deux molécules élémentaires unies, et à l'adhérence que les molécules combinées du mixte ont les unes aux autres, adhérence qui leur donne la forme aggrégative ; et comme les molécules du principe le plus volatil sont moins adhérentes entre elles que celles du principe le plus fixe, il doit arriver naturellement qu'en s'interposant entre celles-ci, elles en diminuent l'adhérence ; que l'union aggrégative soit moins forte, et qu'ainsi le terme de *vaporisation* du mixte soit mitoyen entre les termes auxquels chacun des principes pris solitairement commence à s'élever.

Des trois forces dont la somme détermine le degré de chaleur nécessaire à la *vaporisation* de chaque corps, il y en a une, c'est la pesanteur absolue de chaque molécule, qui ne sauroit être appréciée, ni même fort sensible pour nous. Ainsi la pression sur la surface du fluide étant à peu près constante, puisque c'est celle de l'atmosphère, avec lequel il faut toujours que les corps qu'on veut élever par le moyen de la chaleur communiquent actuellement, l'ordre de *vaporisation* des corps doit être principalement relatif à l'union qui attache les unes aux autres

les molécules des corps ; et c'est ce qui est effectivement conforme à l'expérience , comme on
peut le voir à l'*article* DISTILLATION. — Enfin
cet ordre ne doit avoir aucun rapport avec la
pesanteur spécifique des corps , puisque cette
pesanteur n'est dans aucune proportion , ni avec
la pesanteur absolue de chaque molécule, ni avec
la force qui les unit les unes aux autres.

Il suit de cette théorie , que si l'on compare
l'*expansibilité* des corps sous le troisième point
de vue que nous avons annoncé, c'est-à-dire, si
l'on compare le degré d'expansion que chaque
corps reçoit par l'application d'un nouveau degré
de chaleur , et le rapport qui en résultera de son
volume à son poids , cet ordre d'*expansibilité*
des corps , considéré sous ce point de vue , sera
très - différent de l'ordre de leur *vaporisation*.
En effet, aussitôt qu'un corps a acquis l'état d'expansion , les liens de l'union chimique ou aggrégative qui retenoient les molécules , sont entièrement brisés : ces molécules sont hors de la
sphère de leur attraction mutuelle ; et cette dernière force , qui , dans l'ordre de *vaporisation,*
devoit être principalement considérée , est entièrement nulle et n'a aucune part à la détermination
de l'ordre d'*expansibilité*.

La pesanteur propre à chaque molécule devient

donc la seule force qui , jointe à la pression
extérieure , toujours supposée constante , fait
équilibre avec l'action de la chaleur. La résistance
qu'elle lui oppose est seulement un peu modifiée
par la figure de chaque molécule, et par le rapport de sa surface à sa masse, s'il est vrai que
le fluide , auquel nous attribuons l'écartement
produit par la chaleur , agisse sur chaque molécule par voie d'impulsion : or, cette force et la
modification qu'elle peut recevoir n'étant nullement proportionnelles à l'action chimique ou aggrégative des molécules, il est évident que l'ordre
d'*expansibilité* des corps ne doit point suivre
l'ordre de *vaporisation*, et que tel corps qui
demande pour devenir expansible un beaucoup
plus grand degré de chaleur qu'un autre, reçoit
pourtant de l'addition d'un même degré de chaleur une expansion beaucoup plus considérable ;
c'est ce que l'expérience vérifie d'une manière
bien sensible dans la comparaison de l'*expansibilité* de l'eau et de celle de l'air. On suppose
ordinairement que l'eau est environ huit cents
fois plus pesante spécifiquement que l'air : admettant qu'elle le soit mille fois davantage , il
s'ensuit que l'air pris au degré de chaleur commun
de l'atmosphère , et réduit à n'occuper qu'un
espace mille fois plus petit, seroit aussi pesant

que l'eau. Appliquons maintenant à ces deux corps le même degré de chaleur, celui où le verre commence à rougir. Une expérience fort simple rapportée dans les Leçons de Physique de M. l'Abbé *Nollet*, prouve que l'eau, à ce degré de chaleur, occupe un espace quatorze mille fois plus grand. Cette expérience consiste à faire entrer une goutte d'eau dans une boule creuse, garnie d'un tube, dont la capacité soit environ 14,000 fois plus grande que celle de la goutte d'eau, ce qu'on peut connoître aisément par la comparaison des diamètres ; à faire ensuite rougir la boule sur des charbons, et à plonger subitement l'extrêmité du tube dans un vase plein d'eau : cette eau monte et remplit la boule ; ce qui prouve qu'il n'y reste aucun air, et que par conséquent la goutte d'eau en occupoit toute la capacité. Mais, par une expérience toute semblable, on connoît que l'air, au même degré de chaleur qui rougit le verre, n'augmente de volume que dans un rapport de trois à un. Et comme cet air, par son expansion, remplit déjà un volume mille fois plus grand que celui auquel il faudroit le réduire pour le rendre spécifiquement aussi pesant que l'eau, il faut multiplier le nombre de 3, ou, ce qui est la même chose, diviser celui de 14,000 par 1,000 ; ce qui donnera le rapport des volumes de l'eau à celui de l'air; à poids égal, comme 14 à 3 : d'où l'on voit combien l'*expansibilité* du corps le plus difficilement expansible, surpasse celle du corps qui le devient le plus aisément.

L'application de cette partie de notre théorie à l'air et à l'eau, suppose que les particules de l'eau sont beaucoup plus légères que celles de l'air, puisqu'étant les unes et les autres isolées au milieu du fluide de la chaleur, et ne résistant guères à son action que par leur poids, l'expansion de l'eau est si supérieure à celle de l'air. Cette supposition s'accorde parfaitement avec l'extrême différence que nous remarquons entre les deux fluides, par rapport au degré de leur *vaporisation* : les molécules de l'air, beaucoup plus pesantes, s'élèvent beaucoup plustôt que celles de l'eau, parce que leur adhérence mutuelle est bien plus inférieure à celle des parties de l'eau, que leur pesanteur n'est supérieure (2).

_____

(2) Cette théorie est parfaitement confirmée depuis que l'on sait par la belle expérience de LAVOISIER sur la décomposition et la recomposition de l'eau, qu'elle est composée pour environ les quatre cinquièmes d'hydrogène, qui est quatorze fois plus léger que l'air atmosphérique. Mais quel devait être le génie d'un homme qui ne connaissant pas cet élément principal de l'eau, découvroit

Plus

Plus on supposera les parties de l'eau petites et légères, plus le fluide sera divisé sous un poids égal en un grand nombre de molécules ; plus l'élément de la chaleur, interposé entre elles, agira sur un grand nombre de parties ; plus son action s'appliquera sur une grande surface, les poids qu'il aura à soulever restant les mêmes, et par conséquent plus l'*expansibilité* sera considérable. Mais il ne s'ensuit nullement de là, que le corps ait besoin d'un moindre degré de chaleur pour être rendu expansible. Si l'on admet, avec NEWTON, une force attractive qui suive la raison inverse du cube des distances, comme il est démontré que cette attraction ne seroit sensible qu'à des distances très-petites, et qu'elle seroit infinie au point de contact ; il est évident, 1°. que l'adhérence résultante de cette attraction est en partie relative à l'étendue des surfaces par lesquelles les molécules attirées peuvent se toucher, puisque le nombre des points de contact est en raison des surfaces touchantes : 2°. que moins le centre de gravité est éloigné des surfaces, plus l'adhésion est forte. En effet, cette attraction, qui est infinie au point de contact, ne peut jamais

___

si bien les causes de sa grande expansibilité, et raisonnait si juste sur ses effets ! (*Note de l'Editeur.*)

produire qu'une force finie, parce que la surface
touchante n'est véritablement qu'un infiniment
petit; la molécule entière est par rapport à elle
un infini, dans lequel la force se partage en raison de l'inertie du tout. Si cette molécule gros-
sissoit jusqu'à un certain point, il est évident
que tout ce qui se trouveroit hors des limites
de la sphère sensible de l'attraction cubique,
seroit une surcharge à soutenir pour celle-ci, et
pourroit en rendre l'effet nul : si au contraire la
molécule se trouve toute entière dans la sphère
d'attraction, toutes ses parties contribueront à
en augmenter l'effet ; et plus le centre de gravité
sera proche du contact, moins cette force qui
s'exerce au contact sera diminuée par la force
d'inertie des parties de la molécule les plus éloignées. Or, plus les molécules dont un corps est
formé seront supposées petites, moins le centre
de gravité de chaque molécule sera éloigné de
leur surface ; et plus elles auront de superficie,
relativement à leur masse.

Concluons que la petitesse des parties doit
d'abord retarder la *vaporisation* ; puis augmenter
l'*expansibilité* , quand une fois les corps sont
dans l'état de *vapeur.*

Je ne dois pas omettre une conséquence de
cette théorie sur l'ordre d'*expansibilité* des

corps, comparé à l'ordre de leur *vaporisation* :
c'est qu'un degré de chaleur qui ne suffiroit pas
pour rendre un corps expansible, peut suffire
pour le maintenir dans l'état d'*expansibilité*.
En effet, je suppose qu'un ballon de verre ne
soit rempli que d'eau en vapeur, et qu'on plonge
ce ballon dans de l'eau froide : comme le froid
n'a point une force positive pour rapprocher
les parties des corps (*voyez* FROID), il en
doit être de cette eau comme de l'air, qui,
lorsqu'il ne communique point avec l'atmosphère, n'éprouve aucune condensation en se
refroidissant. L'attraction des parties de l'eau ne
peut tendre à les rapprocher, puisqu'elles ne
sont point placées dans la sphère de leur action
mutuelle : leur pesanteur, beaucoup moindre
que celle des parties de l'air, ne doit pas avoir
plus de force pour vaincre l'effort d'un degré
de chaleur, que l'air soutient sans se condenser.
La pression extérieure est nulle ; l'eau doit donc
rester en état de *vapeur* dans le ballon, quoique
beaucoup plus froide que l'eau bouillante, ou
du moins elle ne doit perdre cet état que lentement et peu à peu, à mesure que les molécules
qui touchent immédiatement au verre adhèrent
à sa surface refroidie, et s'y réunissent avec les
molécules qui leur sont contiguës, et ainsi suc-

cessivement, parce que toutes les molécules ;
par leur *expansibilité* même, s'approcheront
ainsi les unes après les autres de la surface du
ballon, jusqu'à ce qu'elles soient toutes conden-
sées. — Il est cependant vrai que dans nos expériences ordinaires, dès que la chaleur est au-
dessus du degré de l'eau bouillante, les vapeurs
aqueuses redeviennent de l'eau ; mais cela n'est
pas étonnant, puisque la pression de l'atmosphère agit toujours sur elles pour les rapprocher,
et les remet par là dans la sphère de leur action
mutuelle, quand l'obstacle de la chaleur ne subsiste plus.

On voit par là combien se trompent ceux qui
s'imaginent que l'humidité qu'on voit s'attacher
autour d'un verre plein d'une liqueur glacée,
est une vapeur condensée par le froid : cet effet,
de même que celui de la formation des nuages,
de la pluie, et de tous les météores aqueux, est
une vraie précipitation chimique par un degré
de froid qui rend l'air incapable de tenir en
dissolution toute l'eau dont il s'étoit chargé par
l'évaporation, dans un tems plus chaud ; et cette
précipitation est précisément du même genre
que celle de la crême de tartre, lorsque l'eau qui
la tenoit en dissolution s'est refroidie. (*Voyez*
Humidité *et* Pluie.

On sent aisément combien une table qui re-
présenteroit, d'après des observations exactes,
le résultat des comparaisons suivies des différentes substances, et l'ordre de leur *expansibilité*, pourroit donner de vues aux Physiciens,
surtout si on y marquoit toutes les différences
entre cet ordre et l'ordre de leur *vaporisation*.
Je comprendrois dans cette comparaison des
différentes substances par rapport à l'*expansibilité*, la comparaison des différens degrés d'*expansibilité* entre l'air qui contient beaucoup
d'eau, et l'air qui en contient moins, ou qui n'en
contient point du tout. *Musschenbroek* a observé
que l'air chargé d'eau a beaucoup plus d'élasticité qu'un autre air ; et cela doit être, du moins
lorsque la chaleur est assez grande pour réduire
l'eau même en vapeur : car il pourroit arriver
aussi qu'au-dessous de ce degré de chaleur, l'eau
dissoute dans l'air et unie à chacune de ses
molécules, augmentât encore la pesanteur par
laquelle elles résistent à la force qui les écarte.
D'ailleurs, comme on n'a point encore connu les
moyens, que nous donnerons à l'article *Humidité*, pour savoir exactement combien un air
est plus chargé d'eau qu'un autre air, on n'a point
cherché à mesurer les différens degrés d'*expansibilité* de l'air, suivant qu'il contient plus ou
moins d'eau, surtout au degré de la température

moyenne de l'atmosphère. Il seroit cependant
aisé de faire cette comparaison par un moyen
assez simple ; il ne s'agiroit que d'avoir une
cloche de verre assez grande pour y placer un
baromètre, et d'ôter toute communication entre
l'air renfermé sous la cloche et l'air extérieur.
La cire, ou mieux encore, le lut gras des chimistes, qui ne fourniroient à l'air aucune humidité nouvelle, seroient excellens pour cet usage :
on auroit eu soin de placer sous la cloche une
certaine quantité d'alkali fixe du tartre, bien sec,
et dont on connoîtroit le poids. On sait que l'air
ayant moins d'affinité avec l'eau que cet alkali,
celui-ci se charge peu à peu de l'humidité qui
étoit dans l'air. Si donc, on observe de faire
l'expérience dans une chambre dont la température soit maintenue égale, afin que les variations
d'*expansibilité* provenantes de la chaleur, ne
produisent aucun mécompte ; et si, à mesure
que l'alkali absorbe une certaine quantité d'eau,
le baromètre hausse ou baisse, on en conclura
que l'air, en perdant l'eau qui lui étoit unie,
devient plus ou moins expansible ; et l'on pourra
toujours, en pesant l'alkali fixe, connoître, par
l'augmentation de son poids, le rapport de la
quantité d'eau que l'air aura perdue, au changement arrivé dans son *expansibilité*. Il faudra
faire l'expérience en donnant à l'air différens

degrés de chaleur, pour s'assurer si le plus ou moins d'eau augmente ou diminue l'*expansibilité* de l'air dans un même rapport, quelle que soit la chaleur ; et d'après ces différens rapports constamment observés, il sera aisé d'en construire des tables : l'exécution de ces tables peut seule donner la connoissance exacte d'un des élémens qui entre dans la théorie des variations du baromètre ; et dès-lors il est évident que ce travail est un préalable nécessaire à la recherche de cette théorie.

Des usages de l'Expansibilité, et de la part qu'elle a dans la production des plus grands phénomènes de la Nature.

1°. C'est par l'*expansibilité* que les corps s'élèvent dans la distillation et dans la sublimation ; et c'est l'inégalité des degrés de chaleur nécessaires pour l'*expansibilité* des différens principes des mixtes, qui rend la distillation un moyen d'analyse chimique. (*Voyez* DISTILLATION).

2°. C'est l'*expansibilité* qui fournit à l'art et à la nature les forces motrices les plus puissantes et les plus soudaines. Indépendamment des machines où l'on emploie la vapeur de l'eau bouillante (*voyez l'article* EAU), l'effort de la

poudre à canon (*voyez* POUDRE A CANON), les
dangereux effets de la moindre humidité qui se
trouveroit dans les moules où l'on coule les
métaux en fonte, les volcans et les tremblemens
de terre, et tont ce qui, dans l'art et dans la
nature, agit par une explosion soudaine dans
toutes les directions à la fois, est produit par un
fluide devenu tout-à-coup *expansible*. On avoit
autrefois attribué tous ces effets à l'air comprimé
violemment, puis dilaté par la chaleur : mais
nous avons vu plus haut que l'air renfermé dans
un tube de verre rougi au feu, n'augmente de
volume que dans le rapport de trois à un. Or,
une augmentation beaucoup plus considérable,
seroit encore insensible en comparaison de la
prodigieuse expansion que l'eau peut recevoir.
L'air que le feu dégage des corps dans lesquels
il est combiné, pourroit produire des effets un
peu plus considérables ; mais la quantité de cet
air est toujours si petite, comparée à celle de
l'eau qui s'élève des corps au même degré de
chaleur, qu'on doit dire avec M. *Rouelle*, que
dans les différentes explosions attribuées communément à l'air par les Physiciens, si l'air agit
comme un, l'eau agit comme mille. La promptitude et les prodigieux effets de ces explosions
ne paroîtront point étonnans, si l'on considère

la nature de la force expansive et la manière
dont elle agit. Tant que cette force n'est employée qu'à lutter contre les obstacles qui retiennent les molécules des corps appliquées les
unes aux autres, elle ne produit d'autre effet
sensible qu'une dilatation peu considérable; mais
dès que l'obstacle est anéanti par quelque cause
que ce soit, chaque molécule doit s'élancer avec
une force égale à celle qu'avoit l'obstacle pour
la retenir, plus le petit degré dont la force
expansive a dû surpasser celle de l'obstacle :
chaque molécule doit donc recevoir un mouvement local d'autant plus rapide, qu'il a fallu
une plus grande force pour vaincre l'obstacle.
C'est cet unique principe qui détermine la
force de toutes les explosions : ainsi plus la chaleur nécessaire à la *vaporisation* est considérable, et plus l'explosion est terrible. Chaque molécule continuera de se mouvoir dans la même
direction avec la même vîtesse, jusqu'à ce qu'elle
soit arrêtée ou détournée par de nouveaux obstacles ; et l'on ne connoit point de bornes à la
vîtesse que les molécules des corps peuvent
recevoir par cette voie, au moment de leur *expansion*. L'idée d'appliquer cette réflexion à
l'éruption de la lumière et à sa prodigieuse rapidité se présente naturellement. Mais j'avoue
que j'aurois peine à m'y livrer, sans un exa-

men plus approfondi; car cette explication, toute séduisante qu'elle est au premier coup-d'œil, me paroît combattue par les plus grandes difficultés. (*Voyez* INFLAMMATION *et* LUMIÈRE).

3°. C'est *l'expansibilité* de l'eau qui, en soulevant les molécules de l'huile embrasée, en les divisant, en multipliant les surfaces, multiplie en même raison le nombre des points embrasés à la fois, produit la flamme, et lui donne cet éclat qui la caractérise. (*Voyez* FLAMME).

4°. L'inégale *expansibilité* produite par l'application d'une chaleur différente aux différentes parties d'une masse de fluide expansible, rompt par là même l'équilibre de pesanteur entre les colonnes de ce fluide, et y forme différens courans : cette inégalité de pesanteur entre l'air chaud et l'air froid, est le fondement de tous les moyens employés pour diriger les mouvemens de l'air à l'aide du feu (*voyez* FOURNEAU *et* VENTILATEUR A FEU) : elle est aussi la principale cause des vents. (*Voyez* VENT).

5°. Cette inégalité de pesanteur est plus considérable encore, lorsqu'un fluide, au moment qu'il devient *expansible* , se trouve mêlé avec un fluide dans l'état de liquidité : de là l'ébullition des liquides, par les vapeurs qui se forment dans le fond du vase qui les contient : de là l'effervescence qui s'observe presque toujours dans les mélanges chimiques, au moment où les principes commencent à agir l'un sur l'autre pour se combiner ; soit que cette effervescence n'ait d'autre cause que l'air qui se dégage d'un des deux principes, ou des deux, comme il arrive le plus souvent (*voyez* EFFERVESCENCE) ; ou qu'un des deux principes soit lui-même en partie réduit en vapeur dans le mouvement de la combinaison, comme il arrive, suivant M. *Rouelle*, à l'esprit de nitre dans lequel on a mis dissoudre du fer, ou d'autres matières métalliques : de là les mouvemens intestins, les courans rapides qui s'engendrent dans les corps actuellement en fermentation, et qui, par l'agitation extrême qu'ils entretiennent dans toute la masse, sont l'instrument puissant du mélange intime de toutes les parties, de l'atténuation de tous les principes, des décompositions et des recompositions qu'ils subissent.

6°. Si le liquide avec lequel se trouve mêlé le fluide devenu expansible a quelque viscosité, cette viscosité soutiendra plus ou moins longtems l'effort des vapeurs, suivant qu'elle sera elle-même plus ou moins considérable : la totalité du mélange se remplira de bulles dont le corps visqueux formera les parois, et l'espace qu'elles occuperont s'augmentera jusqu'à ce que la visco-

sité des parties soit vaincue par le fluide expansible ; c'est cet effet qu'on appelle *gonflement*.
(*Voyez* GONFLEMENT.)

7°. Si, pendant qu'un corps expansible tend à occuper un plus grand espace, le liquide dont il est environné acquiert une consistance de plus en plus grande, et parvient enfin à opposer par cette consistance un obstacle insurmontable à l'expansion du corps en vapeur, le point d'équilibre entre la résistance d'un côté et la force expansive de l'autre, déterminera et fixera la capacité et la figure des parois, formera des ballons, des vases, des tuyaux, des ramifications ou dures ou flexibles, toujours relativement aux différentes altérations de l'*expansibilité* d'un côté, de la consistance de l'autre ; en sorte que ces vaisseaux et ces ramifications s'étendront et se compliqueront à mesure que le corps expansible s'étendra du côté où il ne trouve point encore d'obstacle, en formant une espèce de jet ou de courant, et que le liquide, en se durcissant à l'entour, environnera ce courant d'un canal solide. Il n'importe à quelle cause on doive attribuer ce changement de consistance, ou cette dureté survenue dans le liquide, dont le corps expansible est environné, soit au seul refroidissement (*voyez* VERRERIE), soit à la crystallisation de certaines parties du liquide

(*voyez* VÉGÈTATION CHIMIQUE) , soit à là coagulation, ou à ces trois causes réunies, ou peut-être à quelqu'autre cause inconnue. (*Voyez* GÉNÈRATION *et* MOLÉCULES ORGANIQUES.)

8°. Il résulte de tout cet article, que presque tous les phénomènes de la physique sublunaire sont produits par la combinaison de deux forces contraires, la force qui tend à rapprocher les parties des corps ou l'attraction, et la chaleur qui tend à les écarter ; de même que la physique céleste est toute fondée sur la combinaison de la pesanteur et de la force projectile. J'emploie cette comparaison d'après M. *Needham*, qui a le premier conçu l'idée d'expliquer les mystères de la génération, par la combinaison des deux forces attractive et répulsive. (Voyez les *Observations microscopiques* de M. *Needham*, sur la composition et la décomposition des substances animales et végétales.) Ces deux forces se balançant mutuellement, se mesurent exactement l'une l'autre dans le point d'équilibre ; et il suffiroit peut-être de pouvoir rapporter une des deux à une mesure commune et à une échelle comparable, pour pouvoir soumettre au calcul la physique sublunaire, comme NEWTON y a soumis la physique céleste.

L'*expansibilité* de l'air nous en donne le

moyen, puisque par elle nous pouvons mesurer
la chaleur depuis le plus grand froid jusqu'au
plus grand chaud connu ; en comparer tous les
degrés à des quantités connues, c'est-à-dire, à
des poids , et par conséquent, découvrir la véritable proportion entre un degré de chaleur et
un autre degré. Il est vrai que ce calcul est moins
simple qu'il ne paroît au premier coup-d'œil. Ce
n'est point ici le lieu d'entrer dans ce détail.
(*Voyez* TEMPÉRATURE *et* THERMOMÈTRE).

J'observerai seulement, en finissant, que plusieurs Physiciens ont nié la possibilité de trouver
exactement cette proportion, quoique M. *Amon-
tous* ait depuis long-tems mesuré la chaleur par
les différens poids que soutient le ressort de
l'air. Cela prouve que bien des vérités sont plus
près de nous, que nous n'ôsons le croire. Il y en
a dont on dispute, et qui sont déjà démontrées ; d'autres qui n'attendent , pour l'être,
qu'un simple raisonnement. Peut-être que l'art
de rapprocher les observations les unes des
autres , et d'appliquer le calcul aux phénomènes, a plus manqué encore aux progrès de la
physique, que les observations mêmes.

FOIRE, s. f. (*Commerce et Politique*). Ce mot, qui vient de *forum*, place publique, a été dans son origine synonyme de celui de *marché*, et l'est encore à certains égards. L'un et l'autre signifient un concours de *marchands* et d'*acheteurs*, dans des lieux et des tems marqués; mais le mot de *foire* paroît présenter l'idée d'un concours plus nombreux, plus solennel, et par conséquent plus rare. Cette différence, qui frappe au premier coup-d'œil, paroît être celle qui détermine dans l'usage l'application de ces deux mots ; elle provient cependant elle-même d'une autre différence plus cachée, et pour ainsi dire plus radicale, entre ces deux choses. Nous allons la développer.

Il est évident que les marchands et les acheteurs ne peuvent se rassembler, dans certains tems et dans certains lieux, sans un attrait, un intérêt qui compense ou même qui surpasse les fraix du voyage et du transport des denrées ou des marchandises. Sans cet attrait, chacun resteroit chez soi : plus il sera considérable, plus les denrées supporteront de longs transports, plus le concours des marchands et des acheteurs sera nombreux et solennel, plus le district dont ce concours est le centre pourra être étendu. Le cours naturel du commerce suffit pour former

ce concours, et pour l'augmenter jusqu'à un
certain point. La concurrence des vendeurs limite
le prix des denrées, et le prix des denrées limite
à son tour le nombre des vendeurs. En effet,
tout commerce devant nourrir celui qui l'entre-
prend, il faut bien que le nombre des ventes
dédommage le marchand de la modicité des
profits qu'il fait sur chacune, et que par conséquent le nombre des marchands se proportionne
au nombre actuel des consommateurs, en sorte
que chaque marchand corresponde à un certain
nombre de ceux-ci. Cela reconnu, je suppose que
le prix d'une denrée soit tel qu'afin d'en soutenir le commerce, il soit nécessaire d'en vendre
pour la consommation de trois cents familles ;
il est évident que trois villages dans chacun desquels il n'y aura que cent familles, ne pourront
entretenir qu'un seul marchand de cette denrée.
Ce marchand se trouvera probablement dans
celui des trois villages, où le plus grand nombre
des acheteurs pourra se rassembler plus com-
modément, ou à moins de fraix ; parce que cette
diminution de fraix fera préférer le marchand
établi dans ce village, à ceux qui seroient tentés
de s'établir dans l'un des deux autres. Mais plusieurs espèces de denrées seront vraisemblablement dans le même cas ; et les marchands de
chacune

chacune de ces denrées se réuniront dans le même lieu, par la même raison de la diminution des frais, et parce qu'un homme qui a besoin de deux espèces de denrées, aime mieux ne faire qu'un voyage pour se les procurer, que d'en faire deux : c'est réellement comme s'il payoit chaque marchandise moins cher. Le lieu, devenu considérable par cette réunion même des différens commerces, le devient de plus en plus ; parce que tous les artisans que le genre de leur travail ne retient pas à la campagne, et tous les hommes à qui leur richesse permet d'être oisifs, s'y rassemblent pour y chercher les commodités de la vie. La concurrence des acheteurs attire les marchands par l'espérance de vendre ; il s'en établit plusieurs pour la même denrée. La concurrence des marchands attire les acheteurs, par l'espérance du bon marché ; et toutes deux continuent à s'augmenter mutuellement, jusqu'à ce que le désavantage de la distance compense, pour les acheteurs éloignés, le bon marché de la denrée produit par la concurrence, et même ce que l'usage et la force de l'habitude ajoutent à l'attrait du bon marché. Ainsi se forment naturellement différens centres de commerce ou *marchés,* auxquels répondent autant de cantons ou d'arrondissemens plus ou moins étendus, suivant la

Tome III. 15

nature des denrées, la facilité plus ou moins
grande des communications, et l'état de la population plus ou moins nombreuse. Et telle est, pour
le dire en passant, la première et la plus commune origine des *bourgades* et des *villes*.

La même raison de commodité qui détermine
le concours des marchands et des acheteurs à
certains lieux, le détermine aussi à certains jours,
lorsque les denrées sont trop viles pour soutenir
de longs transports, et que le canton n'est pas
assez peuplé pour fournir à un concours suffisant et journalier. Ces jours se fixent par une
espèce de convention tacite, et la moindre circonstance suffit pour cela. Le nombre des jour-
nées de chemin entre les lieux les plus considérables des environs, combiné avec certaines
époques qui déterminent le départ des voyageurs,
telles que le voisinage de certaines fêtes, certaines échéances d'usage dans les paiemens,
toutes sortes de solemnités périodiques, enfin
tout ce qui rassemble à certains jours un certain
nombre d'hommes, devient le principe de l'établissement d'un *marché* à ces mêmes jours;
parce que les marchands ont toujours intérêt à
chercher les acheteurs, et réciproquement.

Mais il ne faut qu'une distance assez médiocre
pour que cet intérêt et le bon marché produit

par la concurrence, soient contrebalancés par les frais de voyage et de transport des denrées. Ce n'est donc point au cours naturel d'un commerce animé par la liberté, qu'il faut attribuer ces *foires* brillantes, où les productions d'une partie de l'Europe se rassemblent à grands frais, et qui semblent être le rendez-vous des nations. L'intérêt qui doit compenser ces frais exorbitans, ne vient point de la nature des choses ; mais il résulte des priviléges et des franchises accordées au commerce en certains lieux et en certains tems, tandis qu'il est accablé partout ailleurs de taxes et de droits. Il n'est pas étonnant que l'état de gêne et de vexation habituelle sous lequel le commerce a gémi si long-tems dans toute l'Europe, en ait déterminé le cours avec violence vers les lieux où on lui offroit un peu plus de liberté. C'est ainsi que les princes en accordant des exemptions de droits, ont produit tant de *foires* dans les différentes parties de l'Europe ; et il est évident que ces *foires* doivent être d'autant plus considérables, que le commerce dans les tems ordinaires est plus surchargé de droits.

Une FOIRE et un *marché* sont donc l'un et l'autre un concours de marchands et d'acheteurs, dans des lieux et des tems marqués ; mais pour les *marchés*, c'est l'intérêt réciproque que les acheteurs et les vendeurs ont de se chercher qui les réunit; et pour les FOIRES, c'est le désir de jouir de certains priviléges : d'où suit qu'il doit être bien plus nombreux et bien plus solennel dans les FOIRES. — Quoique le cours naturel du commerce suffise pour établir des *marchés*, il est arrivé, par une suite de ce malheureux principe qui, dans presque tous les gouvernemens, a si long-tems infecté l'administration du commerce, je veux dire la manie de tout conduire, de tout régler, et de ne jamais s'en rapporter aux hommes sur leur propre intérêt; il est arrivé, dis-je, que pour établir des *marchés*, on a fait intervenir *la* POLICE; qu'on en a borné le nombre sous prétexte d'empêcher qu'ils ne se nuisissent les uns aux autres; qu'on a défendu de vendre certaines marchandises ailleurs que dans certains lieux désignés, soit pour la commodité des commis chargés de recevoir les droits dont elles sont grévées, soit parce qu'on a voulu les assujettir à des formalités de visite et de marque, et qu'on ne peut pas mettre partout des bureaux. On ne peut trop saisir toutes les occasions de combattre ce système fatal à l'industrie, il s'en trouvera plus d'une dans l'*Encyclopédie*.

Les FOIRES les plus célèbres sont, en France,

celles de *Lyon*, de *Bordeaux*, de *Guibray*, de *Beaucaire*, etc. En Allemagne, celles de *Leipsick*, de *Francfort*, etc. Mon objet n'est point ici d'en faire l'énumération, ni d'exposer en détail les priviléges accordés par différens souverains, soit aux FOIRES en général, soit à telle ou telle *foire* en particulier ; je me bornerai à quelques réflexions contre l'illusion assez commune, qui fait citer à quelques personnes la grandeur et l'étendue du commerce de certaines *foires*, comme une preuve de la grandeur du commerce d'un état.

Sans doute une *foire* doit enrichir le lieu où elle se tient, et faire la grandeur d'une ville particulière : et lorsque toute l'Europe gémissoit dans les entraves multipliées du gouvernement féodal ; lorsque chaque village pour ainsi dire formoit une souveraineté indépendante ; lorsque les seigneurs renfermés dans leur château, ne voyoient dans le commerce qu'une occasion d'augmenter leurs revenus, en soumettant à des contributions et à des péages exorbitans, tous ceux que la nécessité forçoit de passer sur leurs terres ; il n'est pas douteux que ceux qui les premiers furent assez éclairés pour sentir qu'en se relâchant un peu de la rigueur de leurs droits, ils seroient plus que dédommagés par l'augmentation du commerce et des consommations, virent bientôt les lieux de leur résidence enrichis, agrandis, embellis. Il n'est pas douteux que lorsque les Rois et les Empereurs eurent assez augmenté leur autorité, pour soustraire aux taxes levées par leurs vassaux les marchandises destinées pour les *foires* de certaines villes qu'ils vouloient favoriser, ces villes devinrent nécessairement le centre d'un très grand commerce, et virent accroître leur puissance avec leurs richesses ; mais depuis que toutes ces petites souverainetés se sont réunies pour ne former qu'un grand état sous un seul prince, si la négligence, la force de l'habitude, la difficulté de réformer les abus lors même qu'on le veut, et la difficulté de le vouloir, ont engagé à laisser subsister les mêmes gênes, les mêmes droits locaux, et les mêmes priviléges qui avoient été établis lorsque chaque province et chaque ville obéissoient à différens souverains, n'est-il pas singulier que cet effet du hasard ait été non-seulement loué, mais imité, comme l'ouvrage d'une saine politique ? N'est-il pas singulier qu'avec de très-bonnes intentions, et dans la vue de rendre le commerce florissant, on ait encore institué de nouvelles *foires*, qu'on ait augmenté encore les priviléges et les exemptions de certaines villes,

qu'on ait même empêché certaines branches de
commerce de s'établir au sein des provinces pauvres, dans la crainte de nuire à quelques autres
villes, enrichies depuis long-tems par ces mêmes
branches de commerce ? Eh, qu'importe que ce
soit Pierre ou Jacques, le Maine ou la Bretagne,
qui fabriquent telle ou telle marchandise, pourvû que l'état s'enrichisse, et que des François
vivent ? Qu'importe qu'une étoffe soit vendue à
Beaucaire ou dans le lieu de sa fabrication, pourvû que l'ouvrier reçoive le prix de son travail ?
Une masse énorme de commerce rassemblée dans
un lieu et amoncelée sous un seul coup-d'œil,
frappera d'une manière plus sensible les yeux
des politiques superficiels. Les eaux rassemblées
artificiellement dans des bassins et des canaux,
amusent le voyageur par l'étalage d'un luxe frivole : mais les eaux que les pluies répandent
uniformément sur la surface des campagnes,
que la seule pente du terrain dirige et distribue
dans tous les vallons, pour y former des fon-
taines, portent partout la richesse et la fécondité. Qu'importe qu'il se fasse un grand commerce dans une certaine ville et dans un certain
moment, si ce commerce momentané n'est grand
que par les causes mêmes qui gênent le commerce, et qui tendent à le diminuer dans tout

autre tems et dans toute l'étendue de l'état? Faut-
il? dit le magistrat citoyen auquel nous devons la
traduction de *Cild* (M. *de Gournay*), et auquel
la France devra peut-être un jour la destruction
des obstacles que l'on a mis aux progrès du commerce en voulant le favoriser. « Faut-il jeûner
» toute l'année pour faire bonne chère à certains
» jours? En Hollande il n'y a point de foires;
» mais toute l'étendue de l'état et toute l'année
» ne forment, pour ainsi dire, qu'une foire
» continuelle, parce que le commerce y est
» toujours et partout également florissant. »

On dit : « l'état ne peut se passer de revenus;
il est indispensable, pour subvenir à ses besoins,
de charger les marchandises de différentes taxes:
cependant il n'est pas moins nécessaire de faciliter le débit de nos productions, surtout chez
l'étranger ; ce qui ne peut se faire sans en baisser
le prix autant qu'il est possible. Or on concilie
ces deux objets, en indiquant des lieux et des
tems de franchise, où le bas prix des marchandises invite l'étranger, et produit une consommation extraordinaire, tandis que la consommation habituelle et nécessaire fournit suffisamment
aux revenus publics. L'envie même de profiter
de ces momens de grâce donne aux vendeurs
et aux acheteurs un empressement que la solen-

nité de ces *grandes* FOIRES augmente encore par une espèce de séduction, d'où résulte une augmentation dans la masse totale du commerce. » Tels sont les prétextes qu'on allègue pour soutenir l'utilité des grandes *foires*. Mais il n'est pas difficile de se convaincre qu'on peut, par des arrangemens généraux, et en favorisant également tous les membres de l'état, concilier avec bien plus d'avantages les deux objets que le gouvernement peut se proposer. En effet, puisque le Prince consent à perdre une partie de ses droits, et à les sacrifier aux intérêts du commerce, rien n'empêche qu'en rendant tous les droits uniformes, il ne diminue sur la totalité la même somme qu'il consent à perdre; l'objet de décharger des droits la vente à l'étranger, en ne les laissant subsister que sur les consommations intérieures, sera même bien plus aisé à remplir en exemptant de droits toutes les marchandises qui sortent, car enfin on ne peut nier que nos *foires* ne fournissent à une grande partie de notre consommation. Dans cet arrangement, la consommation extraordinaire qui se fait dans le tems des foires diminueroit beaucoup; mais il est évident que la modération des droits, dans les tems ordinaires, rendroit la consommation générale bien plus abondante; avec cette diffé-

*

rence, que dans le cas du droit uniforme, mais modéré, le commerce gagne tout ce que le Prince veut lui sacrifier: au lieu que dans le cas du droit général plus fort, avec des exemptions locales et momentanées, le Roi peut sacrifier beaucoup, et le commerce ne gagner presque rien, ou, ce qui est la même chose, les denrées ou les marchandises peuvent baisser de prix beaucoup moins que les droits ne diminuent; et cela parce qu'il faut soustraire de l'avantage que donne cette diminution, les frais du transport des denrées et des marchandises au lieu désigné pour la *foire*, le changement de séjour, les loyers des places de *foires*, enchéris encore par l'effet d'un concours forcé de demandeurs, enfin le risque de ne pas vendre dans un espace de tems assez court, et d'avoir fait un long voyage en pure perte : or il faut toujours que la marchandise paye tous ces frais et ces risques. Il s'en faut donc beaucoup que le sacrifice des droits du Prince soit aussi utile au commerce par les exemptions momentanées et locales, qu'il le seroit par une modération légère sur la totalité des droits; il s'en faut beaucoup que la consommation extraordinaire augmente autant par l'exemption particulière, que la consommation journalière diminue par la surcharge habituelle.

Ajoutons, qu'il n'y a point d'exemption particulière qui ne donne lieu à des fraudes pour en profiter, à des gênes nouvelles, à des multiplications de commis et d'inspecteurs pour empêcher ces fraudes, à des peines pour les punir ; autre perte d'argent et d'hommes pour l'état.

Concluons que les *grandes* FOIRES ne sont jamais aussi utiles, que la gêne qu'elles supposent est nuisible ; et que bien loin d'être la preuve de l'état florissant du commerce, elles ne peuvent exister au contraire que dans des États où le commerce est gêné, surchargé de droits, et par conséquent médiocre.

FONDATION s. f. (*Politique et Droit naturel*). Les mots, *fonder*, FONDATION, s'appliquent à tout établissement durable et permanent, par une métaphore bien naturelle, puisque le nom même *d'établissement* est appuyé précisément sur la même métaphore.

Dans ce sens on dit, *la fondation d'un empire*, *d'une république*. Mais nous ne parlerons point dans cet article de ces grands objets : ce que nous pourrions en dire, tient aux principes primitifs du droit politique, à la première institution des gouvernemens parmi les hommes. *Voyez* GOUVERNEMENT, CONQUÊTE *et* LÉGISLATION.

On dit aussi, *fonder une secte.* (*V.* SECTE). Enfin on dit, *fonder une accadémie, un collége, un hôpital, un couvent, des messes, des prix à distribuer, des jeux publics, etc.* FONDER dans ce sens, c'est assigner un fonds ou une somme d'argent, pour être employée à perpétuité à remplir l'objet que le fondateur s'est proposé, soit que cet objet regarde le culte divin ou l'utilité publique, soit qu'il se borne à satisfaire la vanité du fondateur, motif souvent l'unique véritable, lors même que les deux autres lui servent de voile.

Les formalités nécessaires pour transporter à des personnes chargées de remplir les intentions du fondateur, la propriété ou l'usage des fonds que celui-ci y a destinés ; les précautions à prendre pour assurer l'exécution perpétuelle de l'engagement contracté par ces personnes ; les dédommagemens dus à ceux que ce transport de propriété peut intéresser, comme, par exemple, au suzerain, privé pour jamais des droits qu'il percevoit à chaque mutation de propriétaire sur le fonds donné. Les bornes que la politique a sagement voulu mettre à l'excessive multiplication de ces libéralités indiscrètes ; enfin

différentes circonstances essentielles ou acces-
soires aux *fondations*, ont donné lieu à différentes loix, dont le détail n'appartient point
à cet article, et sur lesquelles nous renvoyons
aux articles FONDATION (*jurisprudence*),
MAIN-MORTE , AMORTISSEMENT.

Notre but n'est dans celui-ci, que d'examiner
l'utilité des *fondations* en général par rapport au
bien public, ou plutôt d'en montrer les inconvéniens : puissent les considérations suivantes concourir avec l'esprit philosophique du siècle, à
dégoûter des *fondations* nouvelles , et à détruire un reste de respect superstitieux pour les
anciennes !

1°. Un *fondateur* est un homme qui veut éter-
niser l'effet de ses volontés : or quand on lui
supposeroit toujours les intentions les plus pures, combien n'a-t-on pas de raisons de se défier
de ses lumières ? Combien n'est-il pas aisé de
faire le mal en voulant faire le bien ? Prévoir
avec certitude si un établissement produira l'effet qu'on s'en est promis, et n'en aura pas un
tout contraire ; démêler à travers l'illusion d'un
bien prochain et apparent, les maux réels qu'un
long enchaînement de causes ignorées amenera
à sa suite ; connoître les véritables plaies de la
société , remonter à leurs causes ; distinguer les

remèdes des palliatifs ; se défendre enfin des
prestiges de la séduction ; porter un regard
sévère et tranquille sur un projet au milieu de
cette atmosphère de gloire, dont les éloges d'un
public aveugle et notre propre enthousiasme
nous le montrent environné : ce seroit l'effort du
plus profond génie, et peut-être les sciences politiques ne sont-elles pas encore assez avancées de
nos jours pour y réussir. Souvent on présente
à quelques particuliers des secours contre un
mal dont la cause est générale ; et quelquefois
le remède même qu'on voudroit opposer à l'effet
augmente l'influence de la cause. Nous avons un
exemple frappant de cette espèce de maladresse,
dans quelques maisons destinées à servir d'a-
syle aux femmes repenties. Il faut faire preuve
de débauche pour y entrer. Je sais bien que cette
précaution a dû être imaginée pour empêcher
que la *fondation* ne soit détournée à d'autres
objets : mais cela seul ne prouve-t-il pas que ce
n'étoit point par de pareils établissemens étrangers aux véritables causes du libertinage, qu'il
falloit le combattre ? Ce que j'ai dit du libertinage,
est vrai de la pauvreté. Le pauvre a des droits incontestables sur l'abondance du riche ; l'humanité, la religion nous font également un devoir
de soulager nos semblables dans le malheur:

c'est pour accomplir ces devoirs indispensables, que tant d'établissemens de charité ont été élevés dans le monde chrétien pour soulager des besoins de toute espèce ; que des pauvres sans nombre sont rassemblés dans des hôpitaux, nourris à la porte des couvens par des distributions journalières. Qu'est-il arrivé ? C'est que précisément dans les pays où ces ressources gratuites sont les plus abondantes, comme en Espagne et dans quelques parties de l'Italie, la misère est plus commune et plus générale qu'ailleurs. La raison en est bien simple, et mille voyageurs l'ont remarquée. Faire vivre gratuitement un grand nombre d'hommes, c'est soudoyer l'oisiveté et tous les désordres qui en sont la suite ; c'est rendre la condition du fainéant préférable à celle de l'homme qui travaille ; c'est par conséquent diminuer pour l'État la somme du travail et des productions de la terre, dont une partie devient nécessairement inculte : de là les disettes fréquentes, l'augmentation de la misère et la dépopulation qui en est la suite : la race des citoyens industrieux est remplacée par une populace vile, composée de mendians vagabonds et livrés à toutes sortes de crimes. Pour sentir l'abus de ces aumônes mal dirigées, qu'on suppose un État si bien administré, qu'il ne s'y trouve aucun pauvre (chose possible sans doute pour un état qui a des colonies à peupler (*voyez* MENDICITÉ) : l'établissement d'un secours gratuit pour un certain nombre d'hommes y créeroit tout aussitôt des pauvres, c'est-à-dire donneroit à autant d'hommes un intérêt de le devenir, en abandonnant leurs occupations : d'où résulteroit un vuide dans le travail et la richesse de l'état, une augmentation du poids des charges publiques sur la tête de l'homme industrieux, et tous les désordres que nous remarquons dans la constitution présente des sociétés. C'est ainsi que les vertus les plus pures peuvent tromper ceux qui se livrent sans précaution à tout ce qu'elles leur inspirent : mais si des desseins pieux et respectables démentent les espérances qu'on en avoit conçues, que faudra-t-il penser de ces *fondations* qui n'ont eu de motif et d'objet véritable que la satisfaction d'une vanité frivole, et qui sont sans doute les plus nombreuses ? Je ne craindrai point de dire, que si l'on comparoit les avantages et les inconvéniens de toutes les *fondations* qui existent aujourd'hui en Europe, il n'y en auroit peut-être pas une qui soutint l'examen d'une politique éclairée.

2°. Mais de quelque utilité que puisse être *une fondation*, elle porte dans elle-même un

vice

vice irremédiable et qu'elle tient de sa nature, l'impossibilité d'en maintenir l'exécution. Les fondateurs s'abusent bien grossièrement, s'ils s'imaginent que leur zèle se communiquera de siècle en siècle aux personnes chargées d'en perpétuer les effets. Quand elles en auroient été animées quelque tems, il n'est point de corps qui n'ait à la longue perdu l'esprit de sa première origine. Il n'est point de sentiment qui ne s'amortisse par l'habitude même et la familiarité avec les objets qui l'excitent : quels mouvemens confus d'horreur, de tristesse, d'attendrissement sur l'humanité, de pitié pour les malheureux qui souffrent, n'éprouve pas un homme qui entre pour la première fois dans une salle d'hôpital ! Eh bien, qu'il ouvre les yeux et qu'il voie : dans ce lieu même, au milieu de toutes les misères humaines rassemblées, les ministres destinés à les secourir se promènent d'un air inattentif et distrait ; ils vont machinalement et sans intérêt distribuer de malade en malade des alimens et des remèdes prescrits quelquefois avec une négligence meurtrière ; leur âme se prête à des conversations indifférentes ; et peut-être aux idées les plus gaies et les plus folles ; la vanité, l'envie, la haine, toutes les passions règnent là comme ailleurs, s'occupent de leur

Tome III. 16

objet, le poursuivent; et les gémissemens, les
cris aigus de la douleur ne les détournent pas
davantage, que le murmure d'un ruisseau n'inter-
romproit une conversation animée. On a peine
à le concevoir, mais on a vu le même lit être
à la fois le lit de la mort et le lit de la débauche.
(*Voyez* HOPITAL.) Tels sont les effets de l'habitude par rapport aux objets les plus capables
d'émouvoir le cœur humain. Voilà pourquoi aucun enthousiasme ne se soutient. Et comment,
sans enthousiasme, les ministres de la *fondation*
la rempliront-ils toujours avec exactitude? Quel
intérêt balancera en eux la paresse, ce poids attaché à la nature humaine, qui tend sans cesse à
nous retenir dans l'inaction? Les précautions
mêmes que le fondateur a prises pour leur assurer
un revenu constant les dispensent de le mériter.
Fondera-t-il des surveillans, des inspecteurs, pour
faire exécuter les conditions de la *fondation?* Il
en sera de ces inspecteurs comme de tous ceux
qu'on établit pour quelque règle que ce soit. Si
l'obstacle qui s'oppose à l'exécution de la règle
vient de la paresse, la même paresse les empêchera
d'y veiller; si c'est un intérêt pécuniaire, ils pourront aisément en partager le profit. (*Voy.* INSPEC-
TEURS.) Les surveillans eux-mêmes auroient donc
besoin d'être surveillés; et où s'arrêteroit cette

progression ridicule? Il est vrai qu'on a obligé les
Chanoines à être assidus aux offices, en réduisant presque tout leur revenu à des distributions manuelles ; mais ce moyen ne peut obliger
qu'à une assistance purement corporelle : et de
quelle utilité peut-il être pour les autres objets
bien plus importans des *fondations ?* Aussi
presque toutes les *fondations* anciennes ont-elles
dégénéré de leur institution primitive : alors le
même esprit qui avoit fait naître les premières
en a fait établir de nouvelles sur le même plan,
ou sur un plan différent ; lesquelles, après avoir
dégénéré à leur tour, sont aussi remplacées de
la même manière. Les mesures sont ordinairement si bien prises par les fondateurs pour
mettre leurs établissemens à l'abri des innova-
tions extérieures, qu'on trouve ordinairement
plus aisé, et sans doute aussi plus honorable,
de fonder de nouveaux établissemens que de
réformer les anciens ; mais par ces doubles et
triples emplois, le nombre des bouches inutiles
dans la société, et la somme des fonds tirée
de la circulation générale, s'augmentent continuellement.

Certaines *fondations* cessent encore d'être exé-
cutées par une raison différente, et par le seul laps
du tems : ce sont les *fondations* faites en argent

et en rentes. On sait que toute espèce de rente a
perdu à la longue presque toute sa valeur par deux
principes : le premier est l'augmentation graduelle
et successive de la valeur numéraire du marc
d'argent, qui fait que celui qui recevoit dans
l'origine une livre valant douze onces d'argent,
ne reçoit plus aujourd'hui, en raison du même
titre, qu'une de nos livres, qui ne vaut pas la
soixante-treizième partie de ces douze onces.
Le second principe est l'accroissement de la
masse d'argent, qui fait qu'on ne peut aujour-
d'hui se procurer qu'avec trois onces d'argent
ce qu'on avoit pour une seule avant que l'Amérique fût découverte. Il n'y auroit pas grand
inconvénient à cela, si ces *fondations* étoient
entièrement anéanties ; mais le corps de la *fondation* n'en subsiste pas moins, seulement les
conditions n'en sont plus remplies : par exemple,
si les revenus d'un hôpital souffrent cette diminution, on supprimera les lits des malades, et
l'on se contentera de pourvoir à l'entretien des
Chapelains.

3°. Je veux supposer qu'une *fondation* ait eu
dans son origine une utilité incontestable ; qu'on
ait pris des précautions suffisantes pour empêcher que la paresse et la négligence ne la fassent
dégénérer ; que la nature des fonds la mette à

l'abri des révolutions du tems sur les richesses publiques; l'immutabilité que les fondateurs ont cherché à lui donner est encore un inconvénient considérable, parce que le tems amène de nouvelles révolutions, qui font disparoître l'utilité dont elle pouvoit être dans son origine, et qui peuvent même la rendre nuisible. La société n'a pas toujours les mêmes besoins : la nature et la distribution des propriétés, la division entre les différens ordres du peuple, les opinions, les mœurs, les occupations générales de la nation ou de ses différentes portions, le climat même, les maladies et les autres accidens de la vie humaine, éprouvent une variation continuelle : de nouveaux besoins naissent; d'autres cessent de se faire sentir; la proportion de ceux qui demeurent change de jour en jour dans la société, et avec eux disparoît ou diminue l'utilité des *fondations* destinées à y subvenir. Les guerres de Palestine ont donné lieu à des *fondations* sans nombre, dont l'utilité a cessé avec ces guerres. Sans parler des ordres de religieux militaires, l'Europe est encore couverte de maladreries, quoique depuis long-tems on n'y connoisse plus la lèpre. La pluspart de ces établissemens survivent long-tems à leur utilité : premièrement, parce qu'il y a toujours des

hommes qui en profitent et qui sont intéressés
à les maintenir ; secondement, parce que, lors
même qu'on est bien convaincu de leur inutilité, on est très-long-tems à prendre le parti de
les détruire, à se décider, soit sur les mesures
et les formalités nécessaires pour abattre ces
grands édifices affermis depuis tant de siècles,
et qui souvent tiennent à d'autres bâtimens
qu'on craint d'ébranler, soit sur l'usage ou le
partage qu'on fera de leurs débris ; troisièmement, parce qu'on est très-long-tems à se convaincre de leur inutilité, en sorte qu'ils ont
quelquefois le tems de devenir nuisibles avant
qu'on ait soupçonné qu'ils sont inutiles.

Il y a tout à présumer qu'une *fondation*,
quelque utile qu'elle paroisse, deviendra un
jour au moins inutile, peut-être nuisible, et
le sera long-tems ; n'en est-ce pas assez pour
arrêter tout *fondateur* qui se propose un autre
but que celui de satisfaire sa vanité ?

4°. Je n'ai rien dit encore du luxe des édifices et du faste qui environne les grandes *fondations* : ce seroit quelquefois évaluer bien
favorablement leur utilité, que de l'estimer la
centième partie de la dépense.

5°. Malheur à moi si mon objet pouvoit être,
en présentant ces considérations, de concentrer

l'homme dans son seul intérêt; de le rendre insensible à la peine ou au bien-être de ses semblables; d'éteindre en lui l'esprit de citoyen; et de substituer une prudence oisive et basse à la noble passion d'être utile aux hommes! Je veux que l'humanité, que la passion du bien public, procure aux hommes les mêmes biens que la vanité des *fondateurs*, mais plus sûrement, plus complettement, à moins de fraix, et sans le mélange des inconvéniens dont je me suis plaint.— Parmi les différens besoins de la société qu'on voudroit remplir par la voie des établissemens durables ou des *fondations*, distinguons-en deux sortes : les uns appartiennent à la société entière, et ne seront que le résultat des intérêts de chacune de ses parties : tels sont les besoins généraux de l'humanité, la nourriture pour tous les hommes, les bonnes mœurs et l'éducation des enfans, pour toutes les familles; et cet intérêt est plus ou moins pressant pour les différens besoins : car un homme sent plus vivement le besoin de la nourriture, que l'intérêt qu'il a de donner à ses enfans une bonne éducation. Il ne faut pas beaucoup de réflexion pour se convaincre que cette première espèce de besoins de la société n'est point de nature à être remplie par des *fondations*, ni par aucun

autre moyen gratuit; et qu'à cet égard, le bien
général doit être le résultat des efforts de chaque
particulier pour son propre intérêt. Tout homme
sain doit se procurer sa subsistance par son
travail; parce que s'il étoit nourri sans travailler, il le seroit aux dépens de ceux qui
travaillent. Ce que l'État doit à chacun de ses
membres, c'est la destruction des obstacles qui
les gêneroient dans leur industrie, ou qui les
troubleroient dans la jouissance des produits
qui en sont la récompense. Si ces obstacles subsistent, les bienfaits particuliers ne diminueront
point la pauvreté générale, parce que la cause
restera toute entière.

De même, toutes les familles doivent l'éducation aux enfans qui y naissent : elles y sont
toutes intéressées immédiatement, et ce n'est que
des efforts de chacune en particulier que peut
naître la perfection générale de l'éducation. Si
vous vous amusez à fonder des maîtres et des
bourses dans des collèges, l'utilité ne s'en fera
sentir qu'à un petit nombre d'hommes favorisés
au hasard, et qui peut-être n'auront point les
talens nécessaires pour en profiter (1) : ce ne sera

(1) Il a été proposé dans les États-Unis d'Amérique de
ne jamais donner, *aux frais de la nation,* une éducation

pour toute la nation qu'une goutte d'eau répandue sur une vaste mer, et vous aurez fait à très-grands frais de très-petites choses. Et puis faut-il

distinguée qu'aux enfans qui auraient annoncé de grands talens, et dont les parens éprouveraient l'indigence.

On y doit distribuer tous les ans des prix dans les petites écoles où les enfans auront appris l'écriture, la lecture, les premiers élémens de la géométrie et du dessin, les principes de l'équité naturelle, de la morale, de la bonne foi, du véritable honneur.

Et la distribution de ces prix n'y sera pas uniquement arbitraire de la part des Maîtres et des Inspecteurs. Les voix des écoliers y seront comptées pour quelque chose.

Les élèves les plus remarquables et qui auront eu des prix particuliers dans leur petite école, concourront seuls dans la réunion des petites écoles au chef-lieu du comté.

Nul ne pourra devenir élève de l'État s'il n'a point eu de prix à ce grand concours.

Celui qui aura mérité le premier prix, sera nécessairement adopté par la nation, et conduit aux dépens du public à des études plus relevées, si ses parens sont dans l'indigence.

S'ils sont riches ou aisés, l'élève couronné aura le droit de nommer parmi ses camarades, dont les parens ne pourroient par eux-mêmes pousser plus loin l'éducation, un de ceux qui auront obtenu des seconds prix. La nation s'en chargera et l'entretiendra au collège.

Ainsi, pour jouir de cet avantage, il faudra réunir

accoutumer les hommes à tout demander, à
tout recevoir, à ne rien devoir à eux-mêmes?
Cette espèce de mendicité qui s'étend dans toutes
les conditions dégrade un peuple, et substitue
à toutes les passions hautes un caractère de
bassesse et d'intrigue. Les hommes sont-ils puis-
samment intéressés au bien que vous voulez
leur procurer! laissez-les faire : voilà le grand,
l'unique principe. Vous paroissent-ils s'y porter
avec moins d'ardeur que vous ne désireriez!
augmentez leur intérêt. Vous voulez perfectionner l'éducation; proposez des prix à l'émulation des pères et des enfans : mais que ces prix
soient offerts à quiconque peut les mériter, du
moins dans chaque ordre de citoyens; que les
emplois et les places en tout genre deviennent la
récompense du mérite et la perspective assurée
du travail, et vous verrez l'émulation s'allumer
à la fois dans le sein de toutes les familles; bientôt votre nation s'élèvera au-dessus d'elle-même;

à la pauvreté qui en aura besoin, les talens qui pro-
mettront le succès, et les vertus qui auront rendu digne
de l'amitié.

Ce n'est point *une Fondation*. C'est une dépense publique prévue, pour empêcher que le germe d'un grand
homme et d'un homme de bien reste enseveli sous le
malheur de sa famille. (*Note de l'Éditeur.*)

vous aurez éclairé son esprit, vous lui aurez donné des mœurs, vous aurez fait de grandes choses, et il ne vous en aura pas tant coûté que pour fonder un collège.

L'autre classe de besoins publics auxquels on a voulu subvenir par des *fondations*, comprend ceux qu'on peut regarder comme accidentels ; qui, bornés à certains lieux et à certains tems, entrent moins dans le système de l'administration générale, et peuvent demander des secours particuliers. Il s'agira de remédier aux maux d'une disette, d'une épidémie ; de pourvoir à l'entretien de quelques vieillards, de quelques orphelins, à la conservation des enfans exposés ; de faire ou d'entretenir des travaux utiles à la commodité ou à la salubrité d'une ville ; de perfectionner l'agriculture ou quelques arts languissans dans un canton ; de récompenser des services rendus par un citoyen à la ville dont il est membre, d'y attirer des hommes célèbres par leurs talens, etc. Or, il s'en faut beaucoup que la voie des établissemens publics et des *fondations* soit la meilleure pour procurer aux hommes tous ces biens dans la plus grande étendue possible. L'emploi libre des revenus d'une communauté, ou la contribution de tous ses membres dans le cas où le besoin seroit

pressant et général ; une association libre et des
souscriptions volontaires de quelques citoyens
généreux, dans le cas où l'intérêt sera moins
prochain et moins universellement senti ; voilà
de quoi remplir parfaitement toutes sortes de
vues vraiment utiles ; et cette méthode aura sur
celle des *fondations* cet avantage inestimable,
qu'elle n'est sujette à aucun abus important.
Comme la contribution de chacun est entièrement volontaire, il est impossible que les
fonds soient détournés de leur destination. S'ils
l'étoient, la source en tariroit aussitôt ; il n'y
a point d'argent perdu en fraix inutiles, en luxe
et en bâtimens. C'est une société du même genre
que celles qui se font dans le commerce, avec
cette différence qu'elle n'a pour objet que le
bien public ; et comme les fonds ne sont employés que sous les yeux des actionnaires, ils
sont à portée de veiller à ce qu'ils le soient
de la manière la plus avantageuse. Les ressources ne sont point éternelles pour des besoins passagers : le secours n'est jamais appliqué
qu'à la partie de la société qui souffre, à la
branche de commerce qui languit (2). Le besoin

---

(2) Telles sont aujourd'hui la Société philanthropique
et la Société pour l'encouragement de l'industrie natio-

cesse-t-il ! la libéralité cesse, et son cours se tourne vers d'autres besoins. Il n'y a jamais de doubles ni de triples emplois, parce que l'utilité actuelle reconnue est toujours ce qui détermine la générosité des bienfaiteurs publics. Enfin, cette méthode ne retire aucun fonds de la circulation générale ; les terres ne sont point irrévocablement possédées par des mains paresseuses ; et leurs productions, sous la main d'un propriétaire actif, n'ont de borne que celle de leur propre fécondité. Qu'on ne dise point que ce sont là des idées chimériques : l'Angleterre, l'Écosse et l'Irlande sont remplies de pareilles sociétés, et en ressentent, depuis plusieurs années, les heureux effets. Ce qui a lieu en Angleterre peut avoir lieu en France ; et quoi qu'on en dise, les Anglois n'ont pas le droit exclusif d'être citoyens. Nous avons même déjà dans quelques provinces des exemples de ces associations, qui en prouvent la possibilité. Je citerai en particulier la ville de Bayeux, dont les habitans se sont cotisés librement pour bannir

---

nale. — Les principes de M. *Turgot*, adoptés par quelques bons esprits, n'ont pas peu contribué à l'existence, aux réglemens de ces sociétés respectables, et de celles qui leur ressemblent.

entièrement de leur ville la mendicité, et y ont
réussi en fournissant du travail à tous les mendians valides, et des aumônes à ceux qui ne le
sont pas. Ce bel exemple mérite d'être proposé
à l'émulation de toutes nos villes : rien ne sera si
aisé, quand on le voudra bien, que de tourner,
vers des objets d'une utilité générale et certaine,
l'émulation et le goût d'une nation aussi sensible
à l'honneur que la nôtre, et aussi facile à se plier
à toutes les impressions que le gouvernement
voudra et saura lui donner.

6°. Ces réflexions doivent faire applaudir aux
sages restrictions que le Roi a mises, par son édit
de 1749, à la liberté de faire des *fondations*
nouvelles. Ajoutons qu'elles ne doivent laiser aucun doute sur le droit incontestable qu'ont, le
gouvernement d'abord dans l'ordre civil, puis le
gouvernement et l'église dans l'ordre de la religion, de disposer des *fondations* anciennes,
d'en diriger les fonds à de nouveaux objets, ou
mieux encore de les supprimer tout-à-fait. L'utilité publique est la loi suprême, et ne doit être
balancée ni par un respect superstitieux, pour
ce qu'on appelle *l'intention des fondateurs*,
comme si des particuliers ignorans et bornés
avoient eu droit d'enchaîner, à leurs volontés
capricieuses, les générations qui n'étoient point

encore; ni par la crainte de blesser les droits prétendus de certains corps , comme si les corps particuliers avoient quefques droits vis-à-vis de l'état. Les citoyens ont des droits, et des droits sacrés pour le corps même de la société; ils existent indépendamment d'elle ; ils en sont les élémens nécessaires , et ils n'y entrent que pour se mettre, avec tous leurs droits, sous la protection de ces mêmes loix qui assurent leurs propriétés et leur liberté. Mais les corps particuliers n'existent point par eux-mêmes , ni pour eux ; ils ont été formés pour la société , et ils doivent cesser d'exister au moment qu'ils cessent d'être utiles.

Concluons qu'aucun ouvrage des hommes n'est fait pour l'immortalité ; et puisque les *fondations* , toujours multipliées par la vanité , absorberoient, à la longue, tous les fonds et toutes les propriétés particulières , il faut bien q'on puisse à la fin les détruire. Si tous les hommes qui ont vécu avoient eu un tombeau, il auroit bien fallu, pour trouver des terres à cultiver , renverser ces monumens stériles , et remuer les cendres des morts pour nourrir les vivans.

VALEURS ET MONNOIES.

A la suite des articles de l'*Encyclopédie*, nous croyons devoir placer le Mémoire qu'on va lire sur la *Théorie des Valeurs*.

La forme de son titre indique une dissertation destinée pour un dictionnaire; et son étendue, les développemens dans lesquels entre l'Auteur ont beaucoup de rapports avec la contexture ordinaire des articles de l'Encyclopédie. Mais le renvoi à un ouvrage de l'Abbé Galiani , publié depuis 1757 , montre que cet ouvrage est cependant d'une époque plus récente que celle où M. Turgot a cessé de travailler pour l'Encyclopédie.

LA monnoie a cela de commun avec toutes les espèces de mesures , qu'elle est une sorte de langage qui diffère chez les différens peuples en tout ce qui est arbitraire et de convention ; mais qui se raproche et s'identifie , à quelques égards, par ses rapports à un terme ou étalon commun.

Ce terme commun , qui rapproche tous les langages ,

langages, et qui donne à toutes les langues un fond de ressemblance inaltérable, malgré la diversité des sons qu'elles employent, n'est autre que les idées mêmes que les mots expriment; c'est-à-dire les objets de la nature, représentés par les sens, à l'esprit humain, et les notions que les hommes se sont formées en distinguant les différentes faces de ces objets, et en les combinant en mille manières.

C'est ce fond commun essentiel à toutes les langues, indépendamment de toutes conventions, qui fait qu'on peut prendre chaque langue, chaque système de convention, adopté comme les signes des idées, pour y comparer tous les autres systèmes de convention, comme on compareroit au système même des idées qu'on peut interpréter dans chaque langue, ce qui a été originairement exprimé dans toute autre, ce qu'on peut en un mot *traduire*.

Le terme commun de toutes les mesures de longueur, de superficie, de contenance, n'est autre que l'étendue même, dont les différentes mesures adoptées chez les différens peuples, ne sont que des divisions arbitraires, qu'on peut pareillement comparer et réduire les unes aux autres.

On traduit les langues les unes par les autres;

Tome III. 17

on réduit les mesures les unes aux autres. Ces différentes expressions énoncent deux opérations très-différentes.

Les langues désignent des idées, par des sons qui sont en eux-mêmes étrangers à ces idées. Ces sons d'une langue à l'autre sont entièrement différens, et pour les expliquer il faut substituer un son à un autre son ; au son de la langue étrangère, le son correspondant de la langue dans laquelle on traduit. Les mesures, au contraire, ne mesurent l'étendue que par l'étendue même. Il n'y a d'arbitraire et de variable que le choix de la quantité d'étendue qu'on est convenu de prendre pour l'unité, et les divisions adoptées pour faire connoitre les différentes mesures. Il n'y a donc point de substitutions à faire d'une chose à une autre ; il n'y a que des quantités à comparer, et des rapports à substituer à d'autres rapports.

Le terme commun auquel se rapportent les *monnoies* de toutes les nations, est la *valeur* même de tous les objets de commerce qu'elles servent à mesurer. Mais cette valeur ne pouvant être désignée que par la quantité des monnoies auxquelles elle correspond, il s'en suit qu'on ne peut *évaluer* une *monnoie* qu'en une autre *monnoie :* de même qu'on ne peut interprêter les sons d'une langue que par d'autres sons

Les monnoies de toutes les nations policées, étant faites des mêmes matières, et ne différant entre elles, comme les mesures, que par les divisions de ces matières, et par la fixation arbitraire de ce qu'on regarde comme l'unité, elles sont susceptibles, sous ce point de vue, d'être réduites les unes aux autres, ainsi que les mesures usitées chez les différentes nations.

Nous verrons, dans la suite, que cette réduction se fait d'une manière très-commode, par l'énonciation de leur poids et de leur titre.

Mais cette manière d'évaluer les monnoies par l'énonciation du poids et du titre, ne suffit pas pour faire entendre le langage du commerce par rapport aux monnoies. Toutes les nations de l'Europe en connoissent deux sortes. Outre les monnoies réelles, comme l'écu, le louis, le crown, la guinée, qui sont des pièces en métal, marquées d'une empreinte connue, et qui ont cours sous ces dénominations, elles se sont fait chacune une espèce de monnoie de compte ou numéraire dont les dénominations et les divisions, sans correspondre à aucune pièce de monnoie réelle, forment une échelle commune, à laquelle on rapporte les monnoies réelles, en les évaluant

par le nombre de parties de cette échelle, auxquelles elles correspondent. Telle est en France
la livre de compte ou numéraire, composée de
vingt sols, et dont chacun se subdivise en douze
deniers. Il n'y a aucune pièce de monnoie qui
réponde à une livre (1); mais un écu vaut trois
livres, un louis vaut vingt-quatre livres, et cette
énonciation de la valeur de ces deux monnoies
réelles, en une monnoie de compte, établit le
rapport de l'écu au louis, comme d'un à huit.

Ces monnoies de compte, n'étant comme on
voit que de simples dénominations arbitraires,
varient de nation à nation, et peuvent varier,
dans la même nation, d'une époque à une autre
époque.

Les Anglois ont aussi leur livre sterling, divi-
sée en vingt sols ou shellings, lesquels se divisent
en douze deniers ou pennys. Les Hollandois
comptent par florins, dont les divisions ne correspondent point à celle de notre livre.

Nous avons donc à faire connoître dans la
Géographie commerçante, non-seulement les
monnoies réelles de chaque nation, et leur éva-

---

(1) On a dans ces derniers tems fait des monnaies
réelles d'*un franc*, et c'est un perfectionnement dans
le système monétaire de la France. (*Note de l'Éditeur.*)

luation en poids et en titre, mais encore les monnoies de compte employées par chaque nation; et de plus leurs rapports avec les monnoies réelles qui ont cours dans la nation, et le rapport qu'ont entre elles les monnoies de compte des différentes nations. Le rapport de la monnoie de compte à la monnoie réelle de chaque nation se détermine en énonçant la valeur des monnoies réelles en monnoie de compte du même pays; du ducat en florins, de la guinée en shellings et deniers sterling, du louis et de l'écu en livres tournois.

Quant au rapport qu'ont entre elles les monnoies de compte usitées chez les différentes nations, l'idée qui se présente d'abord est de la conclure du rapport des monnoies de compte de chaque pays aux monnoies réelles, et de la connoissance du poids et du titre de celles-ci. En effet, connoissant le poids et le titre d'un crown d'Angleterre et le poids et le titre d'un écu de France, on connoit le rapport d'un crown à l'écu de France, et sachant combien l'écu vaut de deniers tournois, on en déduit ce que vaut le crown en deniers tournois ; et comme on sait aussi ce que vaut le crown en deniers sterlings, on sait que tel nombre de deniers sterlings équivaut à tel nombre de deniers tournois, et l'on a le rapport de la livre sterling à la livre tournois.

Cette manière d'évaluer les monnoies de compte des différentes nations par leur comparaison avec les monnoies réelles de chaque nation, et par la connoissance du poids et du titre de celles-ci ne seroit susceptible d'aucune difficulté, s'il n'y avoit des monnoies que d'un seul métal, d'argent, par exemple, ou si la valeur relative des différens métaux employés à cet usage, de l'or, par exemple, et de l'argent, êtoit la même chez toutes les nations commerçantes, c'est-à-dire si un poids quelconque d'or fin, un marc par exemple, valoit exactement un nombre de grains d'argent fin, qui fût le même chez toutes les nations. Mais cette valeur relative de l'or et de l'argent varie suivant l'abondance ou la rareté relative de ces deux métaux chez les différentes nations.

Si chez une nation il y a treize fois plus d'argent qu'il n'y a d'or, et qu'en conséquence on donne treize marcs d'argent pour avoir un marc d'or, on donnera quatorze marcs d'argent pour un marc d'or, chez une autre nation où il y aura quatorze fois plus d'argent qu'il n'y a d'or. Il suit de là que si, pour déterminer la valeur des monnoies de compte de deux nations où l'or et l'argent n'ont pas la même valeur relative, pour évaluer, par exemple, la livre sterling en livres tournois, on emploie pour terme de comparaison la monnoie d'or, on n'aura pas le même résultat que si l'on se fût servi des monnoies d'argent. Il est évident que la véritable évaluation se trouve entre ces deux résultats ; mais pour la déterminer avec une précision entièrement rigoureuse, il faudroit faire entrer dans la solution de ce problême une foule de considérations très-délicates. Cependant le commerce d'argent de nation a nation, toutes les négociations relatives à ce commerce, la représentation de la monnoie par le papier de crédit, les opérations du change, celles des banques, supposent ce problême résolu.

Le mot de *monnoie* dans son sens propre, originaire et primitif, qui répond exactement au latin *moneta*, signifie une pièce de métal d'un poids et d'un titre déterminés, et garantis par l'empreinte qu'y a fait apposer l'autorité publique. Rapporter le nom, désigner l'empreinte, énoncer le poids et le titre de chaque monnoie des différentes nations en réduisant ce poids au poids de marc, c'est tout ce qu'il y a à faire pour donner une idée nette des

monnoies considérées sous ce premier point de
vue.

Mais l'usage a donné à ce mot de *monnoie*
une acception plus abstraite et plus étendue.
On divise les métaux en pièces d'un certain
poids ; l'autorité ne garantit leur titre par une
empreinte que pour qu'on puisse les employer
d'une manière commode et sûre dans le commerce, pour qu'ils y servent à la fois de mesures des valeurs et de gage représentatif des
denrées; il y a plus, l'on n'a songé à diviser
ainsi les métaux, à les marquer, à en faire en
un mot de la *monnoie ,* que parce que déjà
ces métaux servoient de mesure et de gage
commun de toutes les valeurs.

La monnoie n'ayant pas d'autre emploi, ce
nom a été regardé comme désignant cet emploi même, et comme il est vrai de dire que
la monnoie est la mesure et le gage des valeurs, comme tout ce qui est mesure et gage
des valeurs peut tenir lieu de la monnoie, on
a donné le nom de monnoie dans un sens étendu
à tout ce qui est employé à cet usage. C'est
dans ce sens qu'on dit que les cauris sont la
monnoie des isles Maldives, que les bestiaux
étoient la *monnoie* des Germains et des anciens
habitans du Latium ; que l'or, l'argent et le

cuivre sont la *monnoie* des peuples policés ; que ces métaux étoient *monnoies* avant qu'on eût imaginé d'en désigner le poids et le titre par une empreinte légale. C'est dans ce sens qu'on donne aux papiers de crédit qui représentent les monnoies, le nom de *papier-monnoie*. C'est dans ce sens enfin que le nom de monnoie convient aux dénominations purement abstraites qui servent à comparer entre elles toutes les valeurs et celles mêmes des monnoies réelles, et qu'on dit *monnoie de compte, monnoie de banque,* etc.

Le mot de *monnoie,* en ce sens, ne doit point se traduire par le mot latin *moneta,* mais par celui de *pecunia,* auquel il correspond très-exactement.

C'est dans ce dernier sens, c'est comme mesure des valeurs et gage des denrées, que nous allons envisager la *monnoie,* en suivant la marche de son introduction dans le commerce, et les progrès qu'a fait chez les hommes l'art de *mesurer les* VALEURS.

Avant tout, il est nécessaire de se faire une idée nette de ce qu'on doit entendre ici par ce mot *valeur.*

Ce substantif abstrait, qui répond au verbe *valoir,* en latin *valere,* a, dans la langue usuelle, plusieurs significations qu'il est important de distinguer.

Le sens originaire de ce mot, dans la langue latine, signifioit force, vigueur; *valere* signifioit aussi *se bien porter*, et nous conservons encore en françois ce sens primitif dans les dérivés *valide*, *invalide*, *convalescence*. C'est en partant de cette acception où le mot *valeur* signifioit force, qu'on en a détourné le sens pour lui faire signifier le courage militaire, avantage que les anciens peuples ont presque toujours désigné par le même mot, qui signifioit la force du corps. Le mot *valoir* a pris dans la langue françoise un autre sens fort usité, et qui, quoique différent de l'acception qu'on donne dans le commerce à ce mot et à celui de *valeur*, en est cependant la première base.

Il exprime cette bonté relative à nos besoins, par laquelle les dons et les biens de la nature sont regardés comme propres à nos jouissances, à la satisfaction de nos désirs. On dit qu'un ragoût ne *vaut rien* quand il est mauvais au goût; qu'un aliment ne *vaut rien* pour la santé; qu'une étoffe *vaut mieux* qu'une autre étoffe : expression qui n'a aucun rapport à la *valeur commerçable*, et signifie seulement qu'elle est plus propre aux usages auxquels on la destine.

Les adjectifs *mauvais*, *médiocre*, *bon*, *ex-cellent*, caractérisent les divers degrés de cette espèce de *valeur*. On doit cependant obser-ver que le substantif *valeur* n'est pas, à beau-coup près, aussi usité en ce sens que le verbe *valoir*. Mais si l'on s'en sert, on ne peut en-tendre par là que la bonté d'un objet relative-ment à nos jouissances. Quoique cette bonté soit toujours relative à nous, nous avons cependant en vue, en y expliquant le mot de *valeur*, une qualité réelle, intrinsèque à l'objet, et par la-quelle il est propre à notre usage.

Ce sens du mot *valeur* auroit lieu pour un homme isolé, sans communication avec les autres hommes.

Nous considérerons cet homme n'exerçant ses facultés que sur un seul objet ; il le recherchera, l'évitera ou le laissera avec indifférence. Dans le premier cas, il a sans doute un motif de rechercher cet objet : il le juge propre à sa jouis-sance, il le trouvera *bon* ; et cette bonté rela-tive pourroit absolument être appellée *valeur*. Mais cette *valeur* n'étant point comparée à d'autres *valeurs*, ne seroit point susceptible de mesure, et la chose qui *vaut* ne seroit point *évaluée*.

Si ce même homme a le choix entre plusieurs objets propres à son usage, il pourra préférer l'un à l'autre; trouver une orange plus agréable que des châtaignes, une fourrure meilleure pour le défendre du froid qu'une toile de coton : il jugera qu'une de ces choses *vaut mieux* qu'une autre; il comparera dans son esprit; il appréciera *leur valeur*. Il se déterminera, en conséquence, à se charger des choses qu'il préfère, et à laisser les autres.

Le Sauvage aura tué un veau qu'il portoit à sa cabane : il trouve en son chemin un chevreuil; il le tue, et il le prend à la place du veau, dans l'espérance de manger une chair plus délicate : c'est ainsi qu'un enfant qui a d'abord rempli ses poches de châtaignes, les vuide pour faire place à des dragées qu'on lui présente.

Voilà donc une comparaison de *valeurs*, une évaluation des différens objets dans ces jugemens du Sauvage et de l'enfant; mais ces *évaluations* n'ont rien de fixe, elles changent d'un moment à l'autre, suivant que les besoins de l'homme varient. Lorsque le Sauvage a faim, il fera plus de cas d'un morceau de gibier que de la meilleure peau d'ours; mais que sa faim soit satisfaite, et qu'il ait froid, ce sera la peau d'ours qui lui deviendra précieuse.

Le plus souvent, le Sauvage borne ses désirs à la satisfaction du besoin présent; et quelle que soit la quantité des objets dont il peut user, dès qu'il en a pris ce qu'il lui faut, il abandonne le reste, qui ne lui est bon à rien.

L'expérience apprend cependant à notre Sauvage que parmi les objets propres à ses jouissances, il en est quelques-uns que leur nature rend susceptibles d'être conservés pendant quelque tems, et qu'il peut accumuler pour les besoins à venir; ceux-là conservent leur *valeur*, même lorsque le besoin du moment est satisfait. Il cherche à se les approprier, c'est-à-dire à les mettre dans un lieu sûr où il puisse les cacher ou les défendre. On voit que les considérations qui entrent dans l'estimation de cette *valeur* uniquement *relative à l'homme* qui jouit ou qui désire, se multiplient beaucoup par ce nouveau point de vue qu'ajoute la prévoyance au premier sentiment du besoin. — Lorsque ce sentiment, qui d'abord n'étoit que momentané, prend un caractère de permanence, l'homme commence à comparer entre eux les besoins; à proportionner la recherche des objets, non plus uniquement à l'impulsion rapide du besoin présent, mais à l'ordre de nécessité et d'utilité des différens besoins.

Quant aux autres considérations par lesquelles cet ordre d'utilité plus ou moins pressante est balancé ou modifié, une des premières qui se présente est l'excellence de la chose, ou son aptitude plus ou moins grande à satisfaire le genre de désir qui la fait rechercher. Il faut avouer que cet ordre d'excellence rentre un peu, par rapport à l'estimation qui en résulte, dans l'ordre d'utilité, puisque l'agrément de la jouissance plus vive, que produit ce degré d'excellence, est lui-même un avantage que l'homme compare avec la nécessité plus urgente des choses dont il préfère l'abondance à l'excellence d'une seule.

Une troisième considération est la difficulté plus ou moins grande que l'homme envisage à se procurer l'objet de ses désirs ; car il est bien évident qu'entre deux choses également utiles et d'une égale excellence, celle qu'il aura beaucoup plus de peine à retrouver lui paroîtra bien plus précieuse, et qu'il emploiera bien plus de soins et d'efforts à se la procurer. C'est par cette raison que l'eau, malgré sa nécessité et la multitude d'agrémens qu'elle procure à l'homme, n'est point regardée comme une chose précieuse dans les pays bien arrosés ; que l'homme ne cherche point à s'en assurer la possession, parce que l'abondance de cette substance la lui fait trouver sous sa main. Mais dans les déserts de sable elle seroit d'un prix infini.

Nous n'en sommes pas encore à l'échange, et voilà déjà la rareté, un des élémens de l'*évaluation*. — Il faut remarquer que cette estime attachée à la rareté est encore fondée sur un genre particulier d'utilité ; car c'est parce qu'il est plus utile de s'approvisionner d'avance d'une chose difficile à trouver qu'elle est plus recherchée, et que l'homme met plus d'efforts à se l'approprier.

On peut réduire à ces trois considérations toutes celles qui entrent dans la fixation de ce genre de *valeur* relative à l'homme isolé : ce sont là les trois élémens qui concourent à la former. Pour la désigner par un nom qui lui soit propre, nous l'appellerons *valeur estimative*, parce qu'elle est effectivement l'expression du degré d'estime que l'homme attache aux différens objets de ses désirs.

Il n'est pas inutile d'appuyer sur cette notion, et d'analyser ce que c'est que ce degré d'estime qu'attache l'homme aux différens objets de ses désirs ; quelle est la nature de cette évaluation, ou le terme moyen auquel les *valeurs* de chaque objet en particulier sont comparées ; quelle est la numération de cette échelle de comparaison ; quelle en est l'utilité.

En y réfléchissant, nous verrons que la totalité des objets nécessaires à la conservation et au bien être de l'homme correspond à une *somme de besoins* qui, malgré toute leur étendue et leur variété, est assez bornée.

Il n'a, pour se procurer la satisfaction de ces besoins, qu'une mesure plus bornée encore de forces ou de facultés. Chaque objet particulier de ses jouissances lui coûte des soins, des fatigues, des travaux, et au moins du tems. C'est cet emploi de ces facultés appliquées à la recherche de chaque objet qui fait la compensation de sa jouissance, et pour ainsi dire *le prix* de l'objet. L'homme est encore seul, la nature seule fournit à ses besoins, et déjà il fait avec elle un premier *commerce* où elle ne fournit rien qu'il ne paie par son travail, par l'emploi de ses facultés et de son tems.

Son capital, dans ce genre de commerce, est renfermé dans des limites étroites ; il faut qu'il y proportionne la somme de ses jouissances ; il faut que, dans l'immense magasin de la nature, il fasse un choix, et qu'il partage ce *prix* dont il peut disposer entre les différens objets qui lui conviennent ; qu'il les *évalue* à raison de leur *importance* pour sa conservation et son bien-être. Et cette évaluation, qu'est-ce autre chose que

que le compte qu'il se rend à lui-même de la portion de sa peine et de son tems ; ou, pour exprimer ces deux choses en un seul mot, de la portion de ses facultés qu'il peut employer à la recherche de l'objet évalué, sans y sacrifier celle d'autres objets également, ou plus importans ?

Quelle est donc ici sa mesure des valeurs ? quelle est son échelle de comparaison ? Il est évident qu'il n'en a pas d'autre que ses facultés mêmes. La somme totale de ces facultés est la seule unité de cette échelle, le seul point fixe d'où il puisse partir ; et les valeurs qu'il attribue à chaque objet sont des parties proportionnelles de cette échelle. Il suit de là que la *valeur estimative* d'un objet, pour l'homme isolé, est précisément la portion du total de ses facultés qui répond au désir qu'il a de cet objet, ou celle qu'il veut employer à satisfaire ce désir. On peut dire, en d'autres termes, que c'est le rapport de cette partie proportionnelle au total des facultés de l'homme, rapport qui s'exprimeroit par une fraction, laquelle auroit pour numérateur le nombre de valeurs ou de parties proportionnelles égales que contient la totalité des facultés de l'homme.

Nous ne pouvons ici nous refuser une réflexion.

Nous n'avons pas encore vu naître le commerce ; nous n'avons pas encore assemblé deux hommes, et, dès ce premier pas de nos recherches, nous touchons à une des plus profondes vérités et des plus neuves que renferme la théorie générale des valeurs ; c'est cette vérité que M. l'abbé Gagliani énonçoit, il y a vingt ans, dans son traité *della Moneta*, avec tant de clarté et d'énergie, mais presque sans développement, en disant que la *commune mesure de toutes les valeurs est l'homme*. Il est vraisemblable que cette même vérité, confusément entrevue par l'auteur d'un ouvrage qui vient de paroître sous le titre d'Essai analytique sur la richesse et l'impôt, a donné naissance à la doctrine de la valeur constante et unique toujours exprimée par l'unité, et dont toutes les valeurs particulières ne sont que des parties proportionnelles ; doctrine mélangée dans ce livre de vrai et de faux, et qui, par cette raison, a paru assez obscure au plus grand nombre de ses lecteurs.

Ce n'est pas ici le lieu de développer ce qu'il peut effectivement y avoir d'obscur dans la courte énonciation que nous venons de faire d'une proposition qui mérite d'être discutée avec une étendue proportionnée à son importance ; moins encore devons-nous en détailler dans ce moment les conséquences nombreuses.

Reprenons le fil qui nous a conduit jusqu'à présent ; étendons notre première supposition. Au lieu de ne considérer qu'un homme isolé, rassemblons-en deux : que chacun ait en sa possession des choses propres à son usage, mais que ces choses soient différentes et appropriées à des besoins différens. Supposons, par exemple, que dans une isle déserte, au milieu des mers septentrionales, deux Sauvages abordent chacun de leur côté, l'un portant avec lui du poisson plus qu'il n'en peut consommer, l'autre portant des peaux au-delà de ce qu'il peut employer pour se couvrir et se faire une tente. Celui qui a apporté du poisson a froid, celui qui a apporté des peaux a faim ; il arrivera que celui-ci demandera au possesseur du poisson une partie de sa provision, et lui offrira de lui donner à la place quelques-unes de ses peaux : l'autre acceptera ; voilà l'échange, voilà le commerce.

Arrêtons-nous un peu à considérer ce qui se passe dans cet échange. Il est d'abord évident que cet homme qui, après avoir pris sur sa pêche de quoi se nourrir pendant un petit nombre de jours, passé lequel ce poisson se gâteroit, auroit jetté le reste comme inutile, commence à en faire cas lorsqu'il voit que ce poisson peut servir (par la voie de l'échange) à lui procurer des peaux dont il a besoin pour se couvrir; ce poisson superflu acquiert à ses yeux une valeur qu'il n'avoit pas. Le possesseur des peaux fera le même raisonnement, et apprendra de son côté à *évaluer* celles dont il n'a pas un besoin *personnel*. Il est vraisemblable que dans cette première situation où nous supposons nos deux hommes pourvus chacun surabondamment de la chose qu'il possède, et accoutumés à n'attacher aucun prix au superflu, le débat sur les conditions de l'échange ne sera pas fort vif; chacun laissera prendre à l'autre, l'un tout le poisson, l'autre toutes les peaux dont lui-même n'a pas besoin. Mais changeons un peu la supposition; donnons à chacun de ces deux hommes un intérêt de garder leur superflu, un motif d'y attacher de la valeur : supposons qu'au lieu de poisson l'un ait apporté du maïs, qui peut se conserver très-long-tems; que l'autre, au lieu de peaux, ait apporté du bois à brûler, et que l'isle ne produise ni grains ni bois. Un de nos deux Sauvages a sa subsistance, et l'autre son chauffage pour plusieurs mois; ils ne peuvent aller renouveller leur provision qu'en retournant sur le continent, d'où peut-être ils ont été chassés par la crainte des bêtes féroces ou d'une nation ennemie; ils ne le peuvent qu'en s'exposant sur la mer, dans une saison orageuse, à des dangers presque inévitables ; il est évident que la totalité du maïs et la totalité du bois deviennent très-précieuses aux deux possesseurs, qu'elles ont pour eux une grande valeur ; mais le bois que l'un pourra consommer dans un mois lui deviendra fort inutile si dans cet intervalle il meurt de faim faute de maïs, et le possesseur du maïs ne sera pas plus avancé, s'il est exposé à périr faute de bois : ils feront donc encore un échange, afin que chacun d'eux puisse avoir du bois et du maïs jusqu'au tems où la saison permettra de tenir la mer pour aller chercher sur le continent d'autre maïs et d'autre bois. Sans cette position, l'un et l'autre seroient sans doute moins généreux : chacun pèsera scrupuleusement toutes les considérations qui peuvent l'engager à préférer une certaine quantité de la denrée qu'il n'a pas à une certaine quantité de celle qu'il a ; c'est-à-dire, qu'il calculera la force des deux besoins, des deux intérêts entre lesquels il est balancé ; savoir, l'intérêt de garder du maïs et celui d'acquérir du bois, ou de garder du bois et d'acquérir du maïs ; en un mot, il en fixera très-précisément la valeur estimative relativement à lui. Cette valeur estimative est proportionnée à l'intérêt qu'il a de se procurer ces deux

choses ; et la comparaison des deux *valeurs*
n'est évidemment que la comparaison des deux
intérêts. Mais chacun fait ce calcul de son côté,
et les résultats peuvent être différens : l'un chan-
geroit trois mesures de maïs pour six brasses
de bois, l'autre ne voudroit donner ses six
brasses de bois que pour neuf mesures de maïs.
Indépendamment de cette espèce d'évaluation
mentale par laquelle chacun d'eux compare l'intérêt qu'il a de garder à celui qu'il a d'acquérir,
tous deux sont encore animés par un intérêt
général et indépendant de toute comparaison;
c'est l'intérêt de garder chacun le plus qu'il peut
de sa denrée, et d'acquérir le plus qu'il peut de
celle d'autrui. Dans cette vue, chacun tiendra
secrète la comparaison qu'il a faite intérieurement de ses deux intérêts, des deux valeurs qu'il
attache aux deux denrées à échanger, et il son-
dera par des offres plus foibles et des demandes
plus fortes le possesseur de la denrée qu'il désire.
Celui-ci tenant de son côté la même conduite,
ils disputeront sur les conditions de l'échange;
et comme ils ont tous deux un grand intérêt à
s'accorder, ils s'accorderont à la fin : peu à peu
chacun d'eux augmentera ses offres ou dimi-
nuera ses demandes, jusqu'à ce qu'ils conviennent enfin de donner une quantité déterminée de

maïs pour une quantité déterminée de bois. Au moment où l'échange se fait, celui qui donne, par exemple, quatre mesures de maïs pour cinq brasses de bois, préfère sans doute ces cinq brasses aux quatre mesures de maïs ; il leur donne une valeur estimative supérieure ; mais, de son côté, celui qui reçoit les quatre mesures de maïs les préfère aussi aux cinq brasses de bois. Cette supériorité de la valeur estimative attribuée par l'acquéreur à la chose acquise sur la chose cédée est essentielle à l'échange, car elle en est l'unique motif. Chacun resteroit comme il est, s'il ne trouvoit un intérêt, un profit personnel à échanger ; si, relativement à lui-même, il n'estimoit ce qu'il reçoit plus que ce qu'il donne.

Mais cette différence de valeur estimative est réciproque, et précisément égale de chaque côté ; car si elle n'étoit pas égale, l'un des deux désireroit moins l'échange, et forceroit l'autre à se rapprocher de son prix par une offre plus forte. Il est donc toujours rigoureusement vrai que chacun donne valeur égale pour *recevoir valeur égale*. Si l'on donne quatre mesures de maïs pour cinq brasses de bois, on donne aussi cinq brasses de bois pour quatre mesures de maïs ; et par conséquent quatre mesures de maïs équivalent, dans cet échange particulier, à cinq brasses de bois : ces deux choses ont donc une valeur échangeable égale.

Arrêtons-nous encore ; voyons ce que c'est précisément que cette *valeur échangeable* dont l'égalité est la condition nécessaire d'un échange libre ; ne sortons point encore de la simplicité de notre hypothèse, où nous n'avons que deux contractans et deux objets d'échange à considérer. — Cette *valeur échangeable* n'est pas précisément la *valeur estimative*, ou, en d'autres termes, l'intérêt que chacun des deux attachoit séparément aux deux objets de besoin dont il comparoit la possession pour fixer ce qu'il devoit céder de l'une pour acquérir de l'autre, puisque le résultat de cette comparaison pouvoit être inégal dans l'esprit des deux contractans ; cette première valeur, à laquelle nous avons donné le nom de *valeur estimative*, s'établit par la comparaison que chacun fait de son côté entre les deux intérêts qui se combattent chez lui ; elle n'a d'existence que dans l'intérêt de chacun d'eux pris séparément. La valeur *échangeable*, au contraire, est adoptée par les deux contractans, qui en reconnoissent l'égalité, et qui en font la condition de l'échange. Dans la fixation de la valeur *estimative*, chaque homme, pris à part, n'a comparé que deux intérêts, qu'il attache à l'objet qu'il a et à celui qu'il désire avoir. Dans la fixation de la *valeur échangeable*, il y a deux hommes qui comparent, et quatre intérêts comparés; mais les deux intérêts particuliers de chacun des deux contractans ont d'abord été comparés entre eux à part; et ce sont les deux résultats qui sont ensuite comparés ensemble, ou plutôt débattus par les deux contractans, pour en former une *valeur estimative moyenne*, qui devient précisément la *valeur échangeable* à laquelle nous croyons devoir donner le nom de *valeur appréciative*, parce qu'elle détermine *le prix* ou la condition de l'échange.

On voit par ce que nous venons de dire que la *valeur appréciative*, cette valeur qui est égale entre les deux objets échangés, est essentiellement de la même nature que la *valeur estimative*; elle n'en diffère que parce qu'elle est une valeur estimative *moyenne*. Nous avons vu plus haut que pour chacun des contractans la valeur estimative de la chose reçue est plus forte que celle de la chose cédée, et que cette différence est précisément égale de chaque côté; en prenant la moitié de cette différence pour l'ôter à la valeur plus forte et la rendre à la plus foible, on les rendra *égales*. Nous avons vu

que cette égalité parfaite est précisément le caractère de la valeur appréciative de l'échange.
Cette valeur appréciative n'est donc évidemment
autre chose que la valeur estimative *moyenne*
entre celle que les deux contractans attachent
à chaque objet

Nous avons prouvé que la valeur estimative
d'un objet, pour l'homme isolé, n'est autre chose
que le rapport entre la portion de ses facultés
qu'un homme peut consacrer à la recherche de
cet objet, et la totalité de ses facultés : donc la
valeur appréciative dans l'échange entre deux
hommes, est le rapport entre la somme des
portions de leurs facultés qu'ils seroient disposés
à consacrer à la recherche de chacun des objets
échangés, et la somme des facultés de ces deux
hommes. — Il est bon d'observer ici que l'introduction de l'échange entre nos deux hommes
augmente la richesse de l'un et de l'autre ; c'est-
à-dire, leur donne une plus grande quantité de
jouissance avec les mêmes facultés. Je suppose,
dans l'exemple de nos deux Sauvages, que la
plage qui produit le maïs et celle qui produit
le bois soient éloignés l'une de l'autre, un Sauvage seul seroit obligé de faire deux voyages
pour avoir sa provision de maïs et celle de bois ;
il perdroit par conséquent beaucoup de tems

et de fatigue à naviguer. Si, au contraire, ils
sont deux, ils emploieront, l'un à couper du
bois, l'autre à se procurer du maïs, le tems et
le travail qu'ils auroient mis à faire le second
voyage. La somme totale du maïs et du bois
recueilli sera plus forte, et par conséquent la
part de chacun.

Revenons. Il suit de notre définition de la
valeur appréciative, qu'elle n'est point le rapport entre les deux choses échangées ou entre
le prix et la chose vendue, comme quelques
personnes ont été tentées de le penser. Cette
expression manqueroit absolument de justesse
dans la comparaison des deux valeurs, des deux
termes de l'échange. Il y a un rapport d'égalité, et ce rapport d'égalité suppose deux choses
déjà égales : or, ces deux choses égales ne sont
point les deux choses échangées, mais bien la
valeur des choses échangées. On ne peut donc
confondre les *valeurs* qui ont un rapport d'égalité, avec ce rapport d'égalité qui suppose deux
valeurs comparées. Il y a sans doute un sens
dans lequel les *valeurs* ont un rapport, et nous
l'avons expliqué plus haut en approfondissant
la nature de la valeur estimative ; nous avons
même dit que ce rapport pouvoit, comme tout
rapport, être exprimé par une fraction. C'est

précisément l'égalité entre ces deux fractions qui forme la condition essentielle de l'échange ; égalité qui s'obtient en fixant la valeur *appréciative* à la moitié de la différence entre les deux *valeurs estimatives*.

Dans le langage du commerce, on confond souvent sans inconvénient *le prix* avec *la valeur*, parce qu'effectivement l'énonciation du prix renferme toujours l'énonciation de la valeur. Ce sont pourtant des notions différentes qu'il importe de distinguer. — Le prix est la chose qu'on donne en échange d'une autre. — De cette définition il suit évidemment que cette autre chose est aussi le prix de la première : quand on parle de l'échange, il est presque superflu d'en faire la remarque ; et comme tout commerce est échange, il est évident que cette expression (*le prix*) convient toujours réciproquement aux choses commercées, qui sont également le prix l'une de l'autre. Le prix et la chose achetée, ou, si l'on veut, les deux prix, ont une valeur égale : le prix vaut l'emplette et l'emplette vaut le prix ; mais le nom de valeur, à parler rigoureusement, ne convient pas mieux à l'un des deux termes de l'échange qu'à l'autre. Pourquoi donc emploie-t-on ces deux termes l'un pour l'autre ? En voici la raison, dont l'explication nous fera faire encore un pas dans la théorie des *valeurs*.

Cette raison est l'impossibilité d'énoncer la valeur en elle-même. On se convaincra facilement de cette impossibilité pour peu qu'on réfléchisse sur ce que nous avons dit et démontré de la nature des valeurs.

Comment trouver en effet l'expression d'un rapport dont le premier terme, le numérateur, l'unité fondamentale, est une chose inappréciable, et qui n'est bornée que de la manière la plus vague? Comment pourroit-on prononcer que la valeur d'un objet correspond à la deux-centième partie des facultés de l'homme, et de quelles facultés parleroit-on? Il faut certainement faire entrer dans le calcul de ces facultés la considération du tems; mais à quel intervalle se fixera-t-on? prendra-t-on la totalité de la vie, ou une année, ou un mois, ou un jour? Rien de tout cela, sans doute; car, relativement à chaque objet de besoin, les facultés de l'homme doivent être, pour se les procurer, indispensablement employées pendant des intervalles plus ou moins longs, et dont l'inégalité est très-grande. Comment apprécier ces intervalles d'un tems qui, en s'écoulant à la fois pour toutes les espèces de besoins de l'homme, ne doit cepen-

dant entrer dans le calcul que *pour des durées
inégales* relativement à chaque espèce de besoin ? Comment évaluer des parties imaginaires
dans une durée toujours une, et qui s'écoule,
si l'on peut s'exprimer ainsi, sur une ligne indivisible ? Et quel fil pourroit guider dans un pareil
labyrinthe de calculs, dont tous les élémens sont
indéterminés ? Il est donc impossible d'exprimer
la *valeur* en elle-même ; et tout ce que peut énoncer à cet égard le langage humain, c'est que la
valeur d'une chose égale *la valeur* d'une autre.
L'intérêt apprécié, ou plutôt senti par deux
hommes, établit cette équation dans chaque
cas particulier, sans qu'on ait jamais pensé à
sommer les facultés de l'homme pour en comparer le total à chaque objet de besoin. L'intérêt
fixe toujours le résultat de cette comparaison ;
mais il ne l'a jamais ni faite ni pu faire.

Le seul moyen d'énoncer la valeur est donc,
comme nous l'avons dit, d'énoncer qu'une chose
est égale à une autre en valeur ; ou, si l'on veut
en d'autres termes, de présenter une valeur
comme égale à la valeur cherchée. La valeur
n'a, ainsi que l'étendue, d'autre mesure qu'elle-
même ; et si l'on mesure les valeurs en y comprenant des valeurs, comme on mesure des longueurs en y comprenant des longueurs, dans

l'un et l'autre moyen de comparaison, il n'y a point d'*unité fondamentale* donnée par la nature, il n'y a qu'une *unité arbitraire* et de convention. Puisque dans tout échange il y a deux valeurs égales, et qu'on peut donner la mesure de l'une en énonçant l'autre, il faut convenir de l'unité arbitraire qu'on prendra pour fondement de cette mesure, ou si l'on veut pour élément de la numération des parties dont on composera son échelle de comparaison des valeurs. Supposons qu'un des deux contractans de l'échange veuille énoncer la valeur de la chose qu'il acquiert, il prendra, pour unité de son échelle des valeurs, une partie constante de ce qu'il donne, et il exprimera en nombres et en fractions de cette unité, la quantité qu'il en donne, pour une quantité fixe de la chose qu'il reçoit. Cette quantité énoncera pour lui *la valeur*, et sera *le prix* de la chose qu'il reçoit; d'où l'on voit que le prix est toujours l'énonciation de la valeur, et qu'ainsi pour l'acquéreur, énoncer la valeur c'est dire le prix de la chose acquise, en énonçant la quantité de celle qu'il donne pour l'acquérir. Il dira donc indifféremment que cette quantité est *la valeur*, ou est *le prix* de ce qu'il achète. — En employant ces deux façons de parler, il aura le même sens dans l'esprit, et fera naître le même sens dans l'esprit de ceux qui l'entendent ; ce qui fait sentir comment les deux mots de *valeur* et de *prix*, quoiqu'exprimant des notions essentiellement différentes, peuvent être sans inconvénient substitués l'un à l'autre dans le langage ordinaire, lorsqu'on n'y recherche pas une précision rigoureuse.

Il est assez évident que si un des deux contractans a pris une certaine partie arbitraire de la chose qu'il donne pour mesurer la valeur de la chose qu'il acquiert, l'autre contractant aura le même droit à son tour de prendre cette même chose acquise par son antagoniste, mais donnée par lui-même, pour mesurer la valeur de la chose que lui a donnée son antagoniste, et qui servoit de mesure à celui-ci. Dans notre exemple : celui qui a donné quatre sacs de maïs pour cinq brasses de bois, prendra pour unité de son échelle le sac de maïs, et dira: la brasse de bois vaut quatre cinquièmes du sac de maïs. Celui qui a donné du bois pour le maïs, prendra au contraire la brasse de bois pour son unité, et dira : le sac de maïs vaut une brasse et un quart. Cette opération est exactement la même que celle qui se passe entre deux hommes qui voudroient évaluer réciproquement, l'un l'aune de France en vares d'Espagne,

et

et l'autre la vare d'Espagne en aunes de France.

Dans les deux cas, on prend pour unité fixe et indivisible une partie aliquote de la chose que l'on connoît le mieux et qui sert à évaluer l'autre, et l'on évalue celle-ci en la comparant avec cette partie qu'on a prise arbitrairement pour l'unité. Mais de même que la vare d'Espagne n'est pas plus la mesure de l'aune de France, que l'aune de France n'est la mesure de la vare d'Espagne, le sac de maïs ne mesure pas plus la valeur de la brasse de bois, que la brasse de bois ne mesure la valeur du sac de maïs.

On doit de cette proposition générale tirer la conséquence que, dans tout échange, les deux termes de l'échange sont également la mesure de la valeur de l'autre terme : par la même raison, dans tout échange, les deux termes sont également gages représentatifs l'un de l'autre : c'est-à-dire que celui qui a du maïs peut se procurer avec du maïs une quantité de bois égale en valeur, de même que celui qui a le bois, peut avec le bois se procurer une quantité de maïs égale en valeur.

Voilà une vérité bien simple, mais bien fondamentale dans la théorie des valeurs, des monnoies et du commerce. Toute palpable qu'elle est, elle est encore souvent méconnue par de

Tome III.

très-bons esprits, et l'ignorance de ses conséquences les plus immédiates a jetté souvent l'administration dans les erreurs les plus funestes.
Il suffit de citer le fameux système de *Law*.

Nous nous sommes arrêtés bien long-tems
sur les premières hypothèses de l'homme isolé,
et de deux hommes échangeant deux objets;
mais nous avons voulu en tirer toutes les notions de la théorie des valeurs, qui n'exigent
pas plus de complication. En nous plaçant ainsi
toujours dans l'hypothèse la plus simple possible, les notions que nous en faisons résulter
se présentent nécessairement à l'esprit d'une manière plus nette et plus dégagée.

Nous n'avons plus qu'à étendre nos suppositions, à multiplier le nombre des échangeurs
et des objets d'échange pour voir naître le commerce, et pour completter la suite des notions
attachées au mot *valoir*.

Il nous suffira même pour ce dernier objet
de multiplier les hommes, en ne considérant
toujours que deux seuls objets d'échange.

Si nous supposons quatre hommes au lieu de
deux; savoir, deux possesseurs de bois et deux
possesseurs de maïs, on peut d'abord imaginer que
deux échangeurs se rencontrent d'un côté, et
deux de l'autre, sans communication entre les
quatre; alors chaque échange se fera à part,

comme si les deux contractans étoient seuls au
monde. Mais, par cela même que les deux
échanges se font à part, il n'y a aucune raison
pour qu'ils se fassent aux mêmes conditions.
Dans chaque échange, pris séparément, la valeur appréciative des deux objets échangés est
égale de part et d'autre ; mais il ne faut pas
perdre de vue que cette valeur appréciative n'est
autre chose que le résultat moyen des deux valeurs estimatives attachées aux objets d'échange,
par les deux contractans. Or, il est très-possible
que ce résultat moyen soit absolument différent
dans les deux échanges convenus à part, parce
que les valeurs estimatives dépendent de la façon
dont chacun considère les objets de ses besoins,
et de l'ordre d'utilité qu'il leur assigne parmi ses
autres besoins ; elles sont différentes pour chaque
individu. Dès-lors, si l'on ne considère que deux
individus d'un côté et deux individus de l'autre,
le résultat moyen pourra être très-différent. Il
est très-possible que les contractans d'un des
échanges, soient moins sensibles au froid que les
contractans de l'autre ; cette circonstance suffit
pour leur faire attacher moins d'estime au bois, et
plus au maïs. Ainsi, tandis que dans un des deux
échanges, quatre sacs de maïs et cinq brasses de
bois ont une valeur appréciative égale, pour les

deux autres contractans, cinq brasses de bois n'é-
quivaudront qu'à deux sacs de maïs, ce qui n'empêchera pas que, dans chaque contrat, la valeur
des deux objets ne soit exactement égale pour
les deux contractans, puisqu'on donne l'une pour
l'autre.

Rapprochons maintenant nos quatre hommes,
mettons-les à portée de communiquer, de s'instruire des conditions offertes par chacun des
propriétaires, soit du bois, soit du maïs. Dès-
lors, celui qui consentiroit à donner quatre sacs
de maïs pour cinq brasses de bois, ne le voudra
plus lorsqu'il saura qu'un des propriétaires du
bois, consent à donner cinq brasses de bois
pour deux sacs de maïs seulement. Mais celui-ci
apprenant à son tour, qu'on peut avoir, pour la
même quantité de cinq brasses de bois, quatre
sacs de maïs, changera aussi d'avis, et ne voudra plus se contenter de deux. Il voudroit bien
en exiger quatre; mais les propriétaires du maïs
ne consentiront pas plus à les donner, que les
propriétaires du bois ne consentiront à se contenter de deux. Les conditions des échanges
projettés seront donc changées, et il se formera
une nouvelle *évaluation*, une nouvelle appréciation de la valeur du bois, et de la valeur du
maïs. Il est d'abord évident que cette apprécia-

tion sera la même dans les deux échanges, et pour les quatre contractans, c'est-à-dire, que pour la même quantité de bois les deux possesseurs du maïs ne donneront ni plus ni moins de maïs, et que pour la même quantité de maïs les deux possesseurs de bois ne donneront pareillement ni plus ni moins de bois. — On voit au premier coup-d'œil que si un des possesseurs de maïs exigeoit moins de bois que l'autre pour la même quantité de maïs, les deux possesseurs du bois s'adresseroient à lui pour profiter de ce rabais : cette concurrence engageroit ce propriétaire à demander plus de bois qu'il n'en demandoit pour la même quantité de maïs : de son côté, l'autre possesseur de maïs baisseroit sa demande de bois, ou hausseroit son offre de maïs, pour rappeller à lui les possesseurs du bois dont il a besoin, et cet effet auroit lieu jusqu'à ce que les deux possesseurs de maïs en offrissent la même quantité pour la même quantité de bois.

Ce Mémoire n'a pas été achevé.

OBSERVATIONS

ET PENSÉES DIVERSES.

L'HOMME a des sens: par eux, il connoît et il jouit. Voilà l'origine des sciences et des arts, soit d'utilité, soit d'agrément. Les uns et les autres sont l'usage des dons que l'Auteur de la Nature nous a faits. — DIEU n'a rien fait d'inutile ; les facultés de l'homme ont donc pour objet qu'il en fasse usage. Et si quelquefois l'abus a été substitué à l'usage, est-ce une raison pour vouloir arracher un arbre fertile dont quelques fruits pris au hazard ont pu porter sur la langue une saveur âcre , qui eût fait place au parfum le plus doux, si l'on eût cueilli ce fruit dans l'instant de sa maturité? Qu'est-ce que l'homme avant le développement de ses idées? Toutes ses connoissances lui viennent du dehors. Accablé, si l'on peut ainsi parler, au commencement de son existence par la multitude de ses sensations, il apprend par degrés à les distinguer: ses besoins l'appellent successi-

vement; le soleil éclaire les nuages avant de les
dissiper.

L'imagination ne nous trompe pas; nous sen-
tons ce que nous croyons sentir. Le bonheur
qu'on appelle réel consiste uniquement dans nos
sensations, aussi bien que celui que nous appellons imaginaire. Mais l'un est lié avec l'existence
des objets qui nous environnent, et forme une
chaîne de sensations relatives entre elles. L'autre
est moins suivi dans la succession des sensations
qui sont plus indépendantes les unes des autres.
— Je le crois aussi plus foible; l'imagination est
la mémoire des sens, et peut-être ce qui se passe
dans le cerveau quand les esprits animaux réveillent des idées que nous avons eues, répond-
il à ce qui arrive quand deux cordes sont à
l'unisson. La corde qui ne fait que répéter,
donne un son bien plus foible que celle qui a
été frappée immédiatement.

Qu'une vérité soit démontrée, on sait précisément pourquoi on s'y rend; on sent la force
du motif; *c'est cela*, ni plus ni moins; et bien
des gens diroient volontiers: *Quoi! n'est-ce
que cela?* — Le préjugé doit son empire à des

causes moins connues, à une multitude de petites
raisons qu'on n'a jamais pesées, qu'on ne s'est
pas même *énumérées*. Il y gagne en force tout
ce que l'imagination, le désir, la crainte et toutes
les passions peuvent ajouter aux raisons. La
matière devient obscure : et dans l'obscurité, on
craint. — Cromwel aimoit mieux gouverner
l'Angleterre comme Protecteur, que comme
Roi, parce que les Anglois savoient jusqu'où
s'étendoient les droits d'un Roi, mais non pas
jusqu'où alloient ceux d'un Protecteur. C'est
sans doute pour cela que la raison fait si peu
d'enthousiastes.

Depuis qu'il y a des hommes, il y a des erreurs ; et cependant quand on y réfléchit avec
attention, on a peut-être plus de peine à concevoir qu'on se trompe, que l'on n'en auroit à concevoir une espèce d'infaillibilité dans les opérations de l'esprit humain. — Ce que je dis est un
paradoxe, et par conséquent a besoin de développement. — Si l'on considère la foiblesse de
notre esprit, la dépendance où il est du corps,
et le petit nombre d'idées qu'il peut embrasser,
comparé avec l'immensité de la nature, on croira
que les hommes seront éternellement le jouet
de mille erreurs et livrés à des disputes inter-

minables; on sera fondé à le penser jusqu'à un certain point; car puisque les hommes se trompent, il faut qu'il y ait quelques raisons pour qu'ils se trompent. — A regarder les choses sous un autre point de vue, on pourra désespérer moins d'acquérir des connoissances certaines. On verra que les bornes de notre esprit ne sont un principe d'erreur, que parce que nous voulons juger plus que nous ne voyons, et qu'enfin celui qui consent à beaucoup ignorer, peut parvenir à se tromper fort peu. En effet, à moins de pousser le pyrrhonisme à un excès qui ne mérite pas d'être réfuté, on convient qu'il y a des choses dont la certitude ne laisse point lieu à l'erreur. Il y a donc en général des moyens de distinguer ce qui est certain de ce qui ne l'est pas, et une logique exacte doit être comme un crible qui sépare la paille du bon grain.

On ne s'y trompe pas en mathématiques; si la précipitation d'un Géomètre le fait tomber dans quelque erreur, il est aisé de l'en convaincre, et du moins personne n'y sera trompé après lui. J'ose croire qu'avec un peu plus de peine on peut arriver au même point dans les autres sciences; qu'il n'est aucune dispute sur

laquelle les hommes ne puissent être d'accord;
car une dispute est finie quand il est démontré
qu'elle ne peut être décidée. — Mais cette démonstration de l'impossibilité de décider une
dispute, peut très-bien n'être applicable qu'au
moment où elle a lieu. Et rien n'assure que de
nouvelles découvertes ou de nouveaux progrès
dans l'esprit humain ne rendront pas un jour
très-clairs les points contestés, et ne conduiront
pas sur eux à des connoissances évidentes, irré-
sistibles.

Qu'on ne dise point on a toujours disputé
là-dessus, on disputera toujours. Il n'y a pas
cent cinquante ans qu'on disputoit encore du
véritable arrangement du système planétaire.
On n'en est pas moins assuré aujourd'hui du
système de *Copernic*; et si le tems d'en dire
autant du système de Newton n'est pas encore
entièrement arrivé, nous y touchons de bien
près (1); espérons tout, essayons tout; si nos
efforts sont infructueux, nous ne serons pas
plus reculés que nous ne sommes. A espérer
trop on ne perd pas même ce que l'on cherche
inutilement, mais il est certain qu'on n'aura

_____

(1) Ceci est écrit en 1757.

jamais ce que l'on désespère constamment de trouver.

Les hommes savent compter, très-peu savent apprécier. De là l'avarice ; de là aussi la crainte du *qu'en dira-t-on ?* de là cette manie françoise de faire quelque chose ; de là les mariages insensés où l'on s'épouse sans s'être jamais vus ; de là enfin cette *moutonnerie* qu'on appelle si volontiers dans le monde *bon sens*, et qui se réduit à penser d'une manière que le grand nombre ne désapprouve pas.

J'ai cherché la raison de cette espèce d'incertitude où sont les hommes sur tout ce qui les touche, et de la préférence qu'ils donnent à l'opinion que les autres ont de leur bonheur aux sentimens qu'ils en auroient eux-mêmes ; et j'ai vu que les hommes sont à l'égard du jugement qu'ils portent de ce qu'ils sentent le plus intimement comme à l'égard de tous leurs jugemens sur toute autre matière. — Un homme voit de loin un arbre et s'en croit bien sûr. — Qu'un autre lui dise que ce pourroit bien être un moulin à vent, il en rira d'abord ; mais quand deux, trois personnes lui soutiendront que c'est un

moulin, son ton deviendra toujours moins assuré, il doutera, et si les témoins sont en assez
grand nombre, il ne doutera plus, il croira voir
lui-même ce que les autres voient, et il dira:
Je m'étois trompé; effectivement je vois bien
que c'est un moulin à vent. — Peu d'hommes
savent être sûrs de quelque chose. La vérité
semble être comme ces corps dont la figure ne
donne point de prise; on a beau les saisir, si on
n'emploie la plus grande force pour les retenir,
ils s'échappent des mains. Par rapport à la
vérité, cette force d'appréhension et de retenue n'est pas donnée à beaucoup de gens; c'est
pourquoi dans la recherche du bonheur on se
fie plus à ce qu'on peut compter et rendre palpable à tous, comme l'argent, qu'à la satisfaction du cœur.

Ce n'est donc pas qu'on veuille simplement
assurer les autres de son bonheur, c'est que
sans cette assurance des autres on n'en est pas trop
sûr soi-même. Or il y a des choses, comme
l'argent, qui, ayant une valeur convenue dans
le public, deviennent en quelque sorte le gage
de l'opinion de ce même public. La noblesse,
la considération, tiennent quelquefois lieu d'argent; mais on leur préfère celui-ci. Il ne faut
que compter; et pour les autres biens, quoi-

qu'il soit assez constant qu'ils ont une valeur,
cependant pour en déterminer précisément le
degré, il faudroit *évaluer* et comparer, il faudroit juger. Compter est plustôt fait.

On a grand tort de juger du mérite des actions par la difficulté apparente; et de préférer
le courage d'un guerrier qui expose sa vie, à
celui d'un homme qui suit la raison malgré le
préjugé. — On ne songe pas assez que l'effort
du dernier est tout entier à lui; il marche, et
l'autre est porté. — Les hommes sont des enfans qui ne peuvent faire un pas tous seuls dans
le chemin le plus uni. Mais où ne les mène-t-on
pas, sur quels précipices, sur quels rochers
escarpés ne les porte-t-on pas avec les lisières
de la mode et de l'opinion? On peut avoir
beaucoup de courage dans l'esprit, et ne vouloir point s'exposer à une mort inutile. — Mais
ceux qui ont assez de bon sens pour ne se pas
soucier d'une mort inutile, et assez de vertu
pour ne pas vouloir la donner à des innocens,
seront ordinairement les plus propres à la bra-
ver, à la repousser avec vigueur, à la recevoir
avec noblesse, lorsqu'il s'agira réellement du
service de leurs semblables et de la défense de

leur pays. —Croyez que le courage d'*Antoine*
ne valoit pas celui de *Caton*.

La fierté n'est déplacée que dans les Grands,
elle est en eux insultante pour l'humanité; dans
les Petits elle est le sentiment de la noblesse de
l'homme. — Mais gardons-nous de confondre
avec cette fierté honnête la vanité, la suscepti-
bilité inquiète de certaines gens, qui s'irritent
sans cesse contre tout ce qu'ils voient au-dessus
d'eux, parce qu'intérieurement convaincus de
leur propre foiblesse, ils ne peuvent se persuader qu'elle échappe à des yeux clairvoyans.
Ces gens-là croient toujours lire le mépris dans
l'âme des autres et les haïssent, aussi injustes
que ce bossu qui renfermé dans un cabinet de
glaces les brisoit avec fureur en mille morceaux.

C'est une vanité bien malheureuse que celle
qui n'a d'autre ressource que la colère et la
haine.

Les hommes ont une vanité assez noble,
peut-être la seule excusable, parce qu'ils y
mettent de la grâce et de l'affection. — Ils font
aux femmes les honneurs de la société, comme
on fait les honneurs de son bien.

Si un homme pouvoit prévoir avec exactitude tous les événemens qui dépendent du hazard, et s'il dirigeoit entièrement sa conduite là-dessus, il passeroit pour fou chez tous les hommes qui ignoreroient ses motifs. — Quelle fausseté n'y a-t-il donc pas dans les jugemens que nous formons d'après les événemens heureux ou malheureux ?

———————

L'histoire montre que les empires sont comme des boules de savon, qui n'ont jamais tant d'éclat, et ne sont jamais plus près de crever, de se dissiper, que quand elles sont plus enflées. — Voyez *Xercès* couvrant la Grèce d'un million de soldats, et *Annibal* aux portes de Rome : le premier, il est vrai, n'étoit qu'un despote ; mais le second étoit un héros.

———————

Dans tous les tems il y a un certain nombre de pédans qui, pour se donner un air de gens raisonnables, déclament contre ce qu'ils appellent *le mauvais goût de leur siècle*, et louent avec excès tout ce qui est du siècle précédent. Du tems de CORNEILLE, on n'osoit pas soupçonner qu'il égalât *Malherbe*. RACINE, cet admirable peintre des passions, a presque passé pour un faiseur de madrigaux. Et quand il s'agit de fixer le mérite de notre siècle, à peine paroit-on songer qu'il y ait un VOLTAIRE. Si toutes ces critiques, qui ont autrefois attaqué les ouvrages de tant d'hommes immortels, pouvoient sortir de l'obscurité dans laquelle elles ont été plongées presque en naissant, tous ces insectes du Parnasse, qui s'enorgueillissent de piquer les plus grands hommes au talon, rougiroient de la ressemblance.

On peut apprendre par les critiques que *de Visé* publioit autrefois contre MOLIÈRE et RACINE, par celles de *Scudéri* (1) contre CORNEILLE, quel sera un jour le sort de celles qu'on fait contre *Mérope*, contre *Alzire*, contre l'*Essai sur l'Esprit des Nations*,

---

(1) Les observations de Scudéri contre le Cid seroient aujourd'hui absolument ignorées, si, en les imprimant avec les Œuvres de Corneille, on ne les eût en quelque sorte attachées au char de triomphe de ce grand-homme: à peu près comme chez certains peuples Tartares, les Rois traînent après eux, dans toutes leurs courses, les cadavres des ennemis qu'ils ont vaincus, tout pourris et tombant en lambeaux; ou comme les tombeaux de marbre enserrent les corps morts pourris dans leur sein, et en conservent long-tems les restes hideux. (*Note de l'Auteur.*)

contr

contre tant d'autres ouvrages qui font honneur à notre siècle. Quand donc les hommes pourront-ils juger avec impartialité, et ne considérer dans les ouvrages que les ouvrages mêmes? Avec les femmes, les absens ont quelquefois tort; avec les littérateurs critiques, ce sont toujours les présens.

L'ennui du beau produisit le joli. — Cette JOLIE phrase a été lancée comme une satyre contre *Fontenelle* et *La Motte*, plustôt que comme une raison de la décadence des lettres et du goût; car *le beau n'ennuie point.*

Examinons donc la vérité de l'application qu'on a faite de cette prétendue maxime.

J'observe, en premier lieu, qu'on ne s'est point avisé de l'appliquer à la décadence des lettres en Grèce. Je ne vois pas qu'on ait avec justice reproché à aucun auteur grec d'avoir *gâté le goût* de ses compatriotes en courant après l'esprit. Il est vrai qu'on prétend que *Démétrius de-Phalère* fut le premier qui, s'attachant à plaire aux oreilles plus qu'à toucher les cœurs, rendit en Grèce l'éloquence molle et efféminée, et préféra une fausse douceur à une véritable majesté. — Mais on oublie que la liberté de la Grèce étoit alors perdue. Et sur quoi l'éloquence se seroit-elle assise? on est trop heureux, en ce cas, quand on conserve le *bien-dire.*

De plus, on ne remarque pas que les reproches que l'on fait à Démétrius de Phalère sont diamétralement opposés à ceux que *Quintilien* fait à *Sénèque*, et qu'on a dernièrement renouvellés contre *La Motte* avec beaucoup d'injustice.

Sénèque est un déclamateur encore plus didactique qu'ampoulé, et on lui a reproché d'avoir perdu l'harmonie de la langue latine. — A l'égard de La Motte, né avec un esprit juste, facile et délicat, mais sans chaleur et sans force, la nature lui avoit refusé le génie qui fait les poëtes; et une preuve que l'obscurité de ses vers et l'entortillement de leurs constructions viennent de son peu de talent pour la versification plustôt que d'une envie de briller mal conduite, c'est que ces défauts ne se trouvent jamais dans sa prose, qui est extrêmement claire, fort simple et fort supérieure à ses vers.

Si l'on pouvoit faire à quelqu'un de nos auteurs le reproche que l'on fait à Démétrius de

Phalère, ce seroit peut-être à M. *Fléchier*, dont (les Oraisons funèbres exceptées) la pluspart des ouvrages sont mieux écrits que pensés.

M. *de La Motte* et M. *de Fontenelle* ne sont assurément pas dans le cas d'un pareil reproche. L'un et l'autre ont toujours cherché la raison, et il seroit bien plus juste de blâmer La Motte d'avoir trop raisonné et trop peu senti, que de dire que l'envie de briller lui a fait négliger les choses pour s'attacher aux mots.

A l'égard de M. *de Fontenelle*, je ne sais pourquoi on s'opiniâtre à le comparer à Sénèque, quoiqu'ils aient l'un et l'autre beaucoup d'esprit. Jamais peut-être deux esprits n'ont été plus différens que chez ces deux hommes : l'un est toujours monté sur des échasses; il *se guinde* aux grandes choses, si j'ose ainsi parler; on pourroit plustôt reprocher à M. de Fontenelle de les rabaisser quelquefois à son niveau.

L'un, en traitant des sujets de morale intéressans, a trouvé le moyen d'être toujours didactique et souvent ennuyeux; l'autre a su répandre les fleurs de son imagination sur les sujets les plus arides, et plaire toujours, même

quand il ne semble chercher qu'à instruire.
Otez-lui quelques endroits où il semble s'abandonner trop au ton de la conversation, on ne
pourra s'empêcher de se livrer au plaisir de
goûter la finesse et les graces de son style, et
on le regardera toujours comme un des hommes
qui ont fait le plus d'honneur à son siècle.

SUR LES ÉCONOMISTES.

Il peut n'être pas superflu de faire précéder par une courte notice sur les Philosophes qu'on a nommés *Economistes*, l'éloge que M. Turgot a fait de M. *de Gournay*.

Les *Economistes* Français, fondateurs de la *science moderne de l'économie politique*, ont eu pour précurseurs *le Duc* de Sully, qui disait, *le labourage et le pâturage sont les mammelles de l'Etat ;* le Marquis d'*Argenson*, de qui est la belle maxime : *Pas trop gouverner ;* et M. *Trudaine* le père, qui, dans la pratique opposait avec courage cette utile maxime aux préventions des Ministres, et aux préjugés de ses collègues, les autres Conseillers d'Etat.

Les Anglais et les Hollandais avaient entrevu quelques vérités qui n'étaient que de faibles lueurs au milieu d'une nuit obscure. L'esprit de monopole arrêtait la marche de leurs lumières.

Dans les autres pays, si l'on excepte les trois hommes respectables que nous venons de nommer, personne n'avait même songé que le gouvernement eût à s'occuper de l'agriculture en aucune façon, ni du commerce autrement que pour lui imposer des réglemens arbitraires et du moment, ou soumettre ses opérations à des taxes, à des droits de douane et de péage. — La science de l'administration publique relative à ces intéressans travaux, était encore à naître. On ne se doutait pas même qu'ils pussent être l'objet d'une *science*. Le grand MONTESQUIEU n'y avait jetté qu'un regard si superficiel que, dans son immortel ouvrage, on trouve un chapitre intitulé : *A quelles nations il est désavantageux de faire le commerce.*

Vers 1750, deux hommes de génie, observateurs judicieux et profonds, conduits par une force d'attention très-soutenue à une logique rigoureuse, animés d'un noble amour pour la patrie et pour l'humanité, M. *Quesnay* et M. *de Gournay* s'occupèrent avec suite de savoir si la nature des choses n'indiquerait pas une *science de l'Economie politique?* et quels seraient les principes de cette science?

Ils l'abordèrent par des côtés différens, arrivèrent aux mêmes résultats, s'y rencontrèrent, s'en félicitèrent mutuellement, s'applaudirent tous deux en voyant avec quelle exactitude leurs principes divers, mais également vrais, conduisaient à des conséquences absolument semblables : phénomène qui se renouvelle toutes les fois qu'on n'est pas dans l'erreur; car il n'y a qu'une nature, elle embrasse

tout, et nulle vérité ne peut en contredire une autre.
— Tant qu'ils ont vécu ils ont été, et leurs disciples
n'ont jamais cessé d'être, entièrement d'accord sur
les moyens de faire prospérer l'agriculture, le commerce et les finances, d'augmenter le bonheur des
nations, leur population, leurs richesses, leur importance politique.

M. DE GOURNAY, fils de Négociant, et ayant été
long-tems Négociant lui-même, avait reconnu que
les fabriques et le commerce ne pouvaient fleurir
que *par la liberté et par la concurrence* qui dégoû-
tent des entreprises inconsidérées, et mènent aux
spéculations raisonnables; qui préviennent les mo-
nopoles, qui restreignent à l'avantage du commerce
les gains particuliers des commerçans, qui aiguisent
l'industrie, qui simplifient les machines, qui diminuent les frais onéreux de transport et de magasi-
nage, qui font baisser le taux de l'intérêt; et d'où il
arrive que les productions de la terre sont à la première main achetées le plus cher qu'il soit possible
au profit des cultivateurs, et revendues en détail le
meilleur marché qu'il soit possible au profit des consommateurs pour leurs besoins et leurs jouissances.

Il en conclut qu'il ne fallait jamais rançonner ni
réglementer le commerce. Il en tira cet axiôme:
Laissez faire et laissez passer.

M. QUESNAY, né dans une ferme, fils d'un propriétaire cultivateur habile, et d'une mère dont

l'esprit distingué secondait parfaitement l'administration de son mari, tourna plus particulièrement ses regards vers l'agriculture; et, cherchant d'où viennent les richesses des nations, trouva qu'elles ne *naissent* que des travaux dans lesquels *la nature* et la PUISSANCE DIVINE concourent avec les efforts de l'homme pour produire ou faire recueillir des productions nouvelles : de sorte qu'on ne peut attendre l'augmentation de ces richesses que de la cultivation, de la pêche (il comptait la chasse peu de chose dans les sociétés civilisées), et de l'exploitation des mines et des carrières. — Les plus recommandables des autres travaux, qui sont d'ailleurs si nécessaires et servent si avantageusement à opérer la distribution des récoltes entre tous les hommes, ne lui paraissaient que des inventions ingénieuses pour rendre les production plus usuelles, ou pour donner à leur valeur une durée qui en facilitât l'accumulation. Il remarquait qu'aucun d'eux n'ajoutait à la valeur des matières qu'ils avaient employées, rien de plus que celle des consommations faites par les ouvriers, jointes au remboursement ou à l'intérêt de leurs avances. Il n'y voyait que d'utiles mais simples échanges de services contre des productions, et que des occasions de gagner salaire, où ce salaire mérité par ceux qui le reçoivent est inévitablement payé par une richesse déjà produite et appartenante à quelque autre:— au lieu que les travaux auxquels contribuent la fécondité de la nature et la bonté du ciel , produisent eux mêmes la subsistance et la rétribution de ceux qui s'y livrent , et donnent , outre cette rétribution et cette subsistance , toutes les denrées , toutes les matières premières que consomment les autres hommes , de quelque profession qu'ils soient.

Il appella *produit net* cette portion des récoltes qui excède le remboursement des frais de culture , et l'intérêt des avances qu'elle exige. — Et il démontra que plus les travaux seraient libres , que plus leur concurrence serait active , et plus il s'ensuivrait dans la culture un nouveau degré de perfection , dans ses frais une économie progressive, qui , rendant le produit net plus considérable , procureraient par lui de plus grands moyens de dépenser , de jouir , de vivre , pour tous ceux qui ne sont pas cultivateurs.

Il envisagea l'augmentation du produit net comme le plus puissant encouragement pour la culture, car on se porte à tout métier en raison du profit. — Il y vit la faculté d'améliorer encore le territoire en étendant journellement son exploitation sur les terrains, d'abord négligés comme moins fertiles, qu'on parviendrait à rendre productifs à mesure qu'on s'appliquerait à les travailler mieux, et qu'on le ferait à moins de frais. Il sentit que les productions de ces terrains, dont on aurait vaincu la stérilité naturelle, entretiendraient une plus grande population qu'ils auraient commencé par rendre plus heureuse, et accroîtraient ainsi en deux manières la puissance disponible, la félicité nationale.

Il observa que les succès de l'agriculture, l'augmentation de ses produits, la diminution relative de ses frais tenaient principalement à la force des capitaux qu'on y pouvait consacrer, et à ce que ces grandes avances fussent administrées par des hommes capables, qui sussent les employer, selon les localités, à l'acquisition et à la perfection des instrumens, à la réunion et à la direction des eaux, à l'éducation des bestiaux de bonne race, à la multiplication des plantations, des prairies, des engrais.

Il en conclut qu'il ne fallait pas envier aux cultivateurs l'aisance qui leur est nécessaire, et qui les met à portée d'acquérir de l'instruction; qu'il fallait désirer que cette aisance s'accrût, et s'en occuper comme de l'un des plus précieux intérêts de l'État. — Il fit cette maxime : *Pauvres Paysans, pauvre Royaume; pauvre Royaume, pauvre Souverain.* Et il eut le bonheur de parvenir à la faire imprimer à Versailles de la main même de Louis XV.

Les deux aspects sous lesquels M. *Quesnay* et M. *de Gournay* avaient considéré les principes de l'administration publique, et dont ils inféraient exactement la même théorie, ont formé, si l'on peut ainsi dire, deux *Écoles*, fraternelles néanmoins, qui n'ont eu l'une pour l'autre aucun sentiment de jalousie, et qui se sont réciproquement éclairées.

De celle de M. *de Gournay* sont sortis M. de Malesherbes, M. l'abbé Morellet, M. Herbert, M. Trudaine de Montigny, M. d'Invau, M. le Cardinal de Boisgelin, M. de Cicé, actuellement Archevêque d'Aix, M. d'Angeul, le Docteur Price, le Doyen Josias Tucker, David Hume, Beccaria, Filanghieri, et quelques autres.

Celle de M. *Quesnay* a eu pour principaux membres M. le marquis de Mirabeau, auteur de l'Ami des hommes, M. Abeille, M. de Fourqueux, M. Bertin, Du Pont de Nemours, M. le Chancelier de Lithuanie Comte Chreptowicz, M. le Comte Pietro Verri, M. Tavanti Ministre d'État à Florence, MM. l'Abbé Roubaud, Le Trosne, De saint Peravy, de Vauvilliers; et dans un plus haut rang, l'excellent Prince Monseigneur *le Margrave*, aujourd'hui *Grand-Duc de* BADE, et le sage *Archiduc* LÉOPOLD, depuis Empereur, qui a si long-tems et si heureusement gouverné la Toscane.

M. le Mercier de la Rivière, et M. l'Abbé Baudeau, ayant tous deux été aussi de cette École, y ont fait une branche particulière. — Jugeant qu'il serait plus aisé de persuader un Prince qu'une Nation, qu'on établirait plus vîte la liberté du commerce et du travail, ainsi que les vrais principes des contributions publiques par l'autorité des souverains que par les progrès de la raison, ils ont peut-être un peu trop accordé au *Pouvoir absolu*.

*

Ils pensaient que les lumières générales lui four-
niraient un suffisant régulateur, un contre-poids
assez puissant. A cette branche appartint l'Empereur Joseph II.

Entre les deux écoles, profitant de l'une et de
l'autre, mais évitant avec soin de paraître tenir à
aucune, se sont élevés quelques philosophes éclec-
tiques, à la tête desquels il faut placer M. Turgot,
l'abbé de Condillac, le célèbre *Adam* Smith, et
parmi lesquels on doit compter très-honorablement
le traducteur de celui-ci, M. le Sénateur Germain
Garnier, en Angleterre Mylord Lansdown, à Paris
M. Say, à Genève M. Simonde. Je devrais ajouter
une couple d'Allemands, quelques Suisses, trois
Espagnols, et en France deux, trois, quatre
hommes, doués de grandes lumières et d'un grand
talent, qui sont chargés de fonctions très-impor-
tantes ; mais je crains d'appeler contre eux les in-
trigues des *obscurans*, et de blesser leur modestie.

Tous ces philosophes ont été, sont unanimes
dans l'opinion que la liberté des actions qui ne nui-
sent à personne, est établie sur le droit naturel,
et doit être protégée dans tous les gouvernemens ;
que la propriété en général, et de toutes sortes de
biens, est le fruit légitime du travail, qu'elle ne
doit jamais être violée ; que la propriété foncière
est le fondement de la société politique, qui n'a
de membres dont les intérêts ne puissent jamais
être séparés des siens que les possesseurs des terres ;
que le territoire national appartient à ces proprié-

taires, puisqu'ils l'ont mis en valeur par leurs avances et leur travail, ou bien l'ont, soit hérité, soit acheté, de ceux qui l'avaient acquis ainsi, et que chacun d'eux est en droit d'en revendre sa part; que les propriétaires des terres sont nécessairement *citoyens*, et qu'il n'y a qu'eux qui le soient *nécessairement*; que la culture, que le travail, que les fabriques, que le commerce doivent être libres, tant à raison du respect qui est dû aux droits particuliers, naturels, et politiques de leurs agens, qu'à cause de la grande utilité publique de cette liberté; que l'on ne saurait y apporter aucune gêne qui ne soit nuisible à l'équitable et avantageuse distribution, de même qu'à la production des subsistances et des matières premières, partant à celle des richesses; et qu'on ne peut nuire à la production qu'au préjudice de la population, à celui des finances, à celui de la puissance de l'État.

Dans ces derniers temps, quelques employés inférieurs de douanes, et quelques écrivains qui n'avaient pris aucune idée de cette doctrine, qui n'ont fait aucune des études préliminaires par lesquelles ils auraient pu se mettre à portée de l'approuver ou de la blâmer avec quelque apparence de raison, en ont parlé hardiment, comme si elle n'eût été qu'un tissu de rêveries, ouvrage de quelques esprits *imaginaires*, sans connaissance des faits, sans expérience.

Ces censeurs orgueilleux ne savaient ni de qui, ni de quoi il était question.

Il leur sera difficile de contester à Sully, à M. d'Argenson, à MM. Trudaine père et fils, à M. de Gournay, à M. d'Invau, à M. Bertin, à M. de Malesherbes, à M. Turgot, à M. de Fourqueux, à MM. de Boisgelin et de Cicé, à Mylord Lansdown, à S. A. R. le Grand Duc de Bade, aux Empereurs Léopold et Joseph, d'avoir administré long-temps et avec succès de grandes affaires publiques, la pluspart d'entre eux aidés aussi par les lumières des autres *économistes*.

Les principes de ces hommes d'État ont influé sur le commerce et l'agriculture en France pendant environ trente ans; et, si l'on veut en connaître l'effet, on apprendra qu'à la paix de 1763 les dénombremens les mieux faits par MM. l'Abbé Expilly, de Mézance et de la Michaudière, n'indiquaient pas que la population du royaume fût alors au-dessus de *vingt-deux millions cinq cent mille ames;* et qu'en 1791, quoiqu'il y eût eu cinq années de guerre, et dans les dépenses moins d'économie qu'il n'aurait été à désirer, et quoique la révolution eût déjà causé des émigrations et des malheurs, la population s'élevait à plus de *vingt-sept millions.* — Un tel résultat n'a rien de funeste.

Il ne faut pas croire qu'aujourd'hui les principes qui l'ont produit soient oubliés.

Quand on voit le Gouvernement parler avec éloge de l'agriculture ; lui faire espérer les plus honorables distinctions ; appeler les propriétaires aux colléges électoraux ; encourager l'importation des arbres étrangers et le repeuplement des forêts nationales : multiplier les *mérinos* ; abolir les droits de passe ; faciliter par des canaux navigables les communications du commerce ; établir des entrepôts d'où les marchandises peuvent ressortir presque entièrement exemptes de droits, ou rester quelque temps sans les acquitter ; et vouloir, avec l'énergie qui le caractérise, la liberté des mers ; il n'y aurait qu'une ignorance ingrate qui pût refuser de rendre hommage à sa sagesse, et ne le point remercier de mettre en pratique un si grand nombre de maximes de cette science utile et nouvelle, née dans notre pays, et qui n'a jamais pu être calomniée que par ceux qui ne la connaissaient pas.

Que répondre à leurs vains discours ? — Ce sont des gens totalement dénués d'expérience, de logique et de l'esprit d'administration, qui réclament contre une grande et favorable expérience, encore suivie, vérifiée pendant trente ans, acquise durant un demi-siècle, en France et chez l'étranger, par vingt administrateurs, qui ont rempli avec gloire les postes les plus éminens.

Venons présentement au témoignage rendu à

l'un de ces hommes qui ont si bien mérité du genre humain par un autre d'entre eux qui était véritablement digne de le juger, puisqu'il le surpassait encore.

LETTRE de M. TURGOT à M. MARMONTEL.

A Paris, ce 22 juillet 1759.

JE n'ai point oublié, Monsieur, la note que je vous ai promise sur feu M. *de Gournay*. J'avois même compté vous la remettre, lundi dernier, chez Madame *Geoffrin*; mais ne vous ayant point trouvé, et ne vous croyant pas d'ailleurs très-pressé, je l'ai rapportée chez moi, dans l'idée que j'aurois peut-être le tems d'achever l'ébauche de l'éloge que je voudrois faire de cet excellent citoyen.

Puisque vous n'avez pas le tems d'attendre, je vous en envoie les traits principaux, esquissés trop à la hâte, mais qui pourront vous aider à le peindre, et que vous emploierez sûrement d'une manière beaucoup plus avantageuse pour sa gloire que je n'aurois pu le faire.

Vous connoissez mon attachement.

TURGOT.

ELOGE

ÉLOGE DE M. DE GOURNAY.

Jean-Claude-Marie VINCENT, Seigneur DE GOURNAY, Conseiller honoraire au grand Conseil, Intendant honoraire du Commerce, est mort à Paris le 27 juin dernier (1759), âgé de quarante-sept ans.

Il étoit né à Saint-Malo au mois de mai 1712, de *Claude* VINCENT, l'un des plus considérables négocians de cette ville, et Secrétaire du Roi.

Ses parens le destinèrent au commerce, et l'envoyèrent à Cadix en 1729, à peine âgé de dix-sept ans.

Abandonné de si bonne heure à sa propre conduite, il sut se garantir des écueils et de la dissipation trop ordinaires à cet âge; et pendant tout le tems qu'il habita Cadix, sa vie fut partagée entre l'étude, les travaux de son état, les relations sans nombre qu'exigeoit son commerce, et celles que son mérite personnel ne tarda pas à lui procurer.

Son active application lui fit trouver le tems d'enrichir son esprit d'une foule de connoissances utiles, et de ne pas même négliger celles de pur agrément; mais ce fut surtout à la science du commerce qu'il s'attacha, et vers elle qu'il di-

rigea toute la vigueur de son esprit.—Comparer
entre elles les productions de la nature et des
arts dans les différens climats ; connoître la valeur
de ces différentes productions, ou, en d'autres
termes, leur rapport avec les besoins et les
richesses des nationaux et des étrangers ; les
frais de transport variés suivant la nature des
denrées et la diversité des routes ; les impôts
multipliés auxquels elles sont assujetties, etc. etc.;
en un mot, embrasser dans toute son étendue,
et suivre dans ses révolutions continuelles l'état
des productions naturelles, de l'industrie, de la
population, des richesses, des finances, des
besoins, et des caprices mêmes de la mode
chez toutes les nations que le commerce réunit,
pour appuyer sur l'étude approfondie de tous
ces détails des spéculations lucratives, c'est s'occuper de la science du négoce en négociant; ce
n'est encore qu'une partie de la science du commerce. Mais découvrir les causes et les effets
de cette multitude de révolutions, et de leurs
variations continuelles ; remonter aux ressorts
simples, dont l'action, toujours combinée, et
quelquefois déguisée par les circonstances locales, dirige toutes les opérations du commerce;
reconnoître ces loix uniques et primitives, fondées sur la nature même, par lesquelles toutes

les valeurs existantes dans le commerce se balancent entre elles et se fixent à une valeur
déterminée, comme les corps abandonnés à leur
propre pesanteur s'arrangent d'eux-mêmes suivant l'ordre de leur gravité spécifique; saisir
ces rapports compliqués par lesquels le commerce s'enchaîne avec toutes les branches de
l'économie politique ; appercevoir la dépendance réciproque du commerce et de l'agriculture, l'influence de l'un et de l'autre sur les
richesses, sur la population et sur la force des
États, leur liaison intime avec les loix et les
mœurs et toutes les opérations du gouvernement, surtout avec la dispensation des finances;
peser les secours que le commerce reçoit de la
marine militaire et ceux qu'il lui rend, les changemens qu'il produit dans les intérêts respectifs
des États et le poids qu'il met dans la balance
politique ; enfin, démêler dans les hazards des
événemens et dans les principes d'administration
adoptés par les différentes nations de l'Europe
les véritables causes de leurs progrès ou de leur
décadence dans le commerce, c'est l'envisager
en philosophe et en homme d'Etat.

Si la situation actuelle où se trouvoit M. *Vincent* le déterminoit à s'occuper de la science
du commerce sous le premier de ces deux points

de vue, l'étendue et la pénétration de son esprit ne lui permettoient pas de s'y borner.

Aux lumières qu'il tiroit de sa propre expérience et de ses réflexions, il joignit la lecture des meilleurs ouvrages que possèdent sur cette matière les différentes nations de l'Europe, et en particulier la nation angloise, la plus riche de toutes en ce genre, et dont il s'étoit rendu, pour cette raison, la langue familière. — Les ouvrages qu'il lut avec plus de plaisir et dont il goûta le plus la doctrine, furent les Traités du fameux *Josias Child*, qu'il a traduits depuis en françois, et les Mémoires du Grand Pensionnaire *Jean de Witt*. On sait que ces deux grands hommes sont considérés, l'un en Angleterre, l'autre en Hollande, comme les législateurs du commerce ; que leurs principes sont devenus les principes nationaux, et que l'observation de ces principes est regardée comme une des sources de la prodigieuse supériorité que ces deux nations ont acquise dans le commerce sur toutes les autres puissances. M. *Vincent* trouvoit sans cesse dans la pratique d'un commerce étendu la vérification de ces principes simples et lumineux, il se les rendoit propres sans prévoir qu'il étoit destiné à en répandre un jour la lumière en France, et à

mériter de sa patrie le même tribut de reconnoissance que l'Angleterre et la Hollande rendent
à la mémoire de ces deux bienfaiteurs de leur
nation et de l'humanité. Les talens et les connoissances de M. *Vincent*, joints à la plus
parfaite probité, lui assurèrent l'estime et la
confiance de cette foule de négocians que le
commerce rassemble à Cadix de toutes les parties de l'Europe, en même tems que l'aménité
de ses mœurs lui concilioit leur amitié. Il y
jouit bientôt d'une considération au-dessus de
son âge, dont les naturels du pays, ses propres
compatriotes et les étrangers, s'empressoient
également de lui donner des marques.

Pendant son séjour à Cadix, il avoit fait plusieurs voyages, soit à la cour d'Espagne, soit
dans les différentes provinces de ce royaume.

En 1744, quelques entreprises de commerce
qui devoient être concertées avec le gouvernement, le ramenèrent en France, et le mirent
en relation avec M. le Comte de Maurepas,
alors Ministre de la Marine, qui pénétra bientôt
tout ce qu'il valoit.

M. *Vincent*, après avoir quitté l'Espagne,
prit la résolution d'employer quelques années
à voyager dans les différentes parties de l'Europe, soit pour augmenter ses connoissances,

soit pour étendre ses correspondances et former
des liaisons avantageuses pour le commerce, qu'il
se proposoit de continuer. Il voyagea à Ham-
bourg ; il parcourut la Hollande et l'Angleterre ;
partout il faisoit des observations et rassembloit
des mémoires sur l'état du commerce et de la
marine, et sur les principes d'administration
adoptés par ces différentes nations relativement
à ces grands objets. Il entretenoit pendant ses
voyages une correspondance suivie avec M. de
Maurepas, auquel il faisoit part des lumières
qu'il recueilloit. Partout il se faisoit connoître
avec avantage, il s'attiroit la bienveillance des
négocians les plus considérables, des hommes
les plus distingués en tout genre de mérite, des
Ministres des Puissances étrangères qui rési-
doient dans les lieux qu'il parcouroit. La Cour
de Vienne et celle de Berlin voulurent l'une et
l'autre se l'attacher, et lui firent faire des
propositions très - séduisantes, qu'il refusa. —
Il n'avoit d'autre vue que de continuer le commerce, et de retourner en Espagne après avoir
vu encore l'Allemagne et l'Italie, lorsqu'un événement imprévu interrompit ses projets et le
rendit à sa patrie.

M. *Jametz de Villebarre*, son associé et
son ami, mourut en 1746, et se trouvant sans

enfans, le fit son légataire universel. M. *Vincent* étoit en Angleteterre lorsqu'il reçut cette
nouvelle; il revint en France. L'état de sa fortune suffisoit à des désirs modérés, il crut devoir
se fixer dans sa patrie, et quitta le commerce
en 1748. Il prit alors le nom de la terre de
Gournay, qui faisoit partie du legs universel
qu'il avoit reçu de M. *de Villebarre*. Le Ministre sentit de quelle utilité les connoissances
qu'il avoit sur le commerce pourroient être pour
l'administration de cette partie importante. La
Cour avoit eu dessein de l'envoyer aux conférences qui se tenoient à Breda pour parvenir à
la paix générale, à peu près comme M. Ménager
l'avoit été en 1711 aux conférences qui avoient
précédé le traité d'Utrecht, pour discuter nos
intérêts relativement aux affaires du commerce.
Les changemens arrivés dans les conférences ne
permirent pas que ce projet sage fût mis à exécution; mais M. de Maurepas conserva le désir
de rendre les talens de M. *de Gournay* utiles
au Gouvernement. Il lui conseilla de porter ses
vues du côté d'une place d'Intendant du commerce, et d'entrer, en attendant, dans une Cour
souveraine. En conséquence, M. *de Gournay*
acheta, en 1749, une charge de Conseiller au
Grand Conseil; et une place d'Intendant du

commerce étant venue à vâquer] au commencement de 1751, M. de Machault, à qui le mérite de M. *de Gournay* étoit aussi très-connu,
la lui fit donner. C'est de ce moment que la vie
de M. *de Gournay* devint celle d'un homme
public : son entrée au Bureau du commerce
parut être l'époque d'une révolution. M. *de
Gournay*, dans une pratique de vingt ans du
commerce le plus étendu et le plus varié, dans
la fréquentation des plus habiles négocians de
Hollande et d'Angleterre, dans la lecture des
auteurs les plus estimés de ces deux nations,
dans l'observation attentive des causes de leur
étonnante prospérité, s'étoit fait des principes
qui parurent nouveaux à quelques-uns des Magistrats qui composoient le Bureau du commerce.
— M. *de Gournay* pensoit que tout homme qui
travaille mérite la reconnoissance du public. Il
fut étonné de voir qu'un citoyen ne pouvoit rien
fabriquer, ni rien vendre, sans en avoir acheté
le droit en se faisant recevoir à grands frais dans
une communauté; et qu'après l'avoir acheté, il
falloit encore quelquefois soutenir un procès
pour savoir si, en entrant dans telle ou telle
communauté, on avoit acquis le droit de vendre
ou de faire précisément telle ou telle chose. Il
pensoit qu'un ouvrier qui avoit fabriqué une

pièce d'étoffe avoit ajouté à la masse des richesses de l'Etat une richesse réelle (1); que si

---

(1) C'est un des points sur lesquels la doctrine de
M. *de Gournay* diffèrait de celle de M. *Quesnay*.

Celui-ci pensait que la *valeur fondamentale* de la pièce
d'étoffe, la *valeur nécessaire* pour que sa fabrication ne
fût pas abandonnée, était composée:

1°. De celle de la matière première;

2°. De celle de la portion d'outils usés dans sa fabrication;

3°. De celle des consommations faites par les ouvriers
et par l'entrepreneur qui les met en œuvre, ou dont
leurs salaires leur donnent la possibilité;

4°. De l'intérêt des avances de cet entrepreneur, ou
du capital qu'il est obligé de consacrer à cette fabrication.

Et ces avances, ces consommations, ces salaires, l'achat
des matières premières et des instrumens, devant avoir
eu lieu avant que l'étoffe fût fabriquée, la valeur fondamentale de cette étoffe ne présentait à ses yeux que l'*addition* des valeurs préexistantes qui avaient concouru à
la former, sans accroissement *réel* de richesses.

La *valeur vénale*, ou la *valeur au marché*, déterminée
par les offres et la concurrence des acheteurs, lui paraissait pouvoir être, et dans le fait être souvent différente
de la valeur fondamentale; pouvoir ou l'excéder, ce qui
n'avait d'autre effet que de mettre les fabricans, soit ouvriers, soit entrepreneurs, à portée de hausser leurs
salaires et d'augmenter leurs jouissances; ou s'y trouver
inférieure, ce qui les obligeait, soit à restreindre l'un et
l'autre, soit à quitter la profession.

cette étoffe étoit inférieure à d'autres, il se trouveroit parmi la multitude des consommateurs

---

Dans les ouvrages très-précieux, dont la facture demande de longues et de coûteuses études, desquelles encore le succès est incertain, il voyait avec plaisir que le
mérite de l'artiste, mis à l'enchère par des amateurs
éclairés, lui procurât à leurs dépens volontaires de
grandes jouissances, une honorable aisance, et quelquefois de la richesse : le paiement dont l'artiste s'est montré
digne étant fourni par la richesse de ceux qui ont évalué
son travail et lui en donnent le prix.

Le même événement arrive pour un Médecin de haute
réputation, sans qu'on puisse dire que ses ordonnances
heureuses et savantes, quoique noblement payées, soient
une augmentation de la richesse nationale, ni qu'on doive
les faire entrer dans l'inventaire de cette richesse quand
on veut le calculer.

Il y a cependant un certain nombre d'arts qui ont une
très-belle propriété ; celle de faire des ouvrages dont la
jouissance est plus ou moins durable : de sorte que la
valeur des consommations faites par les ouvriers et les
entrepreneurs de ces ouvrages étant incorporée avec les
fruits de leur travail, sans avoir été en aucun tems une
richesse nouvelle, est une véritable prolongation de la
même richesse, laquelle, jointe avec celles qui renaissent
tous les ans, devient une accumulation progressive de
richesses, qui peut s'accroître indéfiniment et contribue
beaucoup à la formation des capitaux, aux douceurs de
la vie, au bonheur, aux ressources, à la puissance des
nations.

quelqu'un à qui cette infériorité même conviendroit mieux qu'une perfection plus coûteuse. Il

---

C'est après avoir ainsi considéré les travaux que M. Quesnay les divisait en trois classes.

Les *travaux distributeurs* de richesses qui comprennent tous les services passagers, utiles ou agréables, et les fabrications alimentaires dont la consommation doit être subite sans rien laisser après elle.

Les *travaux conservateurs* de richesses qui embrassent les préparations propres à empêcher les productions de se corrompre, et tout ce qui sert au vêtement, au logement, à l'instruction constante, les étoffes, les meubles, les armes, les machines, les bijoux, les livres, les tableaux, les statues, les maisons, etc., etc.

Les *travaux producteurs* de richesses : ceux de l'agriculture dans toutes ses branches, ceux de l'éducation des bestiaux, ceux de la pêche, ceux des mines et des carrières.

Il demandait pour tous ces travaux la protection publique, pour chacun d'eux la considération particulière due à son utilité, ou qu'inspire le talent de ceux qui les exercent.

« A Dieu ne plaise, disait-il, que je prise moins le
» boulanger dont le pain sera consommé ce soir, ou le
» maître qui enseigne à écrire à mon enfant, ou le sage
» qui m'aide à lui inculquer les principes de la morale,
» que le tisserand qui fait une toile dont on se servira
» trois ans, ou l'horloger dont la montre sera bonne pen-
» dant un siècle, ou l'architecte qui construit un palais
» qu'on admirera dans mille années. — Tout est bon :

étoit bien loin d'imaginer que cette pièce d'étoffe,
faute d'être conforme à certains réglemens, dût
être coupée de trois aunes en trois aunes, et le
malheureux qui l'avoit faite condamné à une
amende capable de réduire toute une famille à la
mendicité, et qu'il fallût qu'un ouvrier, en faisant une pièce d'étoffe, s'exposât à des risques
et des frais dont l'homme oisif étoit exempt; il
ne croyoit pas utile qu'une pièce d'étoffe fabriquée entraînât un procès et une discussion pé-

» tout entre dans les décrets de la Providence et dans la
» constitution de la société. — Laissons faire tout ce qui
» n'est nuisible ni aux bonnes mœurs, ni à la liberté,
» ni à la propriété, ni à la sûreté de personne. Laissons
» vendre tout ce qu'on a pu faire sans délit. — Il n'y a
» que la liberté qui juge bien ; et que la concurrence qui
» ne vende jamais trop cher, qui paie toujours au rai-
» sonnable et légitime prix. — Mais reconnaissons que
» tant que les *travaux producteurs* feront naître des pro-
» ductions, et surtout des subsistances nouvelles, et
» tant qu'ils feront des progrès, les travaux de distribu-
» tion et de conservation ne manqueront pas d'en
» suivre la marche et de faire des progrès proportionnels.
» Soyons certains encore que nulle industrie, que nul
» encouragement ne pourrait soutenir *les travaux dis-*
» *tributeurs et conservateurs,* si les travaux producteurs
» étaient découragés, tombaient en décadence. — Peut-
» on douter que la distribution cesserait si la production
» était anéantie ? » (*Note de l'Éditeur.*)

nible pour savoir si elle étoit conforme à un
réglement long et souvent difficile à entendre;
ni que cette discussion dût se faire entre un fabriquant qui ne sait pas lire, et un inspecteur
qui ne sait pas fabriquer, ni que cet inspecteur
fût cependant le juge souverain de la fortune de
ce malheureux, etc.

M. *de Gournay* n'avait pas imaginé non plus
que dans un royaume où l'ordre des successions
n'a été établi que par la coutume, et où l'application de la peine de mort à plusieurs crimes est
encore abandonnée à la jurisprudence, le Gouvernement eût daigné régler par des loix ex-
presses la longueur et la largeur de chaque
pièce d'étoffe, le nombre des fils dont elle doit
être composée, et consacrer par le sceau de la
puissance législative quatre volume *in*-4°. remplis de ces détails importans, et en outre des
statuts sans nombre dictés par l'esprit de monopole, dont tout l'objet est de décourager
l'industrie, de concentrer le commerce dans
un petit nombre de mains par la multiplication des formalités et des fraix, par l'as-
sujettissement à des apprentissages et des com-
pagnonages de dix ans, pour des métiers qu'on
peut savoir en dix jours, par l'exclusion de
ceux qui ne sont pas fils de maîtres, de ceux

qui sont nés hors de certaines limites, par la
défense d'employer les femmes à la fabrication
des étoffes, etc., etc.

Il n'avoit pas imaginé que dans un royaume
soumis au même Prince, toutes les villes se re-
garderoient mutuellement comme ennemies,
s'arrogeroient le droit d'interdire le travail dans
leur enceinte à des François désignés sous le
nom d'*étrangers*, de s'opposer à la vente et
au passage libre des denrées d'une province
voisine, de combattre ainsi, pour un intérêt
léger, l'intérêt général de l'État, etc., etc.

Il n'étoit pas moins étonné de voir le Gouvernement s'occuper de régler le cours de
chaque denrée, proscrire un genre d'industrie
pour en faire fleurir un autre, assujettir à des
gênes particulières la vente des provisions les
plus nécessaires à la vie, défendre de faire des
magasins d'une denrée dont la récolte varie
tous les ans, et dont la consommation est toujours à peu près égale; défendre la sortie d'une
denrée sujette à tomber dans l'avilissement, et
croire s'assurer l'abondance du bled en rendant
la condition du laboureur plus incertaine et plus
malheureuse que celle de tous les autres citoyens, etc.

M. *de Gournay* n'ignoroit pas que plusieurs

des abus auxquels il s'opposoit, avoient été autrefois établis dans une grande partie de l'Europe, et qu'il en restoit même encore des vestiges en Angleterre; mais il savoit aussi que le
Gouvernement Anglois en avoit détruit une
partie; que s'il en restoit encore quelques-unes,
bien loin de les adopter comme des établissemens utiles, il cherchoit à les restreindre, à les
empêcher de s'étendre, et ne les toléroit encore
que parce que la constitution républicaine met
quelquefois des obstacles à la réformation de
certains abus, lorsque ces abus ne peuvent être
corrigés que par une autorité dont l'exercice le
plus avantageux au peuple excite toujours sa
défiance. Il savoit enfin que depuis un siècle
toutes les personnes éclairées, soit en Hollande,
soit en Angleterre, regardoient ces abus comme
des restes de la barbarie gothique et de la foiblesse de tous les Gouvernemens qui n'avoient
ni connu l'importance de la liberté publique, ni
su la protéger des invasions de l'esprit monopo-
leur et de l'intérêt particulier.

M. *de Gournay* avoit fait et vu faire, pendant
vingt ans, le plus grand commerce de l'Univers
sans avoir eu occasion d'apprendre autrement
que par les livres l'existence de toutes ces loix
auxquelles il voyoit attacher tant d'importance;

et il ne croyoit point alors qu'on le prendroit pour un *novateur* et un *homme à systémes*, lorsqu'il ne feroit que développer les principes que l'expérience lui avoit enseignés, et qu'il voyoit universellement reconnus par les Négocians les plus éclairés avec lesquels il vivoit.

Ces principes, qu'on qualifioit de *systéme nouveau*, ne lui paroissoient que les maximes du plus simple bon sens. Tout ce prétendu *systéme* étoit appuyé sur cette maxime, qu'en général tout homme connoît mieux son propre intérêt qu'un autre homme à qui cet intérêt est entièrement indifférent.

De là M. *de Gournay* concluoit que lorsque l'intérêt des particuliers est précisément le même que l'intérêt général, ce qu'on peut faire de mieux est de laisser chaque homme libre de faire ce qu'il veut. — Or il trouvoit impossible que dans le commerce abandonné à lui-même, l'intérêt particulier ne concourût pas avec l'intérêt général.

Le commerce ne peut être relatif à l'intérêt général, ou ce qui est la même chose, l'État ne peut s'intéresser au commerce que sous deux points de vue. — Comme protecteur des particuliers qui le composent, il est intéressé à ce que personne ne puisse faire à un autre un tort considérable,

considérable, et dont celui-ci ne puisse se garantir. — Comme formant un corps politique obligé à se défendre contre les invasions extérieures, et à employer de grandes sommes dans des améliorations intérieures, il est intéressé à ce que la masse des richesses de l'Etat et des productions annuelles de la terre et de l'industrie, soit la plus grande qu'il est possible. — Sous l'un et l'autre de ces points de vue, il est encore intéressé à ce qu'il n'arrive pas, dans la valeur des denrées, de ces secousses subites, qui en plongeant le peuple dans les horreurs de la disette, peuvent troubler la tranquillité publique et la sécurité des citoyens et des magistrats. — Or il est clair que l'intérêt de tous les particuliers, dégagé de toute gêne, remplit nécessairement toutes ces vues d'utilité générale.

1°. Quant au premier objet, qui consiste à ce que les particuliers ne puissent se nuire les uns aux autres, il suffit évidemment que le Gouvernement protège toujours la liberté naturelle que l'acheteur a d'acheter et le vendeur de vendre. Car l'acheteur étant toujours maître d'acheter ou de ne pas acheter, il est certain qu'il choisira entre les vendeurs celui qui lui donnera au meilleur marché la marchandise qui lui convient le mieux. Il ne l'est pas moins que chaque

Tome III. 22

vendeur ayant l'intérêt le plus capital à mériter
la préférence sur ses concurrens, vendra en
général la meilleure marchandise, et au plus bas
prix qu'il pourra, pour s'attirer les pratiques.
Il n'est donc pas vrai que le marchand ait intérêt de tromper, à moins qu'il n'ait un privi-
lége exclusif.

Mais si le Gouvernement limite le nombre
des vendeurs par des priviléges exclusifs ou
autrement, il est certain que le consommateur
sera lèzé; et que le vendeur, assuré du débit,
les forcera d'acheter chèrement de mauvaises
marchandises.

Si au contraire c'est le nombre des acheteurs
qui est diminué par l'exclusion des étrangers, ou
de certaines personnes, alors le vendeur est
lèzé; et si la lèzion est portée à un point que
le prix ne le dédommage pas avec avantage de
ses frais et de ses risques, il cessera de produire la denrée en aussi grande abondance, et
la disette s'ensuivra.

La liberté générale d'acheter et de vendre est
donc le seul moyen d'assurer d'un côté au vendeur un prix capable d'encourager la production, de l'autre au consommateur la meilleure
marchandise au plus bas prix; ce n'est pas que
dans des cas particuliers, il ne puisse y avoir

un marchand fripon et un consommateur dupe ; mais le consommateur trompé s'instruira , et cessera de s'adresser au marchand fripon ; celui-ci sera décrédité et puni par là de sa fraude , et cela n'arrivera jamais fréquemment, parce qu'en général les hommes seront toujours éclairés sur un intérêt évident et prochain.

Vouloir que le gouvernement soit obligé d'empêcher qu'une pareille fraude n'arrive jamais, c'est vouloir l'obliger de fournir des bourrelets à tous les enfans qui pourroient tomber. Prétendre réussir à prévenir par des réglemens toutes les malversations possibles en ce genre , c'est sacrifier à une perfection chimérique tous les progrès de l'industrie ; c'est resserrer l'imagination des artistes dans les limites étroites de ce qui se fait ; c'est leur interdire toutes les tentatives nouvelles ; c'est renoncer même à l'espérance de concourir avec les étrangers dans la fabrication des étoffes nouvelles qu'ils inventent journellement, puisque n'étant point conformes aux réglemens , les ouvriers ne peuvent les imiter qu'après en avoir obtenu la permission du Gouvernement , c'est-à-dire souvent lorsque les fabriques étrangères , après avoir profité du premier empressement des consommateurs pour cette nouveauté, l'ont déjà rem-

placée par une autre. C'est oublier que l'exécution de ces réglemens est toujours confiée à
des hommes qui peuvent avoir d'autant plus
d'intérêt à frauder, ou à concourir à la fraude,
que celle qu'ils commettroient seroit couverte en
quelque sorte par le sceau de l'autorité publique
et par la confiance qu'elle inspire au consommateur. C'est oublier aussi que ces réglemens,
ces inspecteurs, ces bureaux de marque et de
visite entraînent toujours des frais ; que ces
frais sont toujours prélevés sur la marchandise, et par conséquent surchargent le consommateur national, éloignent le consommateur étranger ; qu'ainsi par une injustice palpable on fait porter au commerce, et par conséquent à la nation, un impôt onéreux pour
dispenser un petit nombre d'oisifs de s'instruire
ou de consulter afin de n'être pas trompés ; que
c'est en supposant tous les consommateurs dupes
et tous les marchands et fabriquans fripons,
les autoriser à l'être, et avilir toute la partie
laborieuse de la nation.

Quant au second objet du Gouvernement,
qui consiste à procurer à la nation la plus grande
masse possible de richesses, n'est-il pas évident que l'État n'ayant de richesses réelles que
les produits annuels de ses terres et de l'indus-

trie de ses habitans, sa richesse sera la plus grande possible quand le produit de chaque arpent de terre et de l'industrie de chaque individu sera porté au plus haut point possible? Et que le propriétaire de chaque terre a plus d'intérêt que personne à en tirer le plus grand revenu possible? Que chaque individu a le même intérêt à gagner avec ses bras le plus d'argent qu'il peut?—Il n'est pas moins évident que l'emploi de la terre ou de l'industrie qui procurera le plus de revenu à chaque propriétaire ou à chaque habitant, sera toujours l'emploi le plus avantageux à l'État; parce que la somme que l'État peut employer annuellement à ses besoins, est toujours une partie aliquote de la somme des revenus qui sont annuellement produits dans l'État, et que la somme de ces revenus est composée du revenu net de chaque terre, et du produit de l'industrie de chaque particulier.— Si donc au lieu de s'en rapporter là-dessus à l'intérêt particulier, le Gouvernement s'ingère de prescrire à chacun ce qu'il doit faire, il est clair que tout ce que les particuliers perdront de bénéfices par la gêne qui leur sera imposée, sera autant de retranché à la somme du revenu net produit dans l'état chaque année.

S'imaginer qu'il y a des denrées que l'État

doit s'attacher à faire produire à la terre plustôt
que d'autres ; qu'il doit établir certaines manufactures plustôt que d'autres ; et en conséquence
prohiber certaines productions, en commander
d'autres, interdire certains genres d'industrie
dans la crainte de nuire à d'autres genres d'industrie ; prétendre soutenir les manufactures aux
dépens de l'agriculture, en tenant de force le prix
des vivres au-dessous de ce qu'il seroit naturellement ; établir certaines manufactures aux dépens
du trésor public ; accumuler sur elles les priviléges, les grâces, les exclusions de toute autre
manufacture de même genre, dans la vue de procurer aux entrepreneurs un gain qu'on s'imagine
que le débit de leurs ouvrages ne produiroit pas
naturellement : c'est se méprendre grossièrement
sur les vrais avantages du commerce ; c'est oublier que nulle opération de commerce ne pouvant être que réciproque, vouloir tout vendre
aux étrangers, et ne rien acheter d'eux est
absurde.

On ne gagne à produire une denrée plustôt
qu'une autre, qu'autant que cette denrée rapporte, tous frais déduits, plus d'argent à celui
qui la fait produire à sa terre, ou qui la fa-
brique ; qu'ainsi la valeur vénale de chaque
denrée, tous frais déduits, est la seule règle pour

juger de l'avantage que retire l'État d'une certaine espèce de productions ; que par conséquent toute manufacture dont la valeur vénale ne dédommage pas avec profit des fraix qu'elle exige, n'est d'aucun avantage, et que les sommes employées à la soutenir malgré le cours naturel du commerce, est un impôt mis sur la nation en pure perte.

Il est inutile de prouver que chaque particulier est le seul juge compétent de cet emploi le plus avantageux de sa terre et de ses bras. Il a seul les connoissances locales sans lesquelles l'homme le plus éclairé n'en raisonne qu'à l'aveugle. Il a seul une expérience d'autant plus sûre qu'elle est bornée à un seul objet. Il s'instruit par des essais réitérés, par ses succès, par ses pertes, et acquiert un tact dont la finesse aiguisée par le sentiment du besoin, passe de bien loin toute la théorie du spéculateur indifférent.

Si l'on objecte qu'indépendamment de la valeur vénale, l'Etat peut avoir encore un intérêt d'être le moins qu'il est possible dans la dépendance des autres nations pour les denrées de première nécessité : 1°. On prouvera seulement que la liberté de l'industrie et la liberté du commerce des productions de la terre étant l'un et l'autre très-précieuses, la liberté du commerce des pro-

ductions de la terre est encore plus essentielle.
2°. Il sera toujours vrai que la plus grande richesse et la plus grande population donneront
à l'État en question le moyen d'assurer son indépendance d'une manière bien plus solide. —
Au reste, cet article est de pure spéculation: un
grand Etat produit toujours de tout, et à l'égard
d'un petit, une mauvaise récolte feroit bientôt
écrouler ce beau système d'indépendance.

Quant au troisième objet qui peut intéresser
l'État à double titre, et comme protecteur des
particuliers auxquels il doit faciliter les moyens
de se procurer par le travail une subsistance
aisée, et comme corps politique intéressé à prévenir les troubles intérieurs que la disette pourroit occasionner. Cette matière a été si clairement développée dans l'ouvrage de M. *Herbert,*
et dans l'article *Grains* de M. *Quesnay,* que
je m'abstiens d'en parler ici, M. *Marmontel*
connoissant à fond ces deux ouvrages.

· Il suit de cette discussion que sous tous les
points de vue par lesquels le commerce peut
intéresser l'État, l'intérêt particulier abandonné
à lui-même, produira toujours plus sûrement
le bien général, que les opérations du Gouvernement, toujours fautives et nécessairement dirigées par une théorie vague et incertaine.

M. *de Gournay* en concluoit que le seul but que dût se proposer l'administration, étoit 1°. de rendre à toutes les branches du commerce cette liberté précieuse que les préjugés des siècles d'ignorance, la facilité du Gouvernement à se prêter à des intérêts particuliers, le désir d'une perfection mal entendue leur ont fait perdre; 2°. de faciliter le travail à tous les membres de l'Etat, afin d'exciter la plus grande concurrence dans la vente, d'où résulteront nécessairement la plus grande perfection dans la fabrication et le prix le plus avantageux à l'acheteur; 3°. de donner en même tems à celui-ci le plus grand nombre de concurrens possibles, en ouvrant au vendeur tous les débouchés de sa denrée, seul moyen d'assurer au travail sa récompense, et de perpétuer la production qui n'a d'autre objet que cette récompense.

L'administration doit se proposer en outre d'écarter les obstacles qui retardent les progrès de l'industrie en diminuant l'étendue ou la certitude de ses profits. M. *de Gournay* mettoit à la tête de ces obstacles le haut intérêt de l'argent qui offrant à tous les possesseurs de capitaux la facilité de vivre sans travailler, encourage le luxe et l'oisiveté, retire du commerce et rend stériles pour l'Etat les richesses et l'industrie d'une foule de citoyens ; qui exclud la nation de toutes les branches de commerce dont le produit n'est pas d'un ou deux pour cent au-dessus du taux actuel de l'intérêt ; qui par conséquent donne aux étrangers le privilège exclusif de toutes ces branches de commerce, et la facilité d'obtenir sur nous la préférence dans presque tous les autres pays, en baissant les prix plus que nous ne pouvons faire ; qui donne aux habitans de nos colonies un intérêt puissant de faire la contrebande avec l'étranger, et par là diminue l'affection naturelle qu'ils doivent avoir pour la métropole ; qui seul assureroit aux Hollandois et aux villes Anséatiques le commerce de cabotage dans toute l'Europe et sur nos propres côtes ; qui nous rend annuellement tributaires des étrangers par les gros intérêts que nous leur payons des fonds qu'ils nous prêtent ; qui enfin condamnent à rester incultes toutes les terres dont les frais de défrichement ne rapporteroient pas plus de cinq pour cent, puisqu'avec le même capital on peut, sans travail, se procurer le même revenu. — Mais il croyoit aussi que le commerce des capitaux, dont le prix est l'intérêt de l'argent, ne peut être amené à régler ce prix équitablement, avec toute l'économie nécessaire, que, comme tous les autres commerces, par la concurrence et la liberté réciproque ; et que le Gouvernement ne sauroit y influer utilement qu'en s'abstenant d'une part de prononcer des loix dans les cas où les conventions peuvent y suppléer, et d'une autre part en évitant de grossir le nombre des débiteurs et des demandeurs de capitaux, soit en empruntant lui-même, soit en ne payant pas avec exactitude.

Un autre genre d'obstacles aux progrès de l'industrie dont M. *de Gournay* pensoit qu'il étoit essentiel de la délivrer au plustôt, étoit cette multitude de taxes que la nécessité de subvenir aux besoins de l'État a fait imposer sur tous les genres de travail, et que les embarras de la perception rendent quelquefois encore plus onéreuses que la taxe elle-même ; l'arbitraire de la taille, la multiplicité des droits sur chaque espèce de marchandises, la variété des tarifs, l'inégalité de ces droits dans les différentes provinces, les bureaux sans nombre établis aux frontières de ces provinces, la multiplication des visites, l'importunité des recherches nécessaires pour aller au devant des fraudes, la nécessité de s'en rapporter pour constater ces fraudes au témoignage solitaire d'hommes intéressés et d'un état avili ; les contestations interminables, si funestes au com-

merce, qu'il n'est presque pas de négociant qui
ne préfère, en ce genre, un accommodement désavantageux au procès le plus évidemment juste;
enfin l'obscurité et le mystère impénétrable ré-
sultant de cette multiplicité de droits locaux et
des loix publiées en différens tems, obscurité
dont l'abus est toujours en faveur de la finance
contre le commerce ; les droits excessifs, les
maux de la contrebande, la perte d'une foule
de citoyens qu'elle entraîne, etc., etc., etc.

La finance est nécessaire puisque l'État a
besoin de revenus; mais l'agriculture et le commerce sont, ou plutôt l'agriculture animée par le
commerce est la source de ces revenus. Il ne
faut donc pas que la finance nuise au commerce,
puisqu'elle se nuiroit à elle-même. Ces deux intérêts sont donc essentiellement unis, et s'ils
ont paru opposés, c'est peut être parce qu'on
a confondu l'intérêt de la finance par rapport
au Roi et à l'État qui ne meurent point, avec
l'intérêt des financiers qui, n'étant chargés de
la perception que pour un certain tems, ai-
mant mieux grossir les revenus du moment
que conserver le fonds qui les produit. —Ajoutons la manière incertaine et fortuite dont s'est
formée cette hydre de droits de toute espèce, la
réunion successive d'une foule de fiefs et de

souverainetés, et la conservation des impôts
dont jouissoit chaque souverain particulier, sans
que les besoins urgens du Royaume aient jamais laissé le loisir de refondre ce chaos et
d'établir un droit uniforme; enfin la facilité que
la finance a eue dans tous les tems de faire entendre sa voix au préjudice du commerce.

La finance forme un corps d'hommes accrédités, et d'autant plus accrédités, que les besoins de l'État sont plus pressans, toujours occupés d'un seul objet, sans distraction et sans
négligence, vivant dans la capitale et dans une
relation perpétuelle avec le Gouvernement. Les
négocians, au contraire, occupés chacun d'un
objet particulier, dispersés dans les provinces,
inconnus et sans protection, sans aucun point
de réunion, ne peuvent à chaque occasion particulière élever qu'une voix foible et solitaire
trop sûrement étouffée et par la multitude des
voix de leurs adversaires et par leur crédit, et
par la facilité qu'ils ont d'employer à la défense
de leurs intérêts des plumes exercées. — Si le
négociant consent à abandonner le soin de ses
affaires pour soutenir une contestation plustôt
que de céder, il risque beaucoup de succomber;
et lors même qu'il triomphe, il reste toujours
à la merci d'un corps puissant qui a, dans la

rigueur des loix qu'il a suggérées au ministère, un moyen facile d'écraser le négociant ; car (et ceci n'est pas un des moindres abus) il existe plusieurs loix de ce genre impossibles dans l'exécution, et qui ne servent aux fermiers qu'à s'assurer de la soumission des particuliers par la menace d'en faire tomber sur eux l'application rigoureuse.

M. *de Gournay* pensoit que le bureau du commerce étoit bien moins utile pour conduire le commerce, qui doit aller tout seul, que pour le défendre contre les entreprises de la finance. Il auroit souhaité que les besoins de l'État eussent permis de libérer le commerce de toutes sortes de droits. Il croyoit qu'une nation, assez heureuse pour être parvenue à ce point, attireroit nécessairement à elle la plus grande partie du commerce de l'Europe ; il pensoit que tous les impôts, de quelque genre qu'ils soient, sont, en dernière analyse, toujours payés par le propriétaire, qui vend d'autant moins les produits de sa terre, et que si tous les impôts étoient répartis sur les fonds, les propriétaires et le Royaume y gagneroient tout ce qu'absorbent les frais de régie, toute la consommation ou l'emploi stérile des hommes perdus, soit à percevoir les impôts, soit à faire la contrebande, soit à

l'empêcher (2), sans compter la prodigieuse augmentation des richesses et des valeurs résul-
tantes de l'augmentation du commerce.

Il est aussi quelques obstacles aux progrès
de l'industrie, qui viennent de nos mœurs, de
nos préjugés, de quelques-unes de nos loix
civiles; mais les deux plus funestes sont ceux
dont j'ai parlé, et les autres entraîneroient trop
de détails. — Au reste M. *de Gournay* ne prétendoit pas tellement borner les soins de l'administration en matière de commerce, à celui
d'en maintenir la liberté et d'écarter les obstacles qui s'opposent aux progrès de l'industrie,
qu'il ne fût très-convaincu de l'utilité des encouragemens à donner à l'industrie, soit en ré-
compensant les auteurs des découvertes utiles,
soit en excitant l'émulation des artistes pour la
perfection, par des prix et des gratifications. Il
savoit que lors même que l'industrie jouit de
la plus grande liberté, ces moyens sont souvent
utiles pour hâter sa marche naturelle, et qu'ils
sont surtout nécessaires, lorsque la crainte des
gênes n'est pas tout à fait dissipée, et ralentit

---

(2) Ceci est, avec la liberté du commerce et du travail,
un des principaux points sur lesquels M. de Gournay et
M. Quesnay ont été complettement d'accord.

encore son essor. Mais il ne pouvoit approuver
que ces encouragemens pussent en aucun cas
nuire à de nouveaux progrès par des prohibi-
tions ou des avantages exclusifs ; il ne se prêtoit
qu'avec beaucoup de réserve aux avances faites
par le Gouvernement, et préféroit les autres encouragemens, les gratifications accordées à proportion de la production, et les prix proposés
à la perfection du travail, enfin les marques
d'honneur, et tout ce qui peut présenter à un
plus grand nombre d'hommes un objet d'émulation.

Telle étoit à peu près la manière de penser
de M. *de Gournay* sur l'administration du commerce ; ce sont les principes qu'il a constamment appliqués à toutes les affaires qui ont été
agitées au bureau du commerce depuis le moment où il y entra. Comme il ne pensoit nullement à faire un systême nouveau, il se contentoit d'en développer à l'occasion de chaque af-
faire en particulier ce qui étoit nécessaire pour
soutenir son avis; mais on ne fut pas long-tems
sans être frappé de la liaison et de la fécondité
de ses principes, et bientôt il eut à soutenir
une foule de contradictions.

Il se prêtoit avec plaisir à ces disputes, qui
ne pouvoient qu'éclaircir les matières et produire

duire de façon ou d'autre la connoissance de la
vérité. Dégagé de tout intérêt personnel, de
toute ambition, il n'avoit pas même cet attachement à son opinion que donne l'amour propre:
il n'aimoit et ne respiroit que le bien public,
aussi proposoit-il son opinion avec autant de
modestie que de courage. Egalement incapable
de prendre un ton dominant et de parler contre
sa pensée, il exposoit son sentiment d'une manière simple, et qui n'étoit impérieuse que par
la force des raisons qu'il avoit l'art de mettre
à la portée de tous les esprits, avec une sorte
de précision lumineuse dans l'exposition des
principes que fortifioit une application sensible
à quelques exemples heureusemens choisis. —
Lorsqu'il étoit contredit, il écoutoit avec pa-
tience; quelque vive que fût l'attaque, il ne s'é-
cartoit jamais de sa politesse et de sa douceur
ordinaire, et il ne perdoit rien du sang froid ni
de la présence d'esprit nécessaires pour démêler avec la plus grande netteté l'art des raisonnemens qu'on lui opposoit.

Son éloquence simple, et animée de cette chaleur intéressante que donne aux discours d'un
homme vertueux la persuasion la plus intime
qu'il soutient la cause du bien public, n'ôtoit
jamais rien à la solidité de la discussion, quel-

quefois elle étoit assaisonnée par une plaisanterie sans amertume, et d'autant plus agréable, qu'elle étoit toujours une raison.

Son zèle étoit doux parce qu'il étoit dégagé de tout amour-propre; mais il n'en étoit pas moins vif, parce que l'amour du bien public étoit une passion dans M. de Gournay.

Il étoit convaincu sans être trop attaché à son opinion; son esprit, toujours sans prévention, étoit toujours prêt à recevoir de nouvelles lumières; il a quelquefois changé d'avis sur des matières importantes, et il ne paroissoit pas que son ancienne opinion eût retardé le moins du monde l'impression subite que la vérité offerte faisoit naturellement sur un esprit aussi juste que le sien.

Il eut le bonheur de rencontrer dans M. *Trudaine*, qui étoit dès-lors à la tête de l'administration du commerce, le même amour de la vérité et du bien public qui l'animoit; comme il n'avoit encore développé ses principes que par occasion, dans la discussion des affaires ou dans la conversation, M. *Trudaine* l'engagea à donner comme une espèce de corps de sa doctrine; et c'est dans cette vue qu'il a traduit, en 1752, les Traités sur le commerce et sur l'intérêt de l'argent, de *Josias Child* et de *Tho-*

mas Culpeper. Il y joignit une grande quantité de remarques intéressantes , dans lesquelles il approfondit et discuta les principes du texte , et les éclaircit par des applications aux questions les plus importantes du commerce. Ces remarques formoient un ouvrage aussi considérable que celui des auteurs anglois, et M. de Gournay comptoit les faire imprimer ensemble ; il n'a cependant fait imprimer que le texte, en 1754 : des raisons qui ne subsistent plus s'opposoient alors à l'impression du commentaire.

La réputation de M. *de Gournay* s'établissoit , et son zèle se communiquoit. C'est à la chaleur avec laquelle il cherchoit à tourner du côté de l'étude du commerce et de l'économie politique tous les talens qu'il pouvoit connoître , et à la facilité avec laquelle il communiquoit toutes les lumières qu'il avoit acquises , qu'on doit attribuer cette heureuse fermentation qui s'est excitée depuis quelques années sur ces objets importans; fermentation qui a éclaté deux ou trois ans après que M. *de Gournay* a été Intendant du commerce , et qui depuis ce tems nous a déjà procuré plusieurs ouvrages remplis de recherches laborieuses et de vues profondes, qui ont lavé notre nation du reproche de frivolité qu'elle n'avoit que trop encouru

par son indifférence pour les études les plus véritablement utiles.

M. *de Gournay*, malgré les contradictions
qu'il essuyoit, goûtoit souvent la satisfaction de
réussir à déraciner une partie des abus qu'il
attaquoit ; et surtout celle d'affoiblir l'autorité
de ces anciens principes, dont on étoit déjà
obligé d'adoucir la rigueur et de restreindre
l'application pour pouvoir les soutenir encore
contre lui. Quelque peine qu'on eût à adopter
ses principes dans toute leur étendue, ses lumières, son expérience, l'estime générale de
tous les négocians pour sa personne, la pureté
de ses vues au-dessus de tout soupçon lui at-
tiroient nécessairement la confiance du Ministère,
et le respect de ceux même qui combattoient
encore ses opinions.

Son zèle lui fit former le dessein de visiter
le Royaume pour y voir par lui-même l'état
du commerce et des fabriques, et reconnoître
les causes des progrès ou de la décadence de
chaque branche de commerce, les abus, les
besoins, les ressources en tout genre. Il commença l'exécution de ce projet en 1753, et
partit au mois de juillet. Depuis ce tems jusqu'au mois de décembre, il parcourut la Bourgogne, le Lyonais, le Dauphiné, la Provence,

le haut et le bas Languedoc, et revint encore par Lyon.

En 1754, une loupe placée dans le dos, dont il souffrit deux fois l'extirpation par le fer, et qu'on fut obligé d'extirper une troisième fois par les caustiques au commencement de 1755, ne lui permit pas de voyager. Il reprit la suite de ses tournées en 1755, et visita la Rochelle, Bordeaux, Montauban, le reste de la Guyenne et Bayonne. En 1756 il suivit le cours de la Loire, depuis Orléans jusqu'à Nantes, parcourut le Maine, l'Anjou, la côte de Bretagne depuis Nantes jusqu'à Saint-Malo, et revint à Rennes pendant la tenue des États de 1756. L'affoiblissement de sa santé ne lui a pas permis de faire depuis d'autres voyages.

M. *de Gournay* trouvoit à chaque pas de nouveaux motifs de se confirmer dans ses principes, et de nouvelles armes contre les gênes qu'il attaquoit. Il recueilloit les plaintes du fabriquant pauvre et sans appui, et qui, ne sachant point écrire et colorer ses intérêts sous des prétextes spécieux, n'ayant point de députés à la Cour, a toujours été la victime de l'illusion faite au Gouvernement par les hommes intéressés auxquels il étoit forcé de s'adresser. M. *de Gournay* s'attachoit à dévoiler l'intérêt caché qui avoit fait demander comme utiles des réglemens dont tout l'objet étoit de mettre de plus en plus le pauvre à la merci du riche. Les fruits de ses voyages furent la réforme d'une infinité d'abus de ce genre; une connoissance du véritable état des provinces plus sûre et plus capable de diriger les opérations du ministère; une appréciation plus exacte des plaintes et des demandes; la facilité procurée au peuple et au simple artisan de faire entendre les siennes; enfin, une émulation nouvelle sur toutes les parties du commerce, que M. *de Gournay* savoit répandre par son éloquence persuasive, par la netteté avec laquelle il rendoit ses idées, et par l'heureuse contagion de son zèle patriotique.

Il cherchoit à inspirer aux Magistrats, aux personnes considérées dans chaque lieu, une sorte d'ambition pour la prospérité de leur ville ou de leur canton; voyoit les gens de lettres, leur proposoit des questions à traiter, et les engageoit à tourner leurs études du côté du commerce, de l'agriculture et de toutes les matières économiques.

C'est en partie à ses insinuations et au zèle qu'il avoit inspiré aux États de Bretagne pendant son séjour à Rennes, en 1756, qu'on doit l'existence de la Société établie en Bretagne,

sous la protection dès États et les auspices de
M. le Duc d'Aiguillon, pour la perfection de
l'agriculture, du commerce et de l'industrie.
Cette Société est la première de ce genre qui
ait été formée en France. Le plan, qui est lié
à l'administration municipale de la province, a
été dressé par M. *de Montaudouin*, négociant
à Nantes.

M. *de Gournay* savoit se proportionner au
degré d'intelligence de ceux qui l'écoutoient, et
répondoit aux objections absurdes dictées par
l'ignorance avec le même sang-froid et la même
netteté qu'il savoit répondre à Paris aux contradictions aigres dictées par un tout autre
principe.

Plein d'égards pour toutes les personnes chargées de l'administration dans les provinces qu'il
visitoit, il ne leur donna jamais lieu de penser
que sa mission pût faire le moindre ombrage à
leur autorité. S'oubliant toujours, se sacrifiant
sans effort au bien de la chose, c'étoit, autant
qu'il étoit possible, par eux et avec eux qu'il
agissoit; il sembloit ne faire que seconder leur
zèle, et leur faisoit souvent honneur auprès du
ministre de ses propres vues. Par cette conduite, s'il n'a pas toujours réussi à les persuader

de ses principes, il a du moins toujours mérité
leur amitié.

La vie de M. *de Gournay* ne présente aucun
autre événement remarquable, pendant le tems
qu'il est demeuré Intendant du Commerce. Occupé sans relâche des fonctions de sa place, ne
laissant échapper aucune occasion de proposer
des idées utiles, de répandre des lumières dans
le public, il n'est presque aucune question importante de commerce ou d'économie politique
sur laquelle il n'ait écrit plusieurs mémoires ou
lettres raisonnées. Il se livroit à ce genre de
travail avec une sorte de prodigalité, produi-
sant presque toujours, à chaque occasion, de
nouveaux mémoires, sans renvoyer aux mémoires antérieurs qu'il avoit écrits, ne cherchant
à s'éviter ni la peine de retrouver les idées qu'il
avoit déjà exprimées, ni le désagrément de se
répéter. La raison de cette manière de travailler
étoit le peu de prix qu'il attachoit à ce qu'il
composoit, et l'oubli total de toute réputation
littéraire. — Plein de ses principes salutaires et
féconds, il les appliquoit à chaque matière avec
une extrême facilité. Uniquement occupé de persuader une idée utile, il ne croyoit pas être
auteur. Ne s'attachant point à ce qu'il avoit écrit,

il l'abandonnoit sans réserve à tous ceux qui vouloient s'instruire ou écrire sur ces matières, et
le plus souvent ne gardoit pas même de copies
de ce qu'il avoit fait. Ces morceaux cependant,
jettés à la hâte sur le papier, et qu'il avoit oubliés, sont précieux, à ne les regarder même
que du côté de la composition : une éloquence
naturelle, une précision lumineuse dans l'exposition des principes, un art singulier de les
présenter sous toutes sortes de faces, de les
proportionner à tous les esprits, de les rendre
sensibles par des applications toujours justes,
et dont la justesse même étoit souvent piquante ;
une politesse toujours égale, et une logique fine
dans la discussion des objections ; enfin, un ton
de patriotisme et d'humanité qu'il ne cherchoit
point à prendre et qu'il n'en avoit que mieux,
caractérisoient ses écrits comme sa conversation.

M. *de Gournay* ne se contentoit pas de proposer ses idées par écrit et de vive voix, il em-
ployoit à faire valoir les idées qu'il croyoit utiles
la même activité, la même chaleur, la même
persévérance qu'un ambitieux met à la pour-
suite de ses propres intérêts. Incapable de se
rebuter lorsqu'il s'agissoit du bien, il n'auroit
pas craint de pousser ses efforts jusqu'à l'importunité. Aucun propriétaire de nos Isles n'a

réclamé avec autant de zèle que lui la liberté
générale du commerce des vaisseaux neutres
dans nos Colonies pendant la guerre. Ses solli-
citations étoient d'autant plus vives et plus pres-
santes, qu'il ne demandoit rien pour lui, au
point qu'il est mort sans aucun bienfait de la
Cour.

Cependant, tandis qu'il s'occupoit uniquement de l'utilité publique, sa fortune s'étoit
dérangée aussi bien que sa santé. Il avoit essuyé
des pertes sur les fonds qu'il avoit laissés en
Espagne, et l'état de ses affaires le détermina,
en 1758, à quitter sa place d'Intendant du Commerce. Des personnes en place, qui sentoient
combien il y étoit utile, lui proposèrent de
demander pour lui des grâces de la Cour qui
le dédommageroient de ce qu'il pouvoit avoir
perdu. Il répondit « qu'il ne s'estimoit pas assez
» pour croire que l'État dût acheter ses ser-
» vices; qu'il avoit toujours regardé de pareilles
» grâces comme d'une conséquence dangereuse,
» surtout dans les circonstances où l'État se
» trouvoit, et qu'il ne vouloit point qu'on eût
» à lui reprocher de se prêter, pour son intérêt,
» à des exceptions à ses principes. » Il ajoutoit,
» qu'il ne se croiroit point dispensé par sa re-
» traite de s'occuper d'objets utiles au bien du

» commerce. » Il demanda, dans cette vue, de conserver la séance au Bureau du Commerce, avec le titre d'*honoraire,* ce qui lui fut acordé.

Quelque tems anparavant, il avoit aussi vendu sa charge de Conseiller au Grand Conseil, et conservé le titre d'*honoraire.*

La retraite de M. *de Gournay* ne lui ôta rien de sa considération. Son zèle n'en étoit point ralenti ; ses lumières pouvoient toujours être également utiles. M. *de Silhouette ,* qui avoit pour M. *de Gournay* une estime qui fait l'éloge de l'un et de l'autre, ne fut pas plustôt Contrôleur général, qu'il résolut d'arracher à la retraite un homme dont les talens et le zèle étoient si propres à seconder ses vues. Il commença par le faire inviter à se trouver à la conférence que les Intendans du Commerce ont toutes les semaines avec le Contrôleur général, à laquelle M. *de Gournay* avoit cessé d'assister. Il le destinoit aussi à remplir une des places de Commissaires du Roi à la Ferme générale. M. *de Gournay ,* dans cette place, auroit été à portée d'apprécier exactement les plaintes réciproques du commerce et de la finance, et de chercher le moyen de concilier, autant qu'il est possible , ces deux intérêts de l'État; mais il n'a pas pu profiter de ce témoignage de l'estime de M. de Silhouette. — Lorsque la proposition lui en fut faite, il étoit déjà attaqué de la maladie dont il est mort.

Il y avoit long-tems que sa santé s'altéroit : ayant été passer le carnaval à Gournay, il en revint avec une douleur à la hanche, qu'il prit d'abord pour une sciatique. La douleur augmenta par degrés pendant quelque tems, et au bout de deux mois, on découvrit une tumeur qui paroissoit être la source du mal ; mais on tenta inutilement de la résoudre par différens remèdes. La foiblesse et l'amaigrissement augmentoient. On avoit proposé les eaux, il n'étoit pas en état de soutenir le voyage ; une fièvre lente le consumoit. On voulut faire un dernier effort, et employer un résolutif que l'on regardoit comme plus puissant ; mais on ne l'eut pas plustôt appliqué, que M. *de Gournay* tomba dans une fièvre violente, accompagnée de délire. Cet état dura trois jours ; au bout de ce tems, il recouvra sa connoissance, dont il profita pour faire son testament et recevoir les sacremens de l'église. Il mourut le soir même.

Il avoit épousé en .... Clotilde Verduc, avec laquelle il a vécu dans une grande union, et dont il n'a point laissé d'enfans.

M. *de Gournay* mériteroit la reconnoissance

de la Nation, quand elle ne lui auroit d'autre obligation que d'avoir contribué plus que personne à tourner les esprits du côté des connoissances économiques. Cette gloire lui seroit acquise quand ses principes pourroient encore souffrir quelque contradiction ; et la vérité auroit toujours gagné à la discussion des matières qu'il a donné occasion d'agiter. La postérité jugera entre lui et ses adversaires. Mais en attendant qu'elle ait jugé, on réclamera avec confiance pour sa mémoire l'honneur d'avoir le premier répandu en France les principes de *Child* et de *Jean de With*. Et si ces principes deviennent un jour adoptés par notre administration dans le commerce, s'ils sont jamais pour la France comme ils l'ont été pour la Hollande et l'Angleterre, une source d'abondance et de prospérité, nos descendans sauront que la reconnoissance en sera due à M. de Gournay.

La résistance que ces principes ont éprouvée a donné occasion à plusieurs personnes de représenter M. *de Gournay* comme un enthousiaste et un *homme à systêmes*. Ce nom d'*homme à systême*s est devenu une espèce d'arme dans la bouche de toutes les personnes prévenues ou intéressées à maintenir quelques abus, et contre tous ceux qui proposent des changemens dans quelque ordre que ce soit.

Les philosophes de ces derniers tems se sont élevés avec autant de force que de raison contre l'esprit de *systéme*. Ils entendoient par ce mot, ces suppositions arbitraires par lesquelles on s'efforce d'expliquer tous les phénomènes, et qui effectivement les expliquent tous également, parce qu'ils n'en expliquent aucun; cette négligence de l'observation, cette précipitation à se livrer à des analogies indirectes par lesquelles on se hazarde à convertir un fait particulier en principe général, et à juger d'un tout immense par un coup-d'œil superficiel jetté sur une partie; cette présomption aveugle, qui rapporte tout ce qu'elle ignore au peu qu'elle connoît; qui, éblouie d'une idée ou d'un principe le voit partout, comme l'œil fatigué par la vue fixe du soleil, en promène l'image sur tous les objets vers lesquels il se dirige; qui veut tout connoître, tout expliquer, tout arranger, et qui, méconnoissant l'inépuisable variété de la nature, prétend l'assujettir à ses méthodes arbitraires et bornées, et veut circonscrire l'infini pour l'embrasser.

Si les gens du monde condamnent aussi les *systémes*, et ce n'est pas dans le sens philosophique: accoutumés à recevoir successivement

toutes les opinions comme une glace réfléchit
toutes les images sans s'en approprier aucune,
à trouver tout probable sans être jamais convaincus ; à ignorer la liaison intime des conséquences avec leur principe, à se contredire à
tous les momens sans le savoir, et sans y mettre
aucune importance, ils ne peuvent qu'être
étonnés lorsqu'ils rencontrent un homme intérieurement convaincu d'une vérité, et qui en
déduit les conséquences avec la rigueur d'une
logique exacte. Ils se sont prêtés à l'écouter :
ils se prêteront le lendemain à écouter des propositions toutes contraires, et seront surpris
de ne pas voir en lui la même flexibilité. Ils
n'hésitent pas à le qualifier d'enthousiaste et
d'*homme à systêmes*. Ainsi, quoique dans leur
langage le mot de systême s'applique à une
opinion adoptée mûrement, appuyée sur des
preuves et suivie dans ses conséquences, ils ne
l'en prennent pas moins en mauvaise part,
parce que le peu d'attention dont ils sont capables ne les met pas à portée de juger les
raisons, et ne leur présente aucune opinion
comme pouvant être constamment arrêtée, ni
tenant bien clairement à aucun principe.

Il est cependant vrai que tout homme qui
pense a *un systême*, qu'un homme qui n'auroit

aucun système ou aucun enchaînement dans ses
idées, ne pourroit être qu'un imbécile ou un
fou. — N'importe. Les deux sens du mot de systême se confondent; et celui qui a un système
dans le sens des gens du monde, c'est-à-dire
une opinion fixe tenant à une chaîne d'observations, encourra les reproches faits par les
philosophes à l'esprit de système pris dans un
sens tout différent, dans celui d'une opinion
qui n'est pas fondée sur des observations suffisantes.

Sans doute, à prendre le mot de système
dans le sens populaire, M. *de Gournay* en
avoit un, puisqu'il avoit une opinion, et y étoit
fortement attaché; ses adversaires étoient tous
autant que lui des gens *à système*, puisqu'ils
soutenoient une opinion contraire à la sienne.

Mais si l'on prend le mot de *système* dans
le sens philosophique que j'ai développé le
premier, personne n'en a été plus éloigné que
lui, et il auroit eu bien plustôt le droit de rejetter ce reproche sur les principes qu'il com-
battoit, puisque toute sa doctrine se fondoit sur
l'impossibilité absolue de diriger par des règles
constantes et par une inspection continuelle une
multitude d'opérations que leur immensité seule
empêcheroit de connoître, et qui de plus dépendant

pendent continuellement d'une foule de circonstances toujours changeantes, qu'on ne peut ni
maîtriser ni même prévoir; et puisqu'il vouloit
en conséquence que l'administration n'entreprît
pas de conduire tous les hommes par la lisière,
et ne présumât pas le pouvoir; mais qu'elle les
laissât marcher, et qu'elle comptât plus sur le
ressort naturel de l'intérêt, que sur la contrainte
extérieure et artificielle de réglemens toujours
arbitraires dans leur composition, souvent dans
leur application. — Si l'arbitraire et la manie de
plier les choses à ses idées, et non pas ses
idées aux choses, sont la marque caractéris-
tique de l'esprit de *systéme*, ce n'étoit assurément pas M. *de Gournay* qui étoit *homme
à systéme.*

Il l'étoit encore moins par un attachement
opiniâtre à ses idées. La douceur avec laquelle
il les soutenoit prouve bien qu'il n'y mettoit
aucun amour-propre, et qu'il ne les défendoit
que comme citoyen. On peut même dire que
peu de gens ont été aussi parfaitement libres
que lui de cette espèce de vanité qui ferme
l'accès aux vérités nouvelles. Il cherchoit à s'instruire comme s'il n'avoit rien sú; et se prêtoit à
l'examen de toute assertion, comme s'il n'avoit
en aucune opinion contraire.

Tome III. 24

Il faut dire encore que ce prétendu système de M. *de Gournay* a cela de particulier, que les principes généraux en sont à peu près adoptés par tout le monde, que de tout tems le vœu du commerce chez toutes les nations a été renfermé dans ces deux mots, *liberté* et *protection*; mais surtout liberté. On sait le mot de M. *le Gendre* à M. Colbert, *laissez-nous faire.* — M. de Gournay ne différoit souvent des gens qui le traitoient d'homme à système qu'en ce qu'il se refusoit avec la rigidité d'un esprit juste et d'un cœur droit aux exceptions qu'ils admettoient en faveur de leur intérêt.

Le monde est plein de gens qui condamnent, par exemple, les privilèges exclusifs, mais qui croient qu'il y a certaines denrées sur lesquelles ils sont nécessaires, et cette exception est ordinairement fondée sur un intérêt personnel ou sur celui de quelques particuliers avec lesquels on est lié. C'est ainsi que la plus grande partie des hommes est naturellement portée aux principes doux de la liberté du commerce. Mais presque tous, soit par intérêt, soit par routine, soit par séduction, y mettent quelques petites modifications ou exceptions.

M. *de Gournay*, en se refusant à chaque

exception en particulier, avoit pour lui la plu-
ralité des voix; mais en se refusant à toutes à
la fois, il élevoit contre lui toutes les voix qui
vouloient chacune une exception, quoiqu'elles
ne se réunissent pas sur la sorte d'exception
qu'elles désiroient; et il en résultoit, contre ses
principes, un fausse unanimité, et contre sa
personne une imputation presque générale du
titre d'*homme à systéme.*

Cette imputation êtoit saisie comme un mot
de ralliement par ceux que l'envie, ou l'attachement trop âcre à leur opinion, rendoit ses
adversaires, et leur servoit de prétexte pour lui
opposer un vain fantôme d'unanimité comme un
corps formidable, dont tout homme moins zélé
que lui pour le bien public, ou moins indifférent
sur ses propres intérêts, auroit été effrayé.

La contradiction ne faisoit qu'exciter son courage. Il savoit qu'en annonçant moins ouverte-
ment l'universalité de ses principes, en n'avouant
pas toutes les conséquences éloignées qui en
dérivoient; en se prêtant à quelques modifications légères, il auroit évité ce titre si redouté
d'*homme à systéme*, et auroit échappé aux
préventions qu'on s'efforçoit de répandre contre
lui. Mais il croyoit utile que les principes fussent

développés dans toute leur étendue, il vouloit
que la Nation s'instruisît ; et elle ne pouvoit
l'être que par l'exposition la plus claire de la
vérité. Il pensoit que ces ménagemens ne seroient
utiles qu'à lui, et il se comptoit pour rien.

Ce n'étoit pas qu'il crût, comme plusieurs personnes l'en accusoient, qu'il ne fallût garder aucune mesure dans la réforme des abus ; il savoit
combien toutes les améliorations ont besoin
d'être préparées, combien les secousses trop subites sont dangereuses ; mais il pensoit que la
modération nécessaire devoit être dans l'action,
et non dans la spéculation. Il ne vouloit pas
qu'on abattît tout le vieux édifice avant d'avoir
jetté les fondemens du nouveau; mais il vouloit
qu'avant de mettre la main à l'œuvre, on eût
un plan fait dans toute son étendue, afin de
n'agir à l'aveugle, ni en détruisant, ni en con-
servant, ni en reconstruisant.

Enfin, une gloire bien personnelle à M. *de
Gournay*, est celle de sa vertu tellement reconnue, que malgré toutes les contradictions
qu'il a essuyées, l'ombre même du soupçon n'a
jamais terni un instant l'éclat de sa réputation.
Cette vertu s'est soutenue pendant sa vie entière. Appuyée sur un sentiment profond de

justice et de bienfaisance, elle en a fait un homme doux, modeste, indulgent dans la société, irréprochable, et même austère dans sa conduite et dans ses mœurs ; mais austère pour lui seul, égal et sans humeur dans son domestique, occupé dans sa famille de rendre heureux tout ce qui l'environnoit, toujours disposé à sacrifier à la complaisance tout ce qu'il ne regardoit pas comme un devoir. — Dans sa vie publique on l'a vu, dégagé de tout intérêt, de toute ambition, et presque de tout amour de la gloire, n'en être ni moins actif, ni moins infatigable, ni moins adroit à presser l'exécution de ses vues, qui n'avoient d'objet que le bien général ; citoyen uniquement occupé de la prospérité et de la gloire de sa patrie, du bonheur de l'humanité. Cette humanité étoit un des motifs qui l'attachoient le plus à ce qu'on appelloit *son systéme ;* ce qu'il reprochoit le plus vivement aux principes qu'il attaquoit, c'étoit de favoriser toujours la partie riche et oisive de la société au préjudice de la partie pauvre et laborieuse.

C'est une sorte de malheur, que les hommes recommandables par les vertus les plus respectables et les plus véritablement utiles, soient

les moins avantageusement partagés dans la distribution de la renommée. — La postérité ne
juge guères que les actions publiques et écla-
tantes, et peut-être est-elle plus sensible à leur
éclat qu'à leur utilité. Mais en supposant même
son jugement toujours équitable à cet égard,
les motifs, l'esprit qui ont produit ces actions,
et qui seuls ont pu leur imprimer le caractère
de vertus, sont ignorés ; les traits délicats se
perdent dans le récit de l'histoire, comme la
fleur du teint et la finesse de la physionomie
s'évanouissent sous les couleurs du peintre. Il
ne reste que des traits sans vie, et des actions
dont on méconnoit le caractère. Tantôt la mali-
gnité, tantôt la flatterie les interprètent à leur
gré, et ne réussissent que trop souvent à rendre
le jugement de la postérité flottant entre la vertu
la plus pure et le vice adroit qui a su emprunter
son masque.

On ne s'y trompe pas cependant quand ils
vivent ; et il est encore un moment où la ma-
lignité voudroit en vain ternir une vertu reconnue, où l'on repousseroit la flatterie qui
essayeroit d'en décerner les honneurs à qui ne
les auroit pas mérités. Ce moment passe bientôt,
c'est celui qui termine la vie. Aussi le seul
moyen de conserver au petit nombre d'hommes

dont la vertu a été bien constatée l'estime générale dont ils sont dignes, et de fixer ce parfum de vertu qui s'exhale autour d'eux, est de
provoquer le témoignage de la génèration présente, et d'attester la mémoire des faits récens.
—En rendant à la vertu de M. de Gournay
l'hommage public qu'elle mérite, nous sommes
bien sûrs qu'il ne s'élevera aucune voix contre
nous.

OBSERVATIONS GÉOLOGIQUES.

M. Turgot avait fait en 1755 et 1756 avec M. *de Gournay* les deux voyages dont il parle plus haut (page 357.)

Nous avons recherché avec soin les notes qu'il avait recueillies sur les tournées intéressantes de ce Magistrat administrateur ; nous n'avons pu les retrouver.

Il est vraisemblable qu'il en aura fait hommage à M. *de Gournay* lui-même, pour concourir au compte que celui-ci se rendait, et voulait rendre au Gouvernement de l'état des manufactures qu'il avait visitées.

Après l'avoir perdu, M. *Turgot* fit seul un voyage à l'Est de la France et en Suisse. Nous n'en avons pu recouvrer que la partie géologique depuis *Montigny* jusqu'à *Lyon*. Les observations économiques et politiques qui devaient faire un Mémoire séparé, nous auraient intéressé davantage ; mais celles-ci seront toujours curieuses pour les amateurs d'histoire naturelle. Et elles serviront encore à montrer sur combien de matières M. Turgot réunissait des connaissances étendues.

A *St.-L é*, 25 septembre 1760.

1.

Les parties les plus élevées des collines qui environnent *Montigny*, sont de sable mêlé de quelques grosses masses de grès d'un grain assez dur, et le plus souvent d'une couleur rougeâtre. Cette couche de sable ne se trouve que dans un petit nombre d'endroits, et il paroît que dans la plus grande partie elle a été emportée par les eaux. En avançant sur le chemin du côté de *Nangis*, et même entre Nangis et *Mormans*, on retrouve au milieu de la plaine de Brie, des couches d'un sable à peu près pareil, parmi lequel les masses de grès sont plus grosses et en plus grande quantité qu'à Montigny. Cette couche de sable est, à ce que j'imagine, au même niveau que les sommets des hauteurs de Montigny; mais à la différence qu'elle est restée étendue horizontalement sur la plaine, n'ayant point été entraînée par les eaux.

2.

Vers *Nangis* et dans la plus grande partie de la Brie, la couche la plus voisine de la superficie du terrain est une argile mêlée de sable qui retient l'eau. De là vient que la plaine de Brie est couverte d'étangs, et qu'on y voit couler des ruisseaux qui ne forment point, comme ailleurs, des vallons creux. Cette couche d'argile sablonneuse, tantôt grise, tantôt rougeâtre, paroît s'étendre horizontalement sur toute la Brie, depuis Grosbois jusques par delà Nangis, des deux côtés du chemin de Paris à Montigny. Elle est interrompue de tems en tems par la couche de sable mêlée de grès dont j'ai parlé plus haut; et par quelques bancs de pierre calcaire dont on fait une fort bonne chaux. Au-dessous de ce premier lit calcaire assez épais, est une couche d'argile dont le niveau paroît indiqué par différentes sources abondantes et d'une belle eau. Au-dessous de cette argile on voit, dans quelques endroits du côteau le long du chemin de *Damemarie*, des veines de craie assez semblables à celles de Champagne, et entremêlées de silex noir assez gros, fort tendre, et dont la cassure exposée à l'air blanchit et se décompose au bout de quelques années. Si de Montigny on va gagner la rivière du côté de de Changis et de Montereau, on trouve tout le côteau en descendant presque jusqu'au niveau des prairies, composé de craie à peu près semblable et mêlée de silex.

3.

M. Trudaine a fait prendre les niveaux de plusieurs allées qui traversent ses bois et qui coupent en différens sens les côteaux dont je viens de parler. Il sera aisé de se servir de ces nivellemens pour fixer avec plus de précision la position et l'épaisseur des différentes couches dont ils sont composés.

4.

Au sortir de *Damemarie* en allant à *Nogent*, on monte un côteau, puis on redescend dans la plaine que forme le vallon de la Seine. La chaussée sur cette descente est ferrée, et composée de petits silex ronds, dont plusieurs sont des débris d'une sorte de poudingue dans lequel ces silex sont réunis par du minerai, du fer et du sable. L'espèce de ciment qui les unit est assez dur, mais les silex sont d'une dureté très-grande, et le chemin qui en est formé est excellent.

On prend ces pierres dans les vignes qui sont sur la croupe du côteau à la droite du chemin. J'ai eu la curiosité de visiter cette espèce de carrière. Il m'a paru que sur une étendue de terrain d'environ une centaine de toises, la croupe de ce côteau étoit un dépôt de sable, et de cette espèce de silex analogue au dépôt qu'on a trouvé sur la croupe de la montagne de Ste.-Geneviève à Paris, lorsqu'on a creusé les fondemens de la nouvelle église. Mais à Damemarie les silex sont plus ronds, plus petits, plus noirs, plus entassés, au point qu'il n'y a presque de sable que ce qu'il en faut pour remplir les interstices. Les silex sont gros comme des œufs de pigeon pour la pluspart; ils paroissent avoir été roulés; on en voit quelques-uns de plus grands, et d'autres de formes irrégulières; il y a même, quoiqu'assez rarement, quelques pierres d'une nature différente, et qui paroissent des fragmens. On passe le sable à la claie pour en séparer les cailloux et les employer aux chemins. Mais dans cette masse de sable et de cailloux on trouve çà et là quelques blocs de ce poudingue dont j'ai parlé. Il paroît que ces poudingues sont la suite de l'infiltration d'une matière ferrugineuse qui s'est trouvée arrêtée en différens endroits, et qui a formé dans cette colline plusieurs masses maronées ou nidulantes. J'observe que le sable dans lequel sont placés les cailloux n'est pas d'une couleur uniforme, mais tantôt gris, tantôt jaune, tantôt rouge; le tout sans aucune régularité.

5.

Au bas du côteau dont je viens de parler, on se trouve dans une grande plaine fluviale, qui commence à *Montereau* et qui continue jusques par-delà Troyes ; c'est cette plaine qu'on appelle *les prairies de Nogent*, et qui fournit de foin les ports de Paris. Cette prairie est coupée d'espace en espace de petits ruisseaux ; elle est formée, à ce qu'il paroît, par les dépôts de la rivière dans ses débordemens. Il n'y a pas plus d'un demi-pied de terre productive, encore est-elle légère et sablonneuse, quoique noircie par les débris des végètaux. Au-dessous on trouve environ un pied et demi d'une terre blanchâtre, et ensuite un gros sable ou menu gravier, trop rude pour sabler les allées de jardin, mais qu'on emploie avec beaucoup de succès dans tout le pays à couvrir les chaussées, comme on emploie en Gascogne le gravier de la Garonne.

6.

Je conjecture que la fertilité de ces prairies vient moins du sol, qui paroit assez maigre, que de l'humidité dont les plantes sont continuellement abreuvées par les débordemens et les brouillards de la Seine.

7.

En suivant le cours de la Seine, depuis *Montereau* jusqu'à Troyes, on est surpris de l'immense étendue du vallon que forme cette rivière. Tout au contraire, le long du chemin de Fontainebleau, depuis *Athis* jusqu'à *Ponthierry*, son lit paroît resserré entre deux côteaux fort escarpés, fort voisins l'un de l'autre, et dont les angles rentrans et saillans se correspondent d'une manière très-marquée. C'est au-dessus de Montereau, et le long des prairies de Nogent que le vallon s'élargit. La plaine fluviale y a souvent une lieue de largeur, et les côteaux de part et d'autre s'élevant en amphithéâtre d'une manière imperceptible, semblent se confondre avec la plaine fluviale, et présentent aux yeux une étendue immense; à peine distingue-t-on d'espace en espace quelques sommets plus élevés, point d'angles rentrans ni saillans qui se correspondent, point ou très peu d'escarpemens dont la rivière vienne battre le pied.

8.

La masse qui forme les plaines de Champagne, n'est que de la craie; matière tendre et facile à délayer et à entraîner : au lieu que les plaines de

la Brie et de Ponthierry sont composées de lits
de pierres dures et épaisses, et de plus, surmon-
tées d'une couche d'argile compacte remplie de
pierres meulières. — Ces dernières plaines résistent donc beaucoup davantage à la division,
et par conséquent elles n'ont cédé qu'à l'effort
de très-grandes masses d'eaux réunies dans un
seul canal, qui en sera devenu d'autant plus
profond et d'autant moins large.

Il paroît difficile de rendre d'autre raison de
la forme que le vallon de la rivière a prise dans
ces différentes parties de son cours, que la différence des matières sur lesquelles ces eaux ont
roulé.

9.

Je n'ai point examiné en détail les couches
dont sont composés les côteaux depuis Damemarie jusqu'à Troyes. Je sais seulement en général qu'ils sont de craie. — Jusques un peu au
delà de Pont-sur-Seine, la croupe des côteaux
est semée de bloc de grès jettés à pierres perdues;
elles paroissent des restes des couches supérieures qui ont été entraînées par l'eau. Ce grès
est très-dur, et ne se taille pas aisément. Le
chemin depuis Nogent jusqu'aux Granges en
est pavé, mais en blocage seulement.

A *Mussy-l'Evêque*, 27 septembre.

10.

La terre qui m'a paru seulement blanchâtre à *St. Lyé*, au-dessous de la terre végètale et au-dessus du gravier, devient très-blanche quand elle est sèche. J'attribue cette blancheur à la quantité de craie atténuée que la Seine a dû charroyer et déposer pêle-mêle avec le limon qui forme la couche de terre dont il s'agit.

11.

Cette terre est très-légère; cependant quand elle est humectée elle durcit, et ne cède point comme l'argile. C'est pour cette raison, m'a-t-on dit, que les charrues y diffèrent de celles des autres pays. Au lieu de jantes de bois, c'est une barre de fer circulaire qui fait la circonférence de la roue, et à laquelle sont adaptés les rayons. Cette construction est apparemment plus légère et plus roulante; mais elle s'enfonceroit trop dans les terres fortes et grasses. Les charrues sont encore construites à Mussy comme à St.-Lyé.

12.

On emploie à *Troyes* beaucoup de ce grès sauvage dont j'ai parlé, et qu'on trouve sur les côteaux

côteaux entre Nogent et Pont. J'ai même trouvé vers la Maison-Blanche, à plus de deux lieues par-delà Troyes, un amas de pavés de cette espèce de grès qui a servi autrefois à paver le grand chemin de Dijon, et qu'on a jetté à côté de la chaussée lorsqu'on l'a refaite en gravier. Il me paroît peu probable qu'on ait transporté depuis Pont jusques-là des pierres d'aussi peu de valeur. J'ignore s'il n'y a pas de ces grès dans quelque autre lieu plus voisin de Troyes.

13.

Le gravier de la Seine, au-dessus de *Nogent*, diffère de celui de plusieurs autres rivières, et même de celui qu'on remarque dans les anciens dépôts de Ste.-Geneviève, de l'Ecole Militaire, du Point du Jour, etc., en ce qu'au-dessus de Nogent il ne paroît pas que les petits cailloux qui composent le gravier soient de nature vitrescible ou de silex. Leur dureté ne paroît pas surpasser celle du marbre commun. En général, tous leurs angles sont arrondis, ce qui n'est pas surprenant, puisqu'ils ont été roulés par les eaux. J'ai cassé un morceau assez gros, c'est-à-dire, gros comme un œuf, que j'ai ramassé à St.-Lyé, et qui m'a paru à l'œil à peu près du grain et de la couleur d'un marbre gris com-

Tome III. 25

mum. La cassure m'a laissé voir une vis pétri-
fiée. Il y a aussi parmi ce gravier des morceaux de pierre blanche plus légère, et ces morceaux sont, comme de raison, beaucoup plus
gros. Ce gravier augmente généralement de grosseur à mesure qu'on remonte, quoiqu'il ne soit
pas d'une extrême dureté : il fait d'assez bons
chemins.

14.

En continuant de suivre la Seine au-dessus de
Troyes, au-delà du confluent de la Barse, on
voit d'abord que le côteau qui est au nord de la
rivière devient peu à peu plus escarpé, et que la
rivière occupe moins le milieu de la vallée. Cependant l'aspect du pays ne diffère pas sensiblement jusqu'à Fouchères, cinq lieues au-dessus de Troyes. La vallée commence alors à se
resserrer, et devient de plus en plus étroite jusqu'à Bar-sur-Seine, et depuis Bar-sur-Seine
jusqu'à Mussy où il n'y a plus, pour ainsi dire,
de prairie ou de plaine fluviale. Les angles cor-
respondans s'y reconnoissent dans quelques endroits, quoique l'ordre en soit presque partout
interrompu par les vallons des rivières ou ravines affluentes. Les côteaux sont en général escarpés et arides, couverts tantôt de bois, tantôt

de vignes, mais souvent absolument dénués,
surtout dans le haut.

15.

Ce changement d'aspect prouve d'une manière
bien sensible que la largeur de la vallée de la
Seine, dans la Champagne, n'a d'autre cause
que la mollesse des lits de craie que l'eau a facilement délayés. En effet, c'est à Fouchères
que la craie cesse de dominer dans le terrain
que la Seine divise. On trouve à Fouchères une
espèce de pierre très-dure, et qui, je crois,
doit être dans plusieurs de ses parties suscép-
tible d'une sorte de poli. On s'en sert à Troyes
dans les bâtimens pour les premières assises où
la craie ne pourroit résister à l'humidité et au
salpêtre. Elle se calcine et fait de très-bonne
chaux ; elle se taille très-mal, étant d'une nature
moyenne, entre le cos calcaire et le marbre, et
ayant aussi quelquefois des yeux comme la
pierre meulière.

16.

Depuis *Bar - sur - Seine* jusqu'à *Mussy-
l'Évêque*, tous les côteaux m'ont paru principalement composés de lits de pierre calcaire,
d'un grain que je suis accoutumé à désigner par
le nom de *cos*, tel qu'est celui du lit de pierre

que j'ai désigné par ce nom dans la description
lit par lit de la carrière derrière Vaugirard. Je
lui donne ce nom par la ressemblance qu'a ce
grain avec celui du véritable cos ou pierre à
rasoir. Le grain du cos calcaire est très-fin et
très-homogène ; je n'y ai jamais aperçu de coquilles ; il y en a de différens degrés de dureté.
Il se taille difficilement et se casse en petits
éclats irréguliers ; il est aussi très-sujet à s'éclater à la gelée. Il est commun de le trouver dans
la carrière traversé en tout sens d'un nombre
presque infini de gerçures, plus ou moins, suivant qu'il est plus dur ou plus tendre. Souvent
on croiroit voir des couches d'argile sèche et
gercée par la dissécation. Le grain de ce cos
ressemble en effet beaucoup par sa finesse à
celui de l'argile desséchée. Souvent le jeu de
l'eau qui a pénétré dans les gerçures du cos, y
forme des dendrites. Celui de la carrière de
Vaugirard en est rempli.

17.

L'espèce d'exclusion de coquilles qui me paroît faire un des caractères du cos calcaire, est
sans doute une suite de l'extrême atténuation
de la matière calcaire que suppose la finesse
de son grain. Je remarque en effet que dans

la belle craie de Champagne je n'ai jamais vu
de coquilles; tandis qu'elles abondent dans la
pierre d'Arcueil et dans toutes sortes de pierres
dures. De même dans tous les marbres, lorsque le grain en est très-fin et très-homogène,
il est rare de trouver des coquilles. Dans la
brèche d'Alep, la brèche violette, etc., il n'y a
pas de vestiges de coquilles, et les fragmens dont
la réunion constitue la brèche sont d'un grain
homogène et très-fin, terminés ordinairement
d'une manière irrégulière analogue aux gerçures
du cos, souvent traversées par de pareilles gerçures, qui dans ce cas sont ordinairement remplies par des veines blanches ou transparentes,
c'est-à-dire, par la cristallisation pure du même
spath, dont l'infiltration a donné au marbre
sa dureté constitutive. Cela me conduiroit à
conjecturer que ces marbres dont on a cru que
les parties constituantes étoient de l'argile (et
en général les marbres très-fins sans coquilles)
pourroient bien n'être autre chose que du cos
calcaire en masses ou en gerçures, *marmorisé*
par l'infiltration d'un spath calcaire dissous dans
l'eau et recristallisé dans les interstices. Je re-
garderois le cos calcaire comme une nuance
entre ces sortes de marbres et la craie pure,
et j'établirois une grande analogie entre ces

trois substances. Je me rappelle à cette occasion, qu'à Gournay en Picardie, la pierre qui
est une craie mêlée de silex, paroît interrompue
par des veines de cos. Je suis d'autant plus porté
à cette idée qu'en examinant avec attention les
grosses pierres qui sont employées au revête-
ment des terrasses du jardin de M. l'Evêque
de Langres, et qui sont d'une très-grande dureté, j'ai reconnu dans quelques cassures tout
le grain et la dureté du marbre, avec la forme
des éclats qui caractérisent le cos, c'est-à-dire, à
peu près la forme des cassures de la pierre à
fusil, en éclats écailleux convexes ou concaves,
avec de vives arrêtes quelquefois: ce qui indique
premièrement que la masse est très-homogène;
secondement qu'elle n'a aucune crisallisation
régulière. La pierre dure dont je parle se tire
à Noiron, à trois quarts de lieue de Mussy-
l'Évêque, du côté du chemin de Dijon, mais
sur la gauche de la Seine ou sur la droite du
chemin en allant à Dijon.

18.

Le cos dont sont composés les côteaux depuis
Bar - sur - Seine et au-dessous jusqu'à Mussy-
l'Évêque, est disposé par lits horizontaux d'inégale épaisseur. A Bar, la régularité m'en a paru

moins sensible; il se peut qu'elle soit en effet moins exacte, et aussi que n'ayant pu observer que la surface du côteau, où je n'ai trouvé aucune fouille, je n'aie vu que des lits un peu dérangés.— En s'approchant de Mussy, la régularité devient de plus en plus frappante. Les couches supérieures sont très-peu épaisses et pleines de gerçures. Mais vers Dicgué-sur-Seine, on découvre dans des carrières plusieurs bancs d'un et même de deux pieds d'épaisseur, fort durs, et dont les gerçures sont beaucoup moins apparentes. En allant encore plus loin, on retrouve au-dessous de ces bancs d'autres couches de cos plus tendre, moins épais et plus rempli de gerçures. J'ai même vu le long du chemin, au pied d'un bois, une lieue environ avant d'arriver à Mussy, une couche qui paroissoit être d'argile grise entre ces bancs de cos dur et épais, et les bancs plus minces qui étoient au dessous.

19.

Les côteaux qui bordent la vallée de l'un et de l'autre côté, sont presque totalement dénués de terres végètales, et tout le terrein ne semble composé que d'une infinité d'éclats de cos, depuis trois à quatre pouces jusqu'à un demi pouce de longueur, etc. Je soupçonne que ce sont ces fragmens de cos qui, entrainés par les pluies et usés par le frottement, forment la plus grande partie du gravier dont j'ai parlé ci-dessus, les plus gros fragmens ayant été transportés moins loin, et les plus petits plus loin. J'ai examiné le fond de la rivière à Mussy, je n'y ai point trouvé de gravier; tout le fond est couvert de ces éclats de cos dont j'ai parlé. Ils n'ont point encore assez roulé pour que leurs angles soient émoussés; mais il est aisé de concevoir que lorsque l'eau en hyver aura emporté les plus petits de ces éclats, ils deviendront tout à fait semblables au gravier qu'on rencontre au-dessous dans le lit de la rivière.

20.

Il est vrai que sur la croupe de quelquesunes des collines qui sont à la gauche de la rivière, immédiatement au-dessous de Mussy, l'on trouve quelques dépôts d'une espèce de sable ou gravier plus fin, dont on se sert pour les ouvrages de maçonnerie. Ce sable peut sans doute être entraîné par les ravines dans le courant de la Seine. Mais en examinant ce sable avec attention, j'ai reconnu que les grains de gravier qui s'y trouvent sont de la même nature que le cos calcaire dont j'ai parlé, et ne contredisent point par conséquent ce que j'ai conjecturé sur la nature et l'origine du gravier de la Seine.

21.

J'ai ramassé sur le côteau à la droite du chemin, en sortant de *Bar-sur-Seine*, 1°. un échantillon de ce cos le plus commun dont j'ai parlé ci-dessus , et dont sont composées toutes les couches qui forment le côteau; 2°. un morceau de marbre rougeâtre qui paroît composé en totalité de coquilles d'huîtres d'une petitesse extrême. Quoique ce fragment ait été ramassé sur la croupe du côteau, il n'a aucune analogie avec les pierres qui le composent, et je conjecture que c'est plutôt un débris de quelques anciennes couches de marbre supérieures à la plaine, à peu près comme ces plaques de marbre coquillier qu'on trouve dans la carrière de Denainvilliers, au-dessus des autres couches de pierre calcaire. 3°. J'ai encore ramassé au-dessus du côteau un échantillon d'une pierre qui m'a paru aussi formée de petites coquilles, et différentes en cela des pierres qui composent le côteau.

22.

J'ai vu à Mussy, dans la cour de l'auberge

où j'ai logé, une auge de pierre blanche qui, en l'examinant de près, m'a paru comme une brêche formée par l'union de fragmens de pierre calcaire fort blanche, unie par une espèce de pâte aussi calcaire, à peu près de la même nature, seulement d'un grain moins fin et d'un moins beau blanc. On m'a dit que cette pierre se tiroit d'Herissé, et étoit sujette à la gelée.

23.

Je ne puis rien dire de positif sur la différence des bancs de pierre ou cos, que j'ai vus depuis Fouchères jusqu'à Mussy; car tantôt j'y ai trouvé des bancs assez épais de pierre dure, tantôt des bancs tous en fragmens avec des gerçures sans nombre, et en même tems d'une très-petite épaisseur. Peut-être cette différence dépend-elle des niveaux dont il est très-difficile de juger à la simple vue; peut-être aussi est-elle réelle et locale; peut-être que les bancs ne sont plus les mêmes, ou que restant les mêmes, ils ne sont pas partout de la même dureté; peut-être encore la même cause locale qui les a rendues plus dúres en a-t-elle réuni plusieurs ensemble et fait disparoître l'intervalle qui les séparoit. J'ai vu des exemples de l'un et de l'autre effet dans la carrière derrière Vaugirard, où le même banc de pierre dure qui paroît unique dans quelques endroits, se délite dans d'autres en deux parties ; et où un banc qui, dans une partie de la carrière n'est qu'un detritus de coquilles sans liaison, devient ailleurs un banc de pierre très-dure, et qui conserve d'ailleurs le même caractère de detritus. Cet effet, qui paroît au premier coup-d'œil difficile à expliquer, est au fond très-naturel. Il prouve que l'induration des lits de pierres ou l'infiltration du spath qui leur a donné leur dureté, n'a rien de commun ni pour l'époque, ni pour la cause, avec l'arrangement et le dépôt successif de ces lits. Il m'a paru que dans plusieurs endroits des côteaux que j'ai vus sur cette route, le même banc étoit, dans quelques endroits, dur, et ne formant qu'une masse dans toute son épaisseur, et dans d'autres paroissoit n'être que la réunion d'une quantité énorme de morceaux de cos grumelés.

24.

Les chemins en général depuis Fouchères, en exceptant les parties très-proches de la rivière, sont ferrés de cette espèce de pierre qui, quoique calcaire, est assez dure, et fait des chemins passables. Les villes sont aussi pavées de pierres calcaires à peu près semblables, équarries en forme de pavé ; mais ce qu'il y a de plus remarquable, c'est l'usage qu'on fait de cette pierre pour couvrir les maisons. Depuis un village situé entre Bar-sur-Seine et Mussy, on trouve la pluspart des maisons couvertes de pierres blanches plates depuis un pouce et demi jusqu'à un demi pouce d'épaisseur. Elles m'ont paru à Mussy avoir le grain du cos. Elles paroissent fort communes dans le pays. Ces couvertures doivent peser prodigieusement sur la charpente ; cependant l'usage en est établi dans une grande partie de la Bourgogne. On y donne à cette pierre le nom de *lave*. Mais cette dénomination n'a aucun rapport avec le nom de lave que donnent les Italiens aux matières fondues par les volcans. La lave de Bourgogne est une vraie pierre calcaire qui n'a d'autre propriété que d'être assez dure, et de se trouver en plaques minces.

A *la Perrière*, 28 septembre.

25.

Combien il faut être réservé à établir des propositions générales ! Après avoir écrit ce qu'on vient de lire, j'ai été voir un M. *Baudemont*, inspecteur des chemins à Troyes, qui logeoit dans l'auberge où j'ai couché à Mussy, et qu'on m'avoit dit avoir le goût de ramasser des pierres.

La première chose qu'il m'a montrée a été quelques échantillons de cos calcaire dans lesquels il y a des coquilles, et qu'il m'assure avoir été ramassés sur les côteaux depuis Bar jusqu'à Mussy. J'en ai pris un par curiosité; il est vrai que la manière dont ces coquilles y sont placées ne paroît pas contredire l'idée que j'ai donnée ci-dessus de la nature et de la formation du cos. En effet elles y sont entières, remplies à moitié de la même substance que le cos, avec un espace qui paroît avoir été un petit vuide, que le spath transparent a ensuite achevé de remplir. Ces coquilles sont donc étrangères à la substance du cos, et ne s'y trouvent renfermées que par accident, comme elles se trouvent quelquefois dans des masses d'argile. On peut aussi, d'après ce morceau, se faire une idée de la manière dont certaines coquilles se sont placées dans des marbres colorés, en sorte que l'intérieur n'est rempli qu'à moitié de la substance colorée; il y reste un vuide qui est toujours blanc; c'est que, suivant moi, ce vuide n'a été rempli que dans un tems postérieur par l'infiltration du spath calcaire lors de la marmorisation.

26.

Ce même M. *Baudemont* m'a montré de très-

grandes cornes d'ammon, qu'il m'a dit avoir été
ramassées à peu de distance de Mussy, et sur
le chemin de Châtillon-sur-Seine. La substance
qui remplit et qui environne ces cornes d'ammon n'est point de la nature du cos, mais de
la nature d'une pierre dure comme celle d'Arcueil, etc. — Il m'a montré aussi plusieurs morceaux de pétrification ramassés dans cette partie
de la Champagne ; mais il ignore dans quels
endroits on trouve ces morceaux. Il fait commerce de ces sortes de choses. Je l'ai exhorté
à prendre des notices exactes des lieux où il
prendroit chaque morceau. Il sera aisé d'établir avec lui une correspondance.

27.

Après être sorti de Mussy, j'ai remarqué que
le chemin étoit couvert d'un petit gravier assez
semblable au sable que j'avois vu dans la cour
du château. Ce gravier ne paroît point tiré de la
rivière, dont le fond est, comme je l'ai dit,
couvert de petites pierres.

28.

Une autre chose dont on est frappé en s'éloignant de Mussy, c'est de voir la vallée de la
Seine s'élargir d'une manière très-sensible, et

devenir une plaine qui paroît à perte de vue. Les côteaux qui la bordent s'écartent l'un de l'autre en manière d'entonnoir. A une lieue et demie à peu près, avant d'arriver à Châtillon, on laisse sur la droite du chemin, c'est-à-dire sur la rive gauche de la Seine, une butte isolée dont le sommet est de niveau avec le couronnement des côteaux qui bordent la vallée. Cette butte frappe par la manière dont elle est détachée de tous les autres côteaux. La plaine semble partagée en deux par cette butte ; mais les deux parties se rejoignent derrière. Sur la gauche du chemin on aperçoit aussi, à peu près à la hauteur de Châtillon, deux autres buttes aussi parfaitement isolées et détachées des côteaux voisins. Ce phénomène est peu commun dans le pays du *tractus* calcaire.

29.

En avançant dans la plaine dont j'ai parlé, et en laissant derrière soi la butte isolée sur sa droite, on s'élève insensiblement par une pente douce. Cette plaine paroit grasse et fertile, et il semble que le fond en est toujours des mêmes pierres calcaires. Enfin on découvre Châtillon-sur-Seine, et tout-à-coup on se voit obligé de descendre un côteau assez roide, et l'on recon-

noît que cette plaine qu'on vient de traverser
est coupée à revers par le vallon de la Seine.
L'arrangement régulier des bancs de pierre calcaire paroît merveilleusement dans l'escarpement qui entoure le bassin de la Seine. On diroit, dans quelques endroits, un escalier dont
les marches sont couvertes d'herbe et de mousse.
Plusieurs de ces bancs de pierre, surtout les inférieurs, sont d'une grande épaisseur et ont
beaucoup de dureté.

5o.

En examinant les pierres dont est bâtie la
ville de *Châtillon*, j'y ai remarqué une variété
fort grande en général. Cependant le cos dur
et la pierre improprement nommée lave y do-
minent. Il y a de très-grosses pierres de ce cos
dur qui ressemblent à la pierre de Noiron que
j'avois vue à Mussy. Ces pierres sont prises dans
les bancs d'un des côteaux voisins. J'ai remarqué
dans les murs des pierres grenues, à peu près
comme le grès; d'autres en petits grains comme
d'un beau sable transparent, unis par une matière bleue; d'autres assez semblables unies par
une matière rouge; d'autres ressemblant à une
espèce de glaise par le grain et la couleur, et
au marbre par la dureté; mais elles sont entremêlées

mêlées de veines beaucoup plus tendres, d'un rouge briqueté; d'autres sont formées de petits grains comme de l'anis, unies par un gluton qui cristallise à la surface : celles-ci sont assez grosses. J'en ai ramassé des échantillons parmi les pierres du grand chemin à la porte de Châtillon. — Je ne dois pas manquer d'observer que j'ai trouvé dans quelques bâtimens de la ville des pierres grenues, qui sont mi-parties de bleu et de gris-blanc, à peu près comme certaines pierres à rasoir sont blanches et grises. Une autre remarque assez importante, c'est qu'aucune de ces pierres ne se trouve en place dans les bancs répandus le long des côteaux. Il faut qu'elles soient des débris de couches supérieures détruites par les eaux.

31.

Le pavé du chœur de l'église paroissiale du Château est blanc et bleu; les carreaux bleus sont fort grands et faits d'un marbre bleuâtre veiné d'un brun obscur et plein d'assez grandes coquilles, dont les volutes ont une partie de leur intérieur remplie de marbre blanc. Ce marbre paroît assez beau; on le tire de Marsaingis sur la droite de la Seine. On m'a montré ce lieu; il est sur le couronnement du côteau qui borde

Tome III. 26

la plaine fertile entre Mussy et Châtillon. Ce marbre se trouve donc sur le sommet d'une plaine dont toutes les couches inférieures ne sont que de pierres calcaires, blanches et communes. Je conjecture qu'il y est placé comme les plaques de marbre coquillier de la carrière de Denainvilliers ; ce qui est une position bien différente de celle que j'ai vue aux marbres blancs de la vallée de Chalonne en Anjou, et au marbre gris de Breteville-sur-l'Aise en Normandie. Ce qui prouve que le marbre se trouve non-seulement dans l'ancienne terre, mais aussi dans la nouvelle, quoique jusqu'ici d'une manière fort différente et en beaucoup plus petites masses (le tout soit dit sauf plus grand examen). Ce marbre annonce encore, de même que celui que j'ai ramassé sur les côteaux de Bar-sur-Seine, la destruction d'anciennes couches supérieures. Je conjecture que les pierres dont j'ai parlé dans le numéro précédent sont aussi des débris de cette destruction.

32.

En examinant la carrière depuis Châtillon, suivant le lit de la Seine jusqu'à Saint-Marc, j'ai remarqué qu'un des bancs durs paroissoit renfermer plusieurs empreintes de coquilles entières. J'ai aussi remarqué que plusieurs pierres, analogues d'ailleurs au cos, étoient moins homogènes et quelquefois parsemées d'une multitude de trous aussi petits que des têtes d'épingles. Dans un autre endroit, à une descente assez roide, une lieue avant St.-Marc, j'ai remarqué une espèce de poudingue composé de petits éclats de cos, réunis par une matière calcaire qui n'en remplissoit pas les interstices, et qui seulement attachoit ces petits éclats l'un à l'autre, comme pourroit faire un blanc d'œuf battu et mis en écume si on le supposoit très-dur. Vers le même lieu et en s'approchant un peu de St.-Marc, on remarque un lit de glaise assez épais, qui est surmonté par une masse de bancs calcaires, et qui en surmonte un autre. Le niveau en est indiqué par une très-grande quantité de sources qui sortent du rocher et coulent du milieu du côteau.

33.

A mesure qu'on s'éloigne de Châtillon et qu'on approche de St.-Marc, le vallon va en se rétrécissant : les côteaux s'escarpent et paroissent semés de rochers. Ils sont en général couronnés de bois. Plusieurs vallons étroits conduisent aussi de petits ruisseaux au vallon principal. A voir les pointes des côteaux qui séparent ces vallons s'élever presqu'à pic et hérissées de rochers, on se croiroit dans un pays de montagnes, si le parallélisme des couches et la nature des pierres n'avertissoient qu'on n'a pas quitté la nouvelle terre.

34.

A *St.-Marc* on quitte la vallée de la Seine, et le chemin continue sur le dos de la plaine. Cette plaine est vaste et très-unie. Elle doit être au moins de deux cents toises plus élevée que le niveau de la mer. Cependant elle est tellement jonchée dans toute son étendue de petits éclats de cos calcaire, entremêlés d'une terre franche rougeâtre, qu'on ne sauroit guères s'empêcher de penser qu'au-dessus de cette plaine il y a eu autrefois des couches épaisses entraînées depuis par les eaux. Cette plaine s'étend, m'a-t-on dit, dans une grande partie de la Bourgogne, qui par conséquent appartient pour cette partie au *tractus* calcaire.

35.

Depuis Damemarie jusqu'à *la Perrière*, je n'ai pas vu l'ombre d'un silex. Il y en a sur le grand chemin près de Troyes. Il faut en conclure que ceux que l'on voit près de Paris,

dans les anciens dépôts de la rivière, ne viennent point du voisinage de sa source, mais
qu'ils ont été apportés par les rivières affluentes, ou même qu'ils ont été produits peu loin
des lieux où on les trouve aujourd'hui.

36.

Je n'ai trouvé non plus aucun grès ni aucune
pierre qui paroisse vitrescible dans toute cette
partie supérieure du cours de la Seine.

A *Chagny*, le 30 septembre.

37.

En partant de *la Perrière* on continue de
suivre la plaine jusqu'à un vallon, ou plustôt
à la rencontre de deux vallons dont les eaux
concourent à former la Seine. Celui qu'on m'a
dit conduire à la source de la Seine étoit encore à sec, et l'est la plus grande partie de
l'année. Ainsi c'est assez improprement qu'on
a donné le nom de *Seine* au ruisseau qui porte
ce nom dans le pays. Il auroit fallu plustôt
donner ce nom à quelqu'un des ruisseaux qui
s'y jettent, et qui du moins ont de l'eau toute
l'année. — Perdant la Seine de vue, je ne laisserai point passer l'occasion de remarquer que
cette rivière prend sa source et continue de

couler jusqu'à son embouchure, dans des terrains qui, malgré la variété qui les distingue,
ont tous les caractères par lesquels M. *Rouelle*
désigne la nouvelle terre. On y voit partout
des coquilles, des pierres calcaires, des couches
horizontales, et je ne sache pas qu'on y trouve
de mines en filon, soit de métaux, soit de char-
bon de terre. J'ignore si quelqu'une des rivières
qu'elle reçoit en diffère à cet égard.

38.

En remontant on retrouve la même plaine que
le vallon avoit coupée. J'ai ramassé une pierre
bleuâtre du chemin, qui me paroît une espèce
de marbre; mais la pierre dominante du pays
est toujours cette même pierre dont les bancs
se délitent et sont remplis de gerçures, en sorte
qu'on en peut couvrir les maisons. Cette pierre
se trouve dans plusieurs endroits à la surface
de la terre. A peine sur toutes les plaines que
j'ai parcourues, y a-t-il quelques pouces de terre
végétale rougeâtre. Cependant lorsque la char-
rue l'a mêlée avec les pierres, il paroît que le
sol n'est pas sans fertilité; mais dans beaucoup
d'endroits la terre végétale n'existe pas. Cette
pierre qu'on appelle mal à propos *lave,* comme
je l'ai dit, lorsqu'elle est en lames plates, et

qui sert aussi à ferrer les chemins (à quoi elle
est médiocrement bonne), cette pierre, dis-je,
varie beaucoup dans son grain, dans sa couleur,
dans sa dureté; et à mesure qu'on s'éloigne de
Bar-sur-Seine et qu'on s'approche de Dijon,
je l'ai trouvée plus grenue et ayant plus le caractère d'une pierre arénaire que du cos, auquel je l'avois d'abord comparée; mais quelque
différence qu'il y ait entre ces pierres à d'autres
égards, et soit qu'elles tiennent de la nature
du cos, du marbre, de la pierre calcaire commune, d'un grain approchant du grès, et qu'elles
soient blanches, rouges, grises, bleuâtres, elles
ont partout un caractère commun dans leur disposition. Partout elles sont disposées en bancs
horizontaux qui se délitent d'une manière va-
riée, en sorte que les lames n'ont aucune figure
régulière, et n'ont leurs faces parallèles ni entre
elles, ni avec les deux surfaces supérieures et
inférieures du banc. De plus, ces bancs sont
traversés, dans le sens perpendiculaire, d'une
prodigieuse quantité de gerçures, qui paroissent aussi au premier coup-d'œil n'avoir aucune régularité, mais qui cependant en ont une
assez singulière. Elle consiste en ce qu'elles se
suivent sans interruption à travers toutes les
lames horizontales dans lesquelles le banc prin-

cipal se délite ; en sorte que , lorsque le banc est brisé par un escarpement quelconque , comme dans les carrières creusées de mains d'hommes ou sur la croupe d'un côteau, chaque banc dans cet escarpement présente toujours une face très-unie ; à la régularité près , je ne puis mieux la comparer qu'à un mur de brique. Une chose assez singulière, c'est que ces sections si fréquentes qui partagent ces bancs dans toute leur épaisseur, et qui se croisent en mille manières, n'affectent en aucune façon la direction perpendiculaire à l'horizon et aux deux faces du banc. Souvent elles le traversent de biais, en sorte que l'aspect qu'il présente est celui d'un mur en talus. D'autres fois la section est perpendiculaire; et comme les bancs de pierre, dans tout ce canton, posent immédiatement les uns sur les autres, et ne sont pas séparés comme dans nos carrières d'Arcueil, etc., par de petites couches minces d'argile ou de bousin, etc., on croiroit quelquefois que ces escarpemens sont des ruines de murs faits de mains d'hommes, et régulièrement arrangés par assises. Par exemple, en remontant du vallon de la Seine dans la plaine qui conduit à *Chanceau*, on voit au haut de l'escarpement quelques-uns de ces bancs qui, à cela près qu'ils ne sont point distribués par colonnes, ressemblent un peu aux rampes de la chaussée des Géans du comté d'Artrim.

39.

Quelle que soit la cause de ces sections, soit perpendiculaires, soit obliques, de bancs horizontaux formés de plusieurs lames, elle a agi généralement dans tout le pays, depuis Bar-sur-Seine et même Fouchères, jusqu'à Dijon, et probablement dans toute cette partie de la haute Bourgogne qu'on laisse à sa droite en allant depuis Dijon jusqu'à l'extrêmité du grand vignoble, un peu avant Chagny. Son action a affecté toutes les natures de pierres qui se trouvent dans cette étendue : cos, marbre, pierres d'un grain plus grossier et plus ou moins dures. A la vérité, parmi les bancs qui composent cette masse de terrain, il y en a plusieurs sous la prétendue lave, qui paroissent liés dans leur épaisseur, et dont on fait des pierres de taille très-bien équarries. Il y a aussi des blocs de marbre énormes dans certains cantons ; mais malgré cette dureté on y aperçoit encore des traces de l'action de la cause dont je parle, quoique presque effacées. La pluspart de ces pierres laissent voir des fentes, surtout lors-

qu'elles ont été long-tems exposées à l'air, et
lorsque les gelées les ont fait éclater; or ces
éclats sont exactement dirigés comme les sections dont j'ai parlé ci-dessus.

40.

Depuis *Chanceau* les eaux tombent dans des
rivières affluentes à la Saône, et vont se rendre
dans la Méditerranée. Les vallons qu'elles ont
creusés sont d'une grande profondeur et héris-
sés de rochers énormes, qui sont pour la pluspart des blocs de marbre.

En descendant dans la vallée de St.-Seine,
je remarquai avec surprise que les bancs de
pierres dures qui sont au-dessous de la prétendue lave, et qui paroissent dans le chemin
sur la pente de la montagne, n'étoient point
parallèles à l'horizon, et y étoient inclinés sur
toutes sortes d'angles; mais je ne tardai pas à
m'assurer que c'étoit uniquement un accident
provenant de la grosseur énorme des bancs
qui s'étoient renversés lorsque les eaux avoient
miné les couches inférieures. Les bancs qui
n'avoient point été dérangés par cette cause,
conservoient leur parallélisme à l'horizon. Cela
m'a prouvé qu'il ne faut pas prononcer légère-
ment et sur un premier coup-d'œil de l'inclinai-

son des couches, lorsqu'on ne les voit qu'à la pente d'un côteau. En descendant encore plus bas et environ à mi-côte, je fus très-surpris de rencontrer de l'ardoise aussi bleue et aussi bien feuilletée que celle d'Angers, mais à la différence de celle-ci feuilletée parallèlement à l'horizon. J'en détachai quelques morceaux ; les feuilles les mieux distinguées étoient de pure argile feuilletée comme on en trouve aussi en Anjou, dans les cantons qui environnent les ardoisières : cette argile étoit un peu onctueuse. Je pris deux morceaux de cette ardoise. Les feuilles d'argile qui étoient au-dessus, et beaucoup mieux feuilletées que l'ardoise même, ont été détruites par le mouvement de la voiture. Cette ardoise n'est point employée dans le pays, et cette partie de la Bourgogne est la seule où j'en aie aperçu.

41.

En examinant cette ardoise en place, j'ai été frappé d'une circonstance. L'argile feuilletée et l'ardoise qui ne paroît être que cette argile consolidée par l'infiltration d'une espèce de quartz ou de spath, étoient coupées, comme je l'ai dit ci-dessus, de la pierre que les gens du pays nomment *lave*, et la section étoit

oblique à la direction des feuilles qui sont parallèles à l'horison. La section étoit aussi très-
nette, comme celle d'un gâteau feuilleté et coupé proprement. Je me rappelai que l'ardoise
d'Angers est aussi coupée par des sections obliques à la direction de ces feuilles, ce qui donne
à une masse quelconque d'ardoise dont la figure
naturelle n'a point été altérée, une forme rhomboïdale (1). Maintenant supposons qu'une masse
quelconque d'ardoise ou d'argile feuilletée ait
été formée comme celle de St.-Seine, en sorte
que ses feuilles soient parallèles à l'horizon, et
que la masse entière ait été coupée, comme
elle l'est à St.-Seine, par plusieurs sections en
différens sens, toutes obliques à la direction
des feuilles, et cela par la cause, quelle qu'elle
soit, qui a ainsi coupé tous les bancs de pierre
de la haute Bourgogne; qu'ensuite par quelque
événement, quelque grande révolution, la masse
entière ait été renversée toute ensemble, en
sorte que les feuilles qui étoient parallèles à
l'horizon, se trouvent faire avec lui un angle

---

(1) C'est aussi la forme des schistes épais d'un pied
ou plus dont est revêtu le canal du *Potowmack* auprès de
Washington - City, dans les États-Unis d'Amérique.
(*Note de l'Éditeur.*)

de plus de 70 degrés, n'est-il pas évident que l'on aura une masse entièrement semblable à celle des ardoisières d'Angers? Je ne m'étendrai pas sur les conséquences, mais je ne puis m'empêcher de faire remarquer que cette explication nous dispense de recourir, pour rendre raison de la forme rhomboïdale des masses d'ardoise, à une crystallisation par grandes masses inexplicables en elles-mêmes, et incompatibles d'ailleurs avec la mollesse primitive de l'ardoise dans son premier état où elle paroît avoir reçu sa forme. Le problême seroit réduit à cet autre beaucoup plus simple: *Découvrir la cause qui a pu couper par des sections obliques et en différens sens des bancs horizontaux.* Il paroîtroit aussi que la vieille terre ne différeroit de la nouvelle, quant à l'inclinaison des couches, qu'en ce que celle-ci n'auroit pas essuyé d'aussi grandes révolutions.

42.

Après être remonté dans la plaine, il faut redescendre dans la vallée ou plustôt dans le précipice de *Val-Suzon.* C'est un vallon étroit et profond, dans le fond duquel serpente un petit ruisseau. Les bords en sont très-escarpés, couverts de bois, entre lesquels on voit s'éle-

ver de grandes masses de rochers de marbre
qui feroient croire qu'on est au milieu de l'ancienne terre. Plusieurs ravins latéraux viennent
se rendre au vallon principal dont ils augmentent l'horreur. Leurs pointes et celles des si-
nuosités du vallon semblent des montagnes
d'une très-grande élévation, et c'est dans de
pareils lieux qu'on a formé la théorie des
angles saillans et rentrans des montagnes. Mais
il auroit fallu décider, avant de rien conclure,
si c'étoit la côte qui étoit une montagne, ou
bien le vallon qui étoit un trou. Je doute que
la correspondance des angles ait lieu hors de
ce dernier cas.

43.

Voici en gros l'ordre que j'ai observé dans
les lits de pierre depuis le plateau jusqu'au fond
du *Val-Suzon :* ordre que je crois qui a lieu
dans une assez grande étendue de pays.

1°. Plusieurs bancs de lave (il faut bien que
je me serve du nom local et vulgaire en remar-
quant toujours qu'il est inexact, et ne renferme
ici l'idée de rien qui soit volcanique); mais, le
mot posé, je dois placer ici une remarque que
l'inspection de ces bancs m'a fait naître ; c'est
que le parallélisme de ces bancs entre eux et à

l'horizon ne doit pas être entendu dans le sens rigoureux d'un parallélisme et d'un niveau parfait. J'ai vu des bancs diminuer peu à peu d'épaisseur, en sorte que le banc supérieur et l'inférieur s'approchoient insensiblement et finissoient par se toucher ; l'intermédiaire étant disparu. Je ne serois pas étonné non plus que des bancs sensiblement parallèles fussent cependant assez inclinés pour différer prodigieusement de niveau, au bout d'une certaine étendue de terrein, comme de plusieurs lieues, et qu'alors ils s'engageassent ainsi en recouvrement les uns sous les autres, sans que le parallélisme des couches à l'horizon fût sensiblement dérangé.

2°. Un ou plusieurs lits de pierre dure qui se délite d'une manière sensible et d'une façon analogue à la prétendue lave lorsqu'elle est exposée à être usée par le lavage des eaux ou par le frottement.

3°. Un ou plusieurs bancs de marbre assez épais, et dont les blocs sont assez considérables, mais remplis de gerçures qui doivent les faire éclater à la gelée.

4°. Un banc de pierre en très-gros blocs composée de grains de sable comme des grains d'anis. J'en ai vu dont le grain êtoit beaucoup plus fin. On m'a assuré que ces pierres ne se calcinent point. On voit par la disposition de la seconde couche de cette carrière, un exemple d'un banc de marbre en grande masse placé par lits horizontaux entre d'autres bancs de pierres plus tendres, précisément de même que toute autre espèce de pierre calcaire.

Comme les marbres que j'ai vus en Anjou et en Normandie sont sur la croupe des côteaux, je crains d'avoir prononcé trop vîte que le marbre n'y est point disposé en couches horizontales, et d'avoir pris un dérangement occasionné par le poids énorme des blocs de marbre placés sur une pente escarpée pour l'inclinaison primitive des bancs. Ce doute et la ressemblance que je trouve entre la pierre qu'on nomme ici *lave,* et dont on y fait les chemins, et une pierre blanche dont on fait le même usage dans quelques parties de la Bretagne, pourroient ébranler un disciple de M. *Rouelle,* peu affermi dans sa foi sur la distinction de l'ancienne et de la nouvelle terre.

44.

Du *Val-Suzon* l'on remonte dans la plaine; mais, lorsqu'on y est, on aperçoit sur la droite des montagnes fort élevées, inégales en hauteur, dont plusieurs paroissent isolées avec des sommets

mets pointus, et qui présentent en un mot toutes les apparences d'une chaîne de montagnes de l'ancienne terre. J'ignore la nature de ces montagnes; j'ignore même si leur niveau est véritablement aussi élevé qu'il le paroît au-dessus de la plaine entre *Val-Suzon* et *Dijon*; et dans ce cas, j'ignore si cette partie élevée, est encore composée de couches horizontales, et, si cela est, de quelle nature de pierres sont ces couches; si les ruptures et les gorges qu'on voit entre ces montagnes, sont toujours l'effet des ravins et des creux pratiqués dans un plateau par les eaux pluviales, semblables enfin à la vallée de Val-Suzon, etc.; quoi qu'il en soit, la gauche du chemin présente un aspect tout opposé : on croit être sur une terrasse qui domine une plaine immense; cette plaine s'étend du côté de *Langres*, et à perte de vue jusqu'en Franche-Comté. Il paroît qu'elle fait partie du bassin dans lequel coulent la Saône et les rivières y affluentes, entre les montagnes de la Bourgogne et celles de la Franche-Comté. *Dijon* est situé à l'entrée de cette plaine au pied de la montagne. La pente par laquelle on descend à Dijon, forme plusieurs avances et, pour ainsi dire, des caps dans la plaine inférieure; on passe, en entrant à Dijon, entre deux de ces

caps qui sont même isolés et détachés de tous
côtés du grand plateau. Ce plateau, ces avances
ou caps et les montagnes dont j'ai parlé sur la
droite du chemin, se confondent à l'œil, quand
on est dans la plaine de Dijon, et paroissent
comme une chaîne de montagnes contigues.

45.

On emploie à *Dijon*, soit pour les bâtimens,
soit pour le pavé des rues et des chemins, une
grande quantité d'espèces de pierres, 1°. de
celle qu'on a nommée *lave;* 2°. de la pierre dure
dont j'ai parlé ci-dessus. Ces deux pierres sont
rouges, grises ou bleues; 3°. de la pierre blanche
coquillière d'Is-sur-Tille ; 4°. une autre pierre
coquillière, espèce de marbre grossier très-dur,
entremêlé de parties grises et d'autres blanches,
avec des fentes pleines de crystallisations spa-
thiques, en sorte que les cassures de cette pierre
sont parsemées de petites facettes qui reluisent au
soleil. J'ai ramassé dans le chemin, à la porte de
la ville, des pierres que j'ai choisies exprès, pour
faire voir comment dans le cos (et la même
chose a lieu pour la pierre grenue ou lave du
pays), comment, dis-je, les veines rouges ou
bleues s'avoisinent dans la même masse avec
les grises, et forment de grandes taches, sans

autre distinction que la couleur. Un homme de Dijon m'a assuré que ce cos se calcinoit et prenoit le poli comme du marbre : cet homme s'appelle *Pacaud ;* il fait commerce de marbres, et m'a offert une collection de tous les marbres de la Bourgogne, avec l'indication des lieux où on les trouve. Au reste, la ville est pour la plus grande partie pavée de ces cos, ainsi que d'autres pierres dures coquillières ou autres. Ce pavé est dur, bien taillé; mais glissant pour les pieds des chevaux et même des hommes, à peu près comme celui de Rennes en Bretagne, qui est, si je ne me trompe, un cos vitrescible. Outre cela, quelques rues de Dijon sont encore pavées de cailloux ronds roulés. Ces cailloux ne sont point des silex, mais des éclats de toutes sortes de pierres roulées. J'y ai reconnu plusieurs morceaux de marbre.

46.

En sortant de Dijon pour aller à Lyon, on marche dans la plaine au pied d'une chaîne de côteaux, qui n'est autre que l'espèce de terrasse ou d'escarpement du plateau de la haute Bourgogne. Autant qu'on en peut juger à l'œil, ce plateau présente la même disposition pour les bancs de pierre, que les bords des vallons dont j'ai parlé ci-dessus. Il paroît qu'il y a beaucoup de marbre. Il y a un escarpement vis-à-vis *Mulseaux*, digne d'être remarqué, en ce que tout au haut du côteau, dans une espèce de vallon ou d'enfoncement, au milieu duquel est le village de Mulseaux, les bancs de pierres sont tellement coupés à pic dans une étendue de plusieurs centaines de toises, qui forment une espèce de demi-cercle, qu'on est tenté de croire que c'est un mur de terrasse fait de main d'hommes. Ce mur naturel couronne entièrement le côteau ; et, autant qu'on peut le juger de la plaine, il peut avoir deux ou trois toises de haut dans toute la longueur.

47.

C'est au pied de ce côteau qu'est le grand vignoble de Bourgogne, depuis *Vougeot* jusqu'à *Mulseaux*. Les vignes ne sont pas plantées sur le haut des côteaux, qui est la pluspart du tems aride et dépouillé, si ce n'est dans quelques endroits où par intervalles il est couvert de bois. La vigne n'est plantée qu'au bas de la côte, et s'étend même dans le niveau de la plaine jusqu'au grand chemin et par-delà. Ce qu'il y a de singulier, est que la terre

où croissent les vignes à côté du chemin, paroît à l'œil une très-bonne terre noire, profonde,
gardant même l'humidité, en un mot une terre
telle qu'on la désireroit pour la production du
bled; et en effet, on voit à chaque pas le plus
beau bled, le plus beau chanvre, le plus beau
maïs à côté d'une vigne. Il est vrai qu'on prétend que les vins les plus fins sont ceux du
côteau. Cependant le fameux clos de Vougeot
est dans la plaine auprès du chemin. Cela contredit un peu le préjugé, que les terres à bled
ne sont pas bonnes pour produire du vin; et nos
politiques arracheurs de vignes et dégustateurs de
terre, doivent en être un peu embarrassés. J'ai
remarqué qu'à Dijon et dans le pays dont je
parle, on tire de l'eau des puits avec des cordes
et sans poulies: c'est qu'ils sont peu profonds.

48.

A la gauche du chemin s'étend une plaine
immense et qui paroît très-fertile; c'est dans cette
plaine que coulent la Saône et les rivières y
affluentes. On n'y voit ni montagnes, ni côteaux,
quoique le terrain ne soit point parfaitement
uni. Cette plaine est coupée de bois, de ruisseaux, d'étangs, etc., et j'ai remarqué avec
étonnement que, quoique les terres y soient

fortes, on s'y sert des mêmes charrues à roues
de fer que j'ai vues à *St. - Lyé*. Je renonce à
trouver la raison de cet usage. Il y a apparence qu'il ne tient qu'à la routine. J'ai remarqué
aussi que dans les plaines hautes que j'ai traversées avant d'arriver à Dijon, ce sont des bœufs
qui labourent. En sortant de Dijon j'ai vu labou-
rer avec des chevaux, et en m'en éloignant, quoique le terrein paroisse de même nature, j'ai retrouvé les charrues traînées par des bœufs : cela
sembleroit prouver ce que prétend M. *Quesnay,*
que c'est la richesse qui fait cultiver avec des
chevaux, et la pauvreté qui réduit à n'employer
que des bœufs.

49.

Le fond de la plaine basse de Bourgogne paroît un amas de gravier et de débris ; même
les petits tertres ou côteaux dont j'ai pu appercevoir les coupes, ne présentent que des dépôts
de rivières ou de torrens : il se trouve dans toutes
les fouilles de ces gros cailloux roulés dont est
pavée une partie de la ville de Dijon ; mais dans
tout cela on ne voit ni grès ni silex. Il paroît
suivre de cette observation que toute cette plaine
immense est un vallon creusé par les eaux, entre
le plateau de la haute Bourgogne d'un côté, et
les montagnes de la Franche-Comté de l'autre.

50.

Les chemins depuis Dijon jusqu'à *Chagny*, sont ferrés, partie avec des pierres rondes roulées, partie avec des éclats de cette pierre que j'ai déjà tant de fois nommée lave, et qui n'en est pas. Cela fait des chemins d'une solidité très-médiocre ; il s'y creuse beaucoup d'ornières, et il faut toujours recommencer à y mettre des pierres. L'entretien qui se fait à la corvée doit être très-onéreux : j'ai ramassé sur la route, à moitié chemin de Nuys à Beaune, une pierre qui m'a paru un marbre imparfait, et pour ainsi dire formé de grumeaux.

51.

Avant d'arriver à Chagny, on passe sur une colline ou tertre peu élevé, au-delà duquel est une rivière appellée la *Déhune*, qui vient de l'Autunois, et de cet étang de *Long-pendu*, par lequel on prétend que la Saône communique à la Loire et l'Océan à la Méditérannée. La colline dont je parle paroît être un dépôt de sable jaune, rouge et gris. C'est le premier sable que j'aie apperçu depuis *Damemarie* ; apparemment qu'il vient de l'Autunois, où j'ai ouï dire qu'il y a des hauteurs couvertes de sable.

52.

Après la Déhune, le côteau, ou, si l'on veut, le plateau de la haute Bourgogne, est coupé d'une manière moins nette : le sommet n'en paroît plus terminé par une ligne horizontale, mais on voit proéminer çà et là des pointes et des masses irrégulières de montagnes qui présentent la même apparence que celle des pays de l'ancienne terre; probablement cette apparence est trompeuse.

A Châlons, le 1er. octobre.

53.

Depuis Chagny jusqu'à Châlons, on traverse une plaine mêlée de côteaux peu élevés, dont je ne connois pas la structure intérieure.

A Lyon, le 3 Octobre.

54.

Je me suis embarqué le premier octobre à Châlons, dans la diligence d'eau : la Saône est une rivière fort large et qui serpente assez lentement dans une vaste plaine fluviale, terminée elle-même par une autre plaine qui s'élève en amphithéâtre, à perte de vue d'un côté, jusqu'aux montagnes de Bourgogne, de l'autre jusqu'à celles

de Franche-Comté. Le terrein de cette plaine fluviale est un humus déposé par la rivière, et qui
doit être très-fertile. La couche a plusieurs pieds
d'épaisseur, et ne renferme pas une seule pierre.
Cette plaine est pour la plus grande partie en pâ-
turages : on y nourrit des bœufs ; mais il ne paroît pas qu'on ait beaucoup travaillé à profiter de
la fertilité naturelle du terrein. Je n'ai pas remarqué sur la route qu'on ait pris de grands
soins, soit pour empêcher les mauvaises herbes
de croître dans les prairies, soit pour écouler
les eaux qui inondent assez souvent des plages
étendues, et qui doivent rendre le pays mal
sain. La plaine en amphithéâtre, autant qu'on
en peut juger de loin, est coupée de bois, de
terres labourables et de vignes sur les côteaux
que forment les petits ruisseaux qui s'y sont
creusé de petits vallons.

55.

En approchant de *Tournus*, la vallée de la
Saône se rétrécit tout-à-coup : la plaine fluviale
cesse presque entièrement, et la rivière, tantôt
d'un côté, tantôt de l'autre, paroît couper à pic
des côteaux d'une élévation assez médiocre. La
coupe que j'apperçus d'abord du côté de la rivière, opposé à Tournus, me parut, au pre-

mier coup-d'œil, semblable à ces coupes de sable
rouge mêlé d'argile, qu'on apperçoit dans quelques endroits aux environs de Paris. Mais je fus
bientôt désabusé ; j'appris que cet escarpement
à pic que je croyois coupé dans l'argile ou dans
le sable, étoit une carrière d'où l'on tiroit de la
pierre, et que cette carrière étoit calcaire. Nous
descendîmes à *Tournus* près d'un four à chaux,
j'examinai quelques-unes de ces pierres, et je vis
qu'elles étoient grenues à peu près comme celle
des grands chemins de Bourgogne, qu'on y appelle
lave ; que la pluspart étoient jaunes, rougeâtres
ou violettes, ce qui leur donnoit de loin cette
apparence de sable argileux qui m'avoit trompé.
Je vis que ces couleurs n'avoient aucnn rapport
avec le grain de la pierre, et que le même morceau présentoit souvent plusieurs couleurs, et
paroissoit comme taché irrégulièrement, ainsi
que je l'avois déjà observé dans le cos du pavé
de Dijon : d'où je conclus que ces couleurs, et
probablement celles du marbre (je ne parle pas
des brèches) dépendent d'une infiltration étrangère et locale, qui n'a rapport, ni avec l'arrangement primitif des matières, qui fait le grain,
ni avec l'infiltration spathique ou autre qui fait
le lien et la dureté.

56.

A quelque distance au-dessous de Tournus, je vis du même côté, sur la droite de la rivière, un côteau pareil à celui que j'avois vu plus haut sur la gauche : je distinguai très-nettement les couches de la carrière; elles étoient parallèles entre elles ; les différens lits étoient traversés dans le sens de leur épaisseur par des coupes un peu obliques qui donnoient à la carrière l'air d'un mur qui ne seroit pas d'à-plomb, à peu près comme je l'ai remarqué des couches de la pierre nommée lave dans la haute Bourgogne ; ces couches avoient de plus une particularité; elles n'étoient point parfaitement horizontales, et paroissoient à l'œil inclinées de deux à trois degrés du nord au sud, et dans le sens parallèle à la direction de la rivière. La nuit m'empêcha de rien voir depuis cet endroit jusqu'à *Mâcon*. Je remarquai seulement de très-beaux troupeaux de bœufs qui traversoient la rivière à la nage, et qui étoient tous, ainsi que ceux qui paissoient dans les prairies, d'un très-beau poil bien lissé et d'une couleur soupe de lait tirant sur le gris. Un peu avant le coucher du soleil, on découvroit à l'horizon le sommet du grand Saint-Bernard dans les hautes Alpes.

57.

On se rembarqua le 2 au matin à Mâcon : lorsque l'obscurité et les brouillards du matin furent
dissipés , je remontai sur le tillac. Sur la droite
de la Saône on voit les montagnes du Mâconnois dont elle frappe le pied , mais sans escarpement : ces montagnes ne se terminent pas au
sommet par une ligne droite ; elles présentent
des sommets détachés comme une chaîne de
l'ancienne terre. J'ignore la nature des pierres
qui les composent ; leurs sommets les plus élevés sont à une assez grande distance de la rivière où leur pente vient en général se terminer,
soit immédiatement, soit au moyen de plusieurs
collines intermédiaires. Du côté gauche de la rivière, on cotoie la principauté de Dombes ; la
plaine fluviale y est en général bordée par un
côteau assez peu élevé , et qui paroît l'escarpement d'une plaine. Cet escarpement est tantôt
plus, tantôt moins roide , et plus ou moins éloigné de la rivière. D'espace en espace on apperçoit quelques collines qui forment des sommets
ou des espèces de caps plus remarquables, mais
tout cela n'offre rien qu'on n'apperçoive sur tous
les bords des grandes rivières dans la nouvelle
terre.

58.

En avançant toujours, on découvre sur la droite de la Saône une plaine assez étendue et qui paroît très-fertile, dans laquelle coulent plusieurs rivières ou ruisseaux qui descendent des montagnes du Mâconnois et du Beaujolois ; c'est dans cette plaine que sont les villes de *Ville-franche* et *Belleville*. On descendit pour dîner à *Riotier* dans la principauté de Dombes sur la gauche de la Saône. Je montai sur la hauteur où est une tour ; un chemin creux que je suivois me donna la facilité de remarquer que la plus grande partie de la masse de cette hauteur étoit un amas de sable et de cailloux roulés disposés irrégulièrement. Quelques-uns étoient de quartz ou d'autres pierres dures, d'autres, en plus grand nombre, de marbre, et ils étoient plus gros. J'y vis aussi une masse de sable fin très-épaisse : dans ce sable on apperçoit de petites parcelles de Mica, et il me parut en tout semblable à celui que j'ai observé dans le parc de Meudon au-dessus des bancs de pierre calcaire. Je ramassai dans le chemin à mi-côte, et je pris aussi dans le sable une espèce de concrétion ferrugineuse, ou pierre d'aigle commencée. Au fond d'un ravin qui traverse le chemin creux où j'étois, un peu

plus haut qu'à mi-côte, on tiroit de la glaise
disposée en couches horizontales bien marquées,
mais peu épaisses (de 3 à 4 pouces environ),
et immédiatement placées les unes sur les autres, distinguées simplement par une ligne noi-
râtre ; la couleur de cette argile étoit grise. Il est
bien évident qu'elle fait partie de la masse originaire de la plaine haute de Dombes, qui a été
coupée par la Saône, et que tout le reste du côteau a été formé par le dépôt des eaux, et adossé
à la masse originaire, comme les cailloux roulés
de la hauteur de Sainte-Geneviève, l'ont été à la
masse des plaines de Montrouge et d'Arcueil, et
cela jusqu'au sommet de la plaine haute, ce qui
montre que les vallées des rivières n'étoient
point encore creusées, et ne l'ont été que par
les eaux pluviales.

59.

En descendant de *Riotier*, on ne tarde pas
à cesser de voir la plaine de Villefranche. La
Saône, quand on a passé cette plaine, fait un
angle et coule de l'ouest à l'est, détournée, à ce
qu'il paroît, par une masse de montagnes qui
paroissent détachées des autres montagnes du
Beaujolois, etc., et qu'on appelle à Lyon le
Mont-d'Or. Sur la gauche de la Saône on voit

en amphithéâtre la ville de *Trevoux* : la côte
paroît assez semblable à celle de Riotier, c'est-à-
dire, que c'est la coupe d'une plaine unie appartenante à la nouvelle terre, et dont la croupe
est recóuverte de sable, de cailloux roulés et de
poudingues plus ou moins liés. La rivière re-
prend ensuite son cours par un second détour à
angle droit, séparant toujours la masse des
Monts-d'Or de la plaine de *Dombes* et du
Franc-Lyonnois. Vis-à-vis le village de *Neu-
ville*, les Monts-d'Or forment une petite anse ou
vallon dans lequel paroît à mi-côte le village de
Couzon, et au-dessus une carrière de pierre
exploitée par la croupe de la montagne. Cette
pierre est de la même nature que celle que j'a-
vois vue à Tournus : c'est de cette carrière que
vient la plus grande quantité du moellon qu'on
emploie à Lyon dans les bâtimens. La couleur
jaunâtre qui y domine, a, dit-on, donné lieu au
nom de Mont-d'Or. Du haut en bas de la montagne, les couches qui n'ont qu'une médiocre
épaisseur, et qui varient un peu dans leur dureté, paroissent posées les unes sur les autres, sans plus d'intervalle que les assises d'un
bâtiment. Cependant il y a dans la hauteur quelques lits d'argile qui retiennent les eaux. Ces
couches de pierres sont inclinées : ce qui est ap-

paremment en partie la cause de l'irrégularité
des sommets du Mont-d'Or, qui effectivement
ressemblent à des ruptures de couches, inclinées
quelquefois de près de quinze degrés du côté de
la rivière. On y trouve quelques cornes d'ammon
et autres coquilles fossiles. Ce même Mont-d'Or
fournit une autre espèce de pierre de la nature
du marbre bleuâtre, et toute composée de *gry-
phites* et de cornes d'ammon. Toutes les marches d'escalier, dans la ville de Lyon, sont faites
de cette pierre qu'on appelle pierre *de St.-Cyr;*
mais elle se trouve dans une autre partie du
Mont-d'Or que la pierre de Couzon. Comme je
n'en ai pas vu la carrière, je ne sais si le marbre
y est arrangé par couches, ni si ces couches sont
inclinées.

60.

Au village de *St.-Romain de Couzon* commence à se montrer le granit : le vallon de la
Saône se retrécit tout-à-coup ; les deux bords
sont des escarpemens de granit, au-dessus et sur
sa croupe on voit de grandes masses de cailloux roulés de toute espèce, et dont plusieurs
sont de marbre. Il y en a même de très-grosses
masses qui forment des blocs de poudingues
très-durs. Il est remarquable que ces granits ne
paroissent

paroissent point arrangés par couches, mais irrégulièrement brisés toujours suivant des surfaces planes, de toutes sortes d'inclinaison avec
l'horizon, et presque toujours obliquement entre
elles, ce qui donne à tous les fragmens la forme
rhomboïdale. Une autre remarque non-moins
importante, c'est que cette masse de granit qui
appartient, suivant M. *Rouelle*, à l'ancienne
terre, ne forme pas une masse détachée du reste
du Mont-d'Or qui appartient à la nouvelle terre :
ce qui prouve que la disposition des vallées et
des montagnes n'est point relative à la différence
des matières qui composent les terrains, et à
l'organisation du glôbe ; ce ne sont que des sil-
lons tracés sur la surface, indépendamment de
la nature des terrains.

A *Lyon*, le 6 octobre.

61.

J'ai parcouru la hauteur de *la Croix-Rousse*
entre le Rhône et la Saône, celle de *Fourvières*
sur la droite de la Saône. J'ai été à *Oullins* sur
la droite du Rhône au-dessous de Lyon, et j'ai
également remarqué que la base de tous ces côteaux, y compris les rochers qui sont dans la
Saône entre les deux, formoit une masse de
granit commun plus ou moins dur, ou plustôt

Tome III. 28

plus ou moins bien lié, et composé de parties quartzeuses que je ne puis mieux comparer qu'à du
gros sel pour la forme, de parties de mica plus
ou moins brunes ou transparentes, de quelques
matières colorantes peut-être argileuses, grises,
bleues, vertes, et plus souvent rougeâtres, enfin
d'un gluten quelconque qui, m'a-t-on dit, est
soluble dans les acides, du moins pour les granits les plus tendres ou les plus faciles à décomposer. Cette masse de granit, dans ces différens
endroits, ne s'élève qu'à un peu plus du tiers de
la hauteur du côteau, en sorte que la superficie
de cette masse présente un niveau sensible.

62.

Toute la partie supérieure de ces côteaux est
couverte, et paroit formée, de sable mêlé d'une
grande quantité de cailloux de toute espèce,
granit, marbre, quartz, mauvaise ardoise, etc.
sans qu'on puisse savoir d'où ils ont été amenés,
n'y ayant dans l'état actuel aucune montagne
plus élevée que Fourvières, qui n'en soit à une
très-grande distance, et séparée par des vallées
très-profondes : que de masses énormes ont
donc été détruites par les eaux et par les eaux
courantes ! — Cependant M. De Lorme, qui a
examiné les niveaux des aquéducs des Romains,

pour conduire des eaux à Lyon, a reconnu que les changemens arrivés depuis leur construction, c'est-à-dire, depuis 1800 ans, ne sont pas à un pied et demi de terre de hauteur dans les vallées, ou d'abaissement dans les hauteurs : encore n'y a-t-il qu'un très-petit nombre d'endroits où l'on trouve des changemens sensibles.

63.

La séparation de Fourvières avec la Croix-Rousse, porte tous les caractères d'une rupture occasionnée par les eaux de la Saône, qui se sont fait jour à travers les bancs de granit.

Le lit de la Saône rétréci, la correspondance des bancs de l'un à l'autre bord, la nature des rochers qui paroissent dans les basses eaux, celle des rochers de *l'île Barbe*, tout confirme cette conjecture. — Mais il est assez remarquable que la Saône, ou le Lac que formoient ses eaux, ait pris son écoulement à travers ce banc de granit assez dur, plustôt que de passer, en faisant le tour de la colline de la Croix-Rousse, entre la masse de granit et celle de pierre calcaire dont sont formées les plaines de la Bresse et de la Dombe : car cette colline de la Croix-Rousse est le seul morceau de granit qui se trouve à la gauche de la Saône. — Les bords du Rhône, en remontant, n'offrent du côté de la Bresse qu'un escarpement de sable et de cailloux roulés adossés à une masse de lits calcaires. Du côté du Dauphiné l'on ne voit qu'une plaine fluviale immense terminée assez loin par des côteaux d'une hauteur médiocre, derrière lesquels s'élèvent les montagnes du Dauphiné, et plus loin encore les grandes Alpes. On apperçoit aussi sur la gauche une pointe des Alpes plus élevée que toutes les autres; je crois que c'est le Mont-Blanc.

64.

En observant avec un télescope ces différentes montagnes, plusieurs, et en particulier le Mont-Blanc, me parurent des amas de ruines; mais je fus surpris d'en voir quelques-unes dont les débris paroissoient escarpés perpendiculairement, et comme coupés par bandes horizontales, en sorte qu'ils représentoient assez bien des terrasses très-élevées ou des fortifications régulières. Peut-être ces montagnes, quoique très-élevées, sont-elles à couches horizontales.

Lyon, le 16 octobre.

65.

Je suis parti pour la tournée de *Rouanne* le 9

octobre : tout le pays entre Lyon et Rouanne appartient à l'ancienne terre, à l'exception de quelques collines qu'on voit sur la droite du chemin, en allant à Rouanne du côté de *la Brêle* et de *Chaissi*, et qui sont formées de couches horizontales calcaires, quoiqu'elles ne soient pas d'un niveau plus bas que les montagnes de granit ou de schiste qui les avoisinent. Un peu avant d'arriver à *la Tour*, qui est la première poste en sortant de Lyon, j'ai eu occasion d'observer attentivement la manière dont le granit est composé, et de le voir dans son état d'imperfection avant qu'il ait été durci par l'infiltration du gluten qui en fait la liaison. On trouve des masses entières de ce granit imparfait composé comme le granit parfait, 1°. de parties quartzeuses, ou d'un sable vitrescible qui ont à-peuprès le grain du gros sel, 2°. de particules de mica, 3°. de molécules argileuses bleues, grises ou rougeâtres. Il n'y manque que la liaison et la dureté : aussi les gens du pays donnent-ils aux masses de cette espèce de granit, le nom de roche pourrie, comme si c'étoit un granit décomposé, et non pas un granit imparfait.

66.

Ce qui m'a le plus frappé dans cette roche

pourrie, c'est d'y observer la même disposition et la même affectation dans les gersures et les fentes à se couper sous toutes sortes d'angles, et toujours suivant des surfaces planes, qui règnent dans les masses de granit parfait et leur donnent si souvent la figure rhomboïdale, et qui quelquefois peuvent paroître à des observateurs peu attentifs comme des espèces de couches inclinées à l'horizon. Je me convainquis, par cette observation, que ces gersures et la disposition rhomboïdale qui en résulte, sont antérieures à l'induration du granit par l'infiltration cristalline qui en a fait le gluten, mais postérieure au dépôt des matières mélangées qui constituent la substance de cette pierre. Il n'est pas possible de douter que ces gersures ne soient un effet de la dessiccation des matières, et ne soient analogues à celles que j'avois déjà remarquées en Bourgogne, et qui coupent obliquement en tout sens les lits parallèles de la pierre qu'on y appelle lave. — Cette conjecture a reçu un nouveau jour de toutes les observations que j'ai faites dans la suite.

67.

On voit souvent aussi des granits feuilletés, des schistes micacés, et des ardoises ou schistes

argileux dans ce même état de friabilité qui
constitue la roche pourrie. Cette roche pourrie
schisteuse est souvent bouleversée de la manière
du monde la plus irrégulière, et comme seroient des morceaux d'ardoise brisés ou courbés
irrégulièrement dans un état de mollesse. Ce
qu'il y a de remarquable, c'est que tous ces mélanges, toutes ces irrégularités, toutes ces cour-
bures et tous les accidens qui l'accompagnent,
se trouvent dans d'autres pierres toutes semblables, à la dureté près, et qui ont le même
rapport avec ces pierres schisteuses pourries,
que le granit parfait a avec la roche pourrie
graniteuse. La nature nous a, pour ainsi dire,
présenté toutes ses espèces de pierres dans tous
les états de dureté dont elles sont susceptibles :
par-là elle nous apprend que cette dureté est
bien postérieure à l'arrangement des matières
qui leur donnent leur forme. La distinction de
ces deux époques principales et des autres époques intermédiaires, me paroît être la clef de
toute la théorie de la formation des pierres, dont
voici l'ordre ; 1°. le broyement, le mélange des
matières par l'agitation des eaux, ou leur séparation, à raison de leur gravité spécifique et de
leur division ; 2°. le dépôt de ces matières, ou
par masses ou par couches, sensibles ou insen-

sibles ; 3°. les gersures et les fentes obliques arri-
vées dans la dessiccation ; 4°. l'induration par
l'infiltration ou le dépôt dans les interstices d'une
matière crystalline quelconque , soit spathique ,
soit gypseuse , soit quartzeuze , etc. , soit de la
même nature que le grain même de la pierre,
soit d'une nature différente.

68.

J'ai remarqué , en général, dans le granit que
la proportion , la forme et la couleur des différentes parties qui le composent, varioient
presque à l'infini. Les grains de quartz sont
tantôt comme de petits grains de sable, tantôt
comme de très-gros grains de sel , ou comme
de gros fragmens de brique pilée , qui auroient
jusqu'à un ou deux pouces d'épaisseur plus ou
moins dans leurs différens sens. Les micas sont
tantôt brisés en particules presque insensibles,
tantôt en lames assez larges. Ces lames sont quelquefois d'une très-belle transparence , souvent
jaunâtres , quelquefois grises, ou même tout-à-
fait noires , et d'autres fois d'un très-beau rouge.
La partie qui est ordinairement colorée , et qui
me paroît être du genre de l'ardoise, est tantôt
grise, tantôt bleue, tantôt verte , tantôt rouge ;
c'est-à-dire, de toutes les couleurs dont on trouve

l'ardoise teinte. Enfin, le gluten paroît aussi
n'être pas toujours de la même nature, car dans
les granits antiques et dans ceux des colonnes de
l'église d'*Aisnay*, il semble qu'il soit aussi in-
destructible que la substance du granit même.
Il y en a d'autres qui sont attaquables par les
acides : ensorte que par leur moyen on peut réduire le granit en une masse de sable grossier.
Cette espèce de granit se décompose facilement
à l'air et par le salpêtre : au reste, on auroit
tort de conclure que dans ce dernier cas, le
gluten est d'une nature calcaire ; la terre de
l'alun est aussi attaquable par les acides que la
terre calcaire même.

69.

J'ai trouvé des schistes de toutes sortes de
nature, depuis la pierre simplement argileuse et
micacée, jusqu'au granit. J'ai même trouvé des
schistes calcaires (plus à la vérité dans les ca-
binets des curieux, que dans les lieux que j'ai
eu occasion d'observer); je crois même pouvoir
avancer en général que la plus grande partie des
ardoises qui contiennent des poissons ou des
coquilles sont calcaires ; j'ai vu des schistes de
chacune de ces espèces dont les feuillets se sé-
paroient plus ou moins aisément.

J'en ai vu un en particulier à *Zurich*, chez
M. *Schulthess* qui a un fort joli cabinet, composé de plusieurs feuillets calcaires entre lesquels l'eau a formé de très-jolies dendrites.
Chacun de ces feuillets est bosselé assez irrégulièrement, et toutes ces bosses se répondent
exactement et s'emboîtent les unes dans les autres, ce qui indique évidemment un état mitoyen
entre la dureté actuelle et la mollesse primitive
de la matière déposée en forme de bouillie, pendant lequel état les couches ont pu s'affaisser et
se courber sans se séparer ni se rompre.

Dans d'autres schistes, les feuillets ne sont
que distingués sans pouvoir être séparés, et la
masse entière n'en a pas moins de dureté, c'est
ce qui est arrivé dans les cas où l'infiltration a
été assez abondante pour remplir les interstices
des lits, et les lier entre eux d'une manière
aussi forte que les grains qui les composent.
Tout cela prouve d'une manière bien claire que
l'état de schiste n'est qu'un pur accident qui
n'a point de rapport à la nature des matières qui
composent les pierres, mais uniquement à la
manière plus ou moins continue dont ces matières ont été déposées dans l'eau. — Cette disposition schisteuse est évidemment antérieure
à l'induration ou infiltration ; et la forme rhom-

boïdale ou trapezoïdale que prennent les masses
schisteuses, est l'effet des gersures occasionnées
par la dessiccation, et qui ont coupé obliquement les couches déposées par l'eau ; la pluspart
de ces gersures sont restées sans être remplies
par l'infiltration. Il y en a cependant d'autres
qui sont apparemment les plus anciennes, et
qui sont remplies d'une substance blanche analogue à celle dont l'infiltration a fait la dureté
de la pierre : c'est ce qui fait les lignes blanches
qui traversent le granit, le marbre noir, l'ardoise, etc. Les Ouvriers d'ardoisières d'Angers
donnent à ces filets blancs le nom de *chás*.

70.

J'ai remarqué que le granit devenoit d'autant plus schisteux, que la proportion du mica
y étoit plus grande, et que chaque feuillet étoit
en quelque sorte saupoudré de mica. On voit
tous les degrés de proportion dans les mélanges
qui forment les différens granits. Il y en a où le
quartz domine, et est en assez gros morceaux :
le mica et l'argile y sont rares ; dans d'autres le
mica domine davantage, et ces pierres s'approchent par nuances de l'état d'un simple schiste
micacé. Ce schiste micacé à son tour, qui a déjà
de l'ardoise la propriété de se lever par feuillets,

s'approche aussi de plus en plus de l'ardoise
par un plus grand nombre de parties argileuses;
lorsqu'il n'y a plus du tout de mica, c'est de
la pure ardoise.

71.

Une partie des terrains que j'ai eu occasion
d'observer dans ce pays, et qui ne manquent
pas de fertilité, semble n'être que des débris de
cette roche pourrie : c'est un gros sable mêlé
d'argile et qui retient l'eau ; cette observation a
beaucoup contribué à me persuader que la
partie du granit, qui n'est ni mica, ni quartz,
n'est autre chose que de l'argile durcie par une
infiltration quelconque, et la même substance
qui exactement seule fait l'ardoise. On verra dans
la suite combien j'ai eu d'occasions de me confirmer dans cette idée.

72.

La montagne de *Tarare* est le point le plus
élevé de cette route de Lyon à Rouanne : elle n'est
cependant que d'une hauteur médiocre. Quoique les sommets des montagnes qui composent
tout ce pays paroissent disposés d'une manière
assez irrégulière, cependant on n'y voit point
de ces masses de rochers dépouillés et suspendus,

qu'on trouve ordinairement dans les grandes
chaînes de montagnes.

73.

Une grande partie de la montagne de Tarare
est composée de granit plus ou moins dur, dans
lequel la matière que j'ai appellée argileuse domine beaucoup, et est d'une belle couleur rouge.
Dans d'autres collines des environs elle est bleue,
et fait un granit bleu. En approchant de Rouanne
j'ai vu beaucoup de ces granits dans lesquels il
n'y avoit presque plus de mica, et d'autres dont
les grains quartzeux étoient plus gros et plus
clairs semés, en sorte qu'on auroit dit d'une espèce de brèche formée de petites pierres quar-
rées irrégulières jettées çà et là dans un ciment
rougeâtre.

74.

A une demi-lieue environ en deçà de Rouanne
on descend dans une assez jolie plaine, qui n'est
autre chose qu'un large vallon formé par la rencontre du vallon de la Loire et du vallon d'une
petite rivière du Beaujolois, appellé le *Rein*.
Cette vallée ou plaine fluviale est, comme de
raison, remplie de cailloux roulés. Rouanne est
bâti de l'autre côté de la Loire sur une espèce

de côteau qui n'est autre chose que la naissance
d'une petite plaine fluviale un peu plus élevée
que la plaine fluviale actuelle, et qui est composée de cailloux roulés, de sable et de terre.

75.

On bâtit dans la ville de *Rouanne* avec de gros
blocs de granit et avec les cailloux roulés de la
Loire. Mais on y trouve aussi des pierres de
taille calcaire, assez semblables aux pierres de
Chaissy et aux grandes pierres de *Couzon* dont
on se sert à Lyon : elles se tirent du Beaujolois
sur les bords de la Loire, un peu au-dessous de
Rouanne, et j'ai conjecturé, mais sans preuve certaine, que le banc du Mont-d'Or, de Chaissy, etc.
pouvoit traverser toute la province depuis la
Saône jusqu'à la Loire. En examinant plusieurs
des blocs de granit qui sont répandus dans la
ville, ceux surtout qui ont été polis en s'usant
sous les pieds, j'ai été frappé de leur ressemblance avec le porphyre rouge et verd, car il
y a des granits de ces deux couleurs. En me pro-
menant dans le lit de la Loire, j'y ai vu de
toutes sortes de pierres graniteuses, schisteuses,
pierres de volcan, etc. qui descendent des montagnes d'Auvergne, de celles du Velay et de
celles du Beaujolois ; et parmi ces pierres j'en ai

vu beaucoup qui paroissent ressembler au porphyre, soit verd, soit rouge, et d'autres qui
ressemblent aussi beaucoup dans ces deux couleurs à la serpentine verte des Anciens.

On n'a pas la suite de ces Observations.

LETTRE A M. DE VOLTAIRE.

Paris, 24 août 1761.

Depuis que j'ai reçu la lettre que vous m'avez fait l'honneur de m'écrire, Monsieur, un changement qui me concerne a eu lieu; et j'ai le malheur d'être Intendant. Je dis le *malheur;* car dans ce siècle de querelles, il n'y a de bonheur qu'à vivre philosophiquement entre l'étude et ses amis.

C'est à Limoges qu'on m'envoie. J'aurois beaucoup mieux aimé Grenoble, qui m'auroit mis à portée de faire de petits pélerinages à la chapelle de Confucius, et de m'instruire avec le grand-prêtre. Mais votre ami M. de Choiseul a jugé que pour remplir une place aussi importante j'avois encore besoin de quelques années d'école; ainsi je n'espère plus vous voir de long-tems, à moins que vous ne reveniez fixer votre séjour à Paris : chose que je desire plus que je n'ôse vous la conseiller.

Vous n'y trouveriez sûrement rien qui vaille votre repos, *rem prorsus substantialem*, disoit

soit le très-sage Newton. Vous jouissez de la
gloire comme si vous étiez mort, et vous vous
réjouissez comme un homme bien vivant ; sans
être à Paris, vous l'amusez, vous l'instruisez,
vous le faites rire ou pleurer selon votre bon
plaisir. C'est Paris qui doit aller vous chercher.

Je vous remercie d'avoir pensé à moi pour
me proposer de souscrire à l'édition que vous
préparez des œuvres du Grand Corneille ; et j'ai
en même tems bien des excuses à vous faire
d'avoir tant tardé à vous répondre ; d'abord le
désir de rassembler un plus grand nombre de
souscriptions ; ensuite les devoirs du premier
moment de l'intendance, et sur le tout un peu
de paresse à écrire des lettres, ont été les causes
de ce retardement. J'en suis d'autant plus fâché
que je n'ai à vous demander qu'un petit nombre d'exemplaires, la plus grande partie de mes
amis ayant souscrit de leur côté.

Au reste vous ne devez pas douter que le
public ne s'empresse de concourir à votre en-
treprise. Indépendamment de l'intérêt que le
nom du Grand Corneille doit exciter dans la
nation, les réflexions que vous promettez rendront votre édition infiniment précieuse. J'ai
cependant appris avec peine de M. d'Argental
que vous ne comptez en donner que sur les

pièces restées au théâtre. Je sens que vous
avez voulu éviter les occasions de critiquer
trop durement Corneille en élevant un monu-
ment à sa gloire. Mais je crois que vous au-
riez pu balancer avec ménagement ses beautés
et ses fautes, sans vous écarter du respect dû
à sa mémoire, et que la circonstance prescrit
d'une manière encore plus impérieuse : vous
avez fait des choses plus difficiles, et je pense
que l'examen approfondi des pièces mêmes
qu'on ne joue plus, seroit une chose utile aux
lettres, et surtout aux jeunes gens qui se des-
tinent à l'art. Votre analyse leur apprendroit à
distinguer les défauts qui naissent du sujet de
ceux qui tiennent à la manière de le traiter.
Vous leur indiqueriez les moyens d'en éviter
quelques-uns, de pallier les autres : vous leur
feriez envisager les sujets manqués sous de nouvelles faces qui leur feroient découvrir des ressources pour les embellir.

L'arrêt du Parlement sur les Jésuites et le
réquisitoire qui l'a provoqué, ne vous ont-ils
pas réconcilié avec Mᶜ. Omer?

> « Vous allez être bien unis :
> » Tous deux vous forcez des murailles,
> » Tous deux vous gagnez des batailles
> » Contre les mêmes ennemis. »

La Cour est embarrassée du parti qu'elle prendra. Pour moi je voudrois qu'on fît à ces pauvres Pères le bien de les renvoyer chacun dans sa famille avec une pension honnête et un petit collet. Il y en a si peu de profès, que les économats ne seroient pas fort surchargés; les particuliers seroient heureux, le corps n'existeroit plus, et l'État seroit tranquille.

Adieu, Monsieur, je vous réitère toutes mes excuses, et vous prie d'être persuadé que personne n'est avec un attachement plus vrai, votre très-humble, etc.

Fin du troisième Volume.

Imprimé en France
FROC031308220120
23240FR00011B/154/P

9 782329 363929